2022年北京市人力资源市场薪酬大数据报告

北京市人力资源和社会保障局　编

中国民航出版社有限公司

图书在版编目（CIP）数据

2022年北京市人力资源市场薪酬大数据报告 / 北京市人力资源和社会保障局编. -- 北京 : 中国民航出版社有限公司，2022.11

ISBN 978-7-5128-1148-5

Ⅰ. ①2… Ⅱ. ①北… Ⅲ. ①劳动力市场－工资水平－研究报告－北京－2022 ②劳动力市场－人工成本－研究报告－北京－2022 Ⅳ. ①F249.271

中国版本图书馆CIP数据核字（2022）第189846号

2022年北京市人力资源市场薪酬大数据报告

北京市人力资源和社会保障局 编

责任编辑：韩景峰
出　　版：中国民航出版社有限公司（010）64279457
地　　址：北京市朝阳区光熙门北里甲31号楼（100028）
排　　版：北京工商事务印刷有限公司照排室
印　　刷：北京工商事务印刷有限公司
发　　行：中国民航出版社有限公司（010）64297307　64290477
开　　本：889×1194 1/16
印　　张：20.625
字　　数：660千字
版　　本：2022年11月第1版　2022年11月第1次印刷

书　　号：ISBN 978-7-5128-1148-5
定　　价：320.00元

编　委　会

序

国家发展靠人才，民族振兴靠人才。习近平总书记在中央人才工作会议上强调加快建设世界重要人才中心和创新高地，并提出“构建充分体现知识、技术等创新要素价值的收益分配机制，让事业激励人才，让人才成就事业”等新时代人才工作的新理念新战略新举措。

《国民经济和社会发展第十四个五年规划和 2035 年远景目标纲要》（以下简称“十四五”规划）明确提出：“要坚持居民收入增长和经济增长基本同步、劳动报酬提高和劳动生产率提高基本同步，持续提高低收入群体收入，扩大中等收入群体，更加积极有为地促进共同富裕，健全工资决定、合理增长和支付保障机制，完善最低工资标准和工资指导线形成机制，积极推行工资集体协商制度。”

完善企业薪酬调查和信息发布制度，是发挥市场在劳动力资源配置中决定性作用的重要途径，是实现由市场评价要素贡献、按贡献决定报酬机制的重要举措，是提升工资分配宏观调控治理能力的重要手段。2020 年 5 月，中共中央、国务院发布了《关于新时代加快完善社会主义市场经济体制的意见》（以下简称《意见》），明确提出要“完善企业薪酬调查和信息发布制度”。截至目前，全国已有 30 个地区（除西藏外）建立了省级调查制度。企业薪酬调查和信息发布工作，逐步确定了一套规范有序的操作流程，同时薪酬调查数据质量控制系统和数据处理比对方法基本确立。

建立企业薪酬调查和信息发布制度是完善人力资源市场公共信息服务的重要内容，也是主推企业深化工资分配制度改革的客观需要。近年来，北京市不断加强数据全流程控制，形成了涵盖调查准备、数据采集、数据审核、数据整理、数据发布 5 个环节 12 个质量控制要点，全流程、可操作、可复制的企业薪酬调查数据质量控制工作规范。同时，经过反复论证比较，形成了科学合理、切实可行的数据加权处理方法、指标计算方法和多维度比对分析方法。《2022年北京市人力资源市场薪酬大数据报告》（以下简称《报告》）继续沿用线下调查+合作供应商专业薪酬数据库的模式开展调查。“线下”数据涉及北京地区抽样调查企业5351户，在岗职工695900人；“线上”数据涉及调查前程无忧薪酬数据库5517家企业，在岗职工个体1171237人，以及应届高校求职毕业生共计331042人。

《报告》在往年报告的基础上，根据实际情况进行了调整和创新。与上年度相比，在报告内容和结构方面，体现出了“一围绕、两聚焦、三服务”的特点：

“一围绕”是指《报告》以北京经济发展为着力点，围绕着北京经济建设发展的特色及变化展开，内容上将“两区建设”“三城一区”等北京区域经济建设特色，“数字经济、金融、现代服务业、北京智造”等具有鲜明北京产业特色，以及“高、精、尖”人才、技能人才、应届毕业生、“疾控人员”等与北京发展所需人才群体作为切入点展开分析研究，切实反映北京市人力资源市场的现实状况，为扎实推动“放管服”改革和优化营商环境提供支持。

“两聚焦”一方面着重于聚焦于北京市“十四五”规划，动态监测数字经济、金融、软件和信息服务业、智能/高端制造等北京重点规划发展产业各类岗位以及热招岗位薪酬，力图反映北京产业经济发展的变化及趋势，切实为相关部门决策提供针对性参考；另一方面聚焦于北京市发展建设特色市场年度特色及变化，例如本报告“特色发展篇”中“自贸区”“城市副中心”“三城一区”等具有北京建设发展的特色篇内容，以期能够更加全面、准确地反映北京市场的薪酬水平。

“三关注”分别是“关注于在京企业的市场化应用需求”——《报告》统计口径，在按照国家国民经济行业标准、职业大类划分标准的基础上，首次尝试性将职业大典分类标注，与市场上各行业职位通行称谓通过映射，作为辅助调查选项放入调研问卷，在满足政府信息采集需要的同时，贴近于企业的实际需求及使用习惯，一方面便于企业高效填写相关数据，另一方面也便于企业直接查找对标使用数据，从调研结果来看，进一步提升了薪酬数据的准确性和有效性；“关注市场发展变化需求”——《报告》继续对《中华人民共和国职业分类大典（2015年版）》颁布以来发布的四批新职业（截至2021年12月）开展调查分析，并对国家职业分类大典（2022年版）草案中的新职业进行了追踪；与此同时，报告根据市场变化需求，特别关注疫情防控人员薪资状况以及依托互联网平台就业的新业态从业人员薪资状况；“关注市场热点群体及人群”——《报告》持续关注“高、精、尖”人才、技能人才、应届毕业生等当前北京经济发展所需人才群体，及时深入了解热点就业群体薪资水平及变化趋势，并在研究变化趋势的基础上，结合并应用于《北京市人力资源市场薪酬季度报告》，对最低工资标准、共同富裕，“人才高地建设”等课题进行探索，进一步完善人才薪酬分配机制和激励机制，助力各方人才顺利就业。

经过一年的努力，《2022年北京市人力资源市场薪酬大数据报告（初稿）》完成，谨作此序，感谢参与此次薪酬调研相关企业的密切配合，感谢课题组编委会顾问、主编和副主编在整个课题的筹划、路径设计等方面的顶层规划，感谢各位核心编委的辛勤努力，感谢各位评审专家，感谢市发改委、市税务局、市属国有企业人力资源部门，对报告整体框架结构和主要观点分析的建议，感谢各位评审专家的大力支持和宝贵意见，在此一并表示感谢！

完善企业薪酬调查和信息发布制度是一项系统工程，是企业工资分配宏观调控工作的重要任务，对市场主体生产经营发挥积极引导作用，关乎广大企业职工切身利益，我们将深入贯彻习近平总书记在中央人才工作会议上的讲话精神，并按《意见》要求，把企业薪酬调查和信息发布工作作为一项重点工作来抓，久久为功，进一步发挥好企业薪酬调查“数据”作为重要生产要素的功能作用，让数据更好地服务社会、服务政府决策。

2022年9月

目　录

第一部分　人力资源市场薪酬数据分析报告

第二部分　企业人工成本数据分析报告

第三部分　北京市 2022 年企业工资指导线

第四部分　北京市 2022 年行业工资指导线

第五部分　北京市 2022 年最低工资标准

第一部分

人力资源市场薪酬
数据分析报告

报告概要

一、发布薪酬大数据报告的背景

二〇二二年是党的二十大召开之年，也是实施“十四五”规划承上启下的重要一年。

“十四五”时期是我国全面建成小康社会、实现第一个百年奋斗目标之后，乘势而上开启全面建设社会主义现代化国家新征程、向第二个百年奋斗目标进军的第一个五年，也是北京落实首都城市战略定位、建设国际一流和谐宜居之都的关键时期。

北京“十四五”规划明确提出“积极稳定和扩大就业，深入落实国家收入分配制度改革政策，不断提高城乡居民收入水平，创建国家共同富裕示范区”的目标，并在“多渠道增加城乡居民收入”中提出了具体发展目标——“优化收入分配结构，有效缩小收入分配差距，提高中低收入群体收入，壮大中等收入群体规模，促进居民收入增长与经济增长基本同步，扎实推动共同富裕。”

定期发布人力资源市场工资价位和人工成本信息，是人力资源和社会保障部门基本公共服务的重要内容。早在 20 世纪 90 年代，北京市就开展了工资调查和信息发布的创新探索，成为我国较早发布人力资源市场工资指导价位的地区之一。

人才是实现民族振兴、赢得国际竞争主动的战略资源。习近平总书记在中央人才工作会议上强调，加快建设世界重要人才中心和创新高地，需要进行战略布局，在北京、上海、粤港澳大湾区建设高水平人才高地。北京作为全国科技创新中心城市，如何以首善标准率先建成高水平人才高地，为我国建设世界人才中心和创新高地提供战略支撑，就成为新时代北京人才工作亟待破解的重大课题。

北京市人力资源和社会保障局不断建立健全企业薪酬调查和信息发布制度，薪酬调查的专业性不断增强，数据挖掘方法的科学性不断提高，薪酬大数据的质量逐年提高，在服务首都企业和辅助政府工资调控等工作中发挥了重要作用。

2021 年新冠肺炎疫情多点散发，对北京市各行业企业的日常经营产生了一定影响。由于外部经济环境仍面临较大不确定性，叠加疫情干扰、经济增速放缓等因素，企业经营压力较大，降本增效成为企业经营和发展的关键，企业对于了解和掌握市场薪酬水平的迫切程度也进一步增加。在此背景下，本次《报告》的发布也较往年更具有指导和参考意义。

二、报告结构

《报告》共计分为 6 个部分，分别为“国民经济行业篇、重点发展产业篇、特色发展篇、区域篇、职业篇、群体篇”6 个篇章。与往年相比，本年度报告新增了重点发展产业篇，针对“数字经济、智能/高端制造、软件和信息服务业”等 11 个北京“十四五”规划重点产业以及与国民经济关联性较高的产业，通过展示重点产业市场薪酬数据，动态反映北京重点产业发展状况。

国民经济行业篇主要内容

行业篇以国民经济行业分类标准（GB/T 4754-2017）作为统计分析口径，分析了北京地区所涉及的 15 个不同行业门类中 47 个行业大类的薪酬大数据情况。首先横向比较不同行业的整体薪酬情况，概要性分析行业薪酬特点。然后对 13 个重点行业门类进行纵向分析，以国家职业分类大典为基准，分析展示重点行业不同职业大类薪酬状况。

重点发展产业篇主要内容

重点发展产业篇聚焦北京“十四五”规划重点发展产业，对“数字经济、金融、智能/高端制造、科技服务业、软件和信息服务业、专业服务业、生活服务业、医药健康业、节能环保/绿色能源、文化、休闲和娱乐、房地产” 11 个重点产业，以国家职业分类大典为基准，展示北京重点发展产业通用岗位市场薪酬现状。

特色发展篇主要内容

《报告》特色发展篇中的“自贸区”“三城一区”“城市副中心”均为具有北京建设发展特色的区域或产业，通过分析具有北京发展建设特色产业的薪酬状况，反映市场相关领域及群体的薪酬变化状况，增强薪酬数据信息时效性、指导性，充分发挥创新要素集聚优势，更好推动北京经济的高质量发展。

区域篇主要内容

区域篇对北京市包括各行政区域以及经济技术开发区在内的 17 个区域企业薪酬大数据进行了分析统计，结合国民经济行业分类标准（GB/T 4754-2017）和中华人民共和国职业分类大典（2015 版）标准进行交叉分析，根据各行政区域的产业发展特点，展示重点行业不同职业大类的薪酬状况。此外，根据北京市城市发展规划，本篇继续按照首都功能核心区、城市功能拓展区、城市发展新区、生态涵养发展区发展布局规划对薪酬水平进行分析。

职业篇主要内容

本部分内容以中华人民共和国职业分类大典（2015 版）标准作为分析统计口径，按照“企业单位负责人、专业技术人员、办事人员和有关人员、社会生产服务和生活服务人员、生产制造及有关人员，农、林、牧、渔业生产及辅助人员”六类职业大类维度，分析展示各职业大类的薪酬水平。

本年度调研，特别关注疫情防控人员薪资状况，重点关注依托互联网平台就业的新业态从业人员薪资状况，并对连续对国家职业分类大典（2022 年版）草案中逐批公布的新职业开展工资价位调查（截至 2021 年 12 月）。

群体篇主要内容

本篇针对“技能人才、应届生、重点产业高精尖人才”当前企业和社会较为关心的三大群体进行薪酬水平分析研究。技能人才按照“初、中、高级技能人才以及技师、高级技师”技能等级分类，对不同产业技能人才薪酬水平进行分析；应届生部分以北京市各重点产业为主线，结合应届生就业的特点，分“专科、本科、硕士及以上”三大学历，按“技术研发/专业技能、销售、业务、支持”四大职能进行薪酬数据分析；重点产业高精尖人才则按照“技术类、管理类”进行分类，对不同产业高精尖人才薪酬水平进行分析，为企业有效吸纳多层次创新人才提供数据参考。

三、《报告》对于政府企业个人的参考意义

建立并发布市场薪酬大数据制度，对于政府部门具有重大意义：首先，通过调研、分析劳动力市场薪酬大数据，可以及时掌握市场薪酬的全面状况，有助于政府对未来发展做出研判，提高决策效率和水平；其次，发布市场薪酬信息是政府做好公共服务，全面正确履行政府职能的一项重要内容，进一步加强政府对不同行业企业工资分配的宏观指导，引导劳动力有序流动、优化人力资源配置；再次，薪酬调研将为重点产业人才引进薪酬标准提供参考，为政府部门制定和落实各项人才政策提供决策依据，助力北京以首善标准打造高水平人才高地。

对企业而言，政府部门公布的权威薪酬价位和人工成本信息，是企业制定薪酬、招聘、培训等人力资源管理策略的重要参考依据。疫情常态化下，企业经营压力加大，通过薪酬大数据，企业可以及时掌握外部市场薪酬的变化及趋势，充分了解本地区本行业用工成本状况，合理管控人力成本，增强企业竞争力。

对个人而言，通过薪酬大数据报告，可以及时了解外部市场薪酬价位，从而进行合理职业定位及职业规划。一方面，求职者可通过市场薪酬数据判断期望薪酬的适配性与合理性，及时调整心理预期，促进就业；另一方面，可以依据外部市场发展趋势及岗位任职要求等信息，有针对性地提升自身能力与专业水平。

四、报告数据来源及有效性说明

《报告》在数据调查、处理和分析过程中高度重视数据的科学合理性和真实有效性。在数据处理和应用时，为体现数据调查的代表性，在数据清洗的过程中剔除了人员规模小于 5 人且成立时间不满一年的企业样本，并剔除了单项样本数 30 个以下的数据，并对显著不符合逻辑和经济学基本理论的异常数据进行筛查，保障数据的有效性和真实性。

本报告共有两类数据来源，分别为线下调查薪酬价位信息和第三方专业薪酬调查数据库信息，其中：

线下调查薪酬价位信息来源于北京市人力资源与社会保障局采用专用软件系统调查北京当地各个企业所收集到的薪酬数据；

第三方专业薪酬调研数据库来源于人力资源服务提供商——前程无忧自有的专业薪酬调查数据库，以上数据均不包含政府机关、事业单位的薪酬数据。

特别说明：本部分内容中的薪酬为税前工资， 即企业直接支付给本企业就业人员的劳动报酬总额；包括基本工资、绩效工资、 津补贴、 加班加点工资、 同时包含单位从个人工资中直接为其代扣或代缴的房费、 水费、 电费、 住房公积金和社会保险基金个人缴纳部分。

一、国民经济行业篇

1. 调查薪酬价位概况

《北京市国民经济和社会发展第十四个五年规划和二〇三五年远景目标纲要》（以下简称北京“十四五”规划）明确提出，在减量发展背景下，坚持走依靠创新驱动的内涵型增长路子，发挥北京科技和人才优势，大力推进以科技创新为核心的全面创新，积极培育新产业新业态新模式新需求，巩固“高精尖”经济结构，提高经济质量效益和核心竞争力。

“十四五”时期，在战略定位上，北京市将立足首都城市战略定位，以深化供给侧结构性改革激发内生活力，以“两区”制度创新为先导，以抢占数字经济制高点为突破，以高精尖经济结构为关键支撑，以扩大内需为战略基点，夯实实体经济根基，保持制造业竞争优势，提升服务业质量和辐射力，进一步推动在更大范围内优化产业空间布局，在构建国内国际双循环中拿出北京行动。到 2025 年，基本建成创新引领型、服务主导型、协同发展型、全面开放型互融共促的现代化经济体系。在产业发展上，北京市按照“稳住二产、发展高端、加强融合”的思路，坚持产业基础高级化、产业链现代化，大力发展战略性新兴产业，推动高端制造业和现代服务业深度融合，筑牢以实体经济为根基的高精尖经济结构，塑造具有全球竞争力的“北京智造”“北京服务”。到 2025 年，高精尖产业增加值占地区生产总值比重达到 30%，制造业增加值比重回升至 13%以上，力争达到 15%。

在此背景下，调查并发布北京市各行业（尤其是数字经济、软件和信息服务业、智能/高端制造等重点发展产业）薪酬价位信息，有助于企业合理定薪、调薪，充分体现知识、技术等创新要素价值的收益分配机制，激活人才积极性，增强产业竞争力。

2021 年，北京坚持以首都发展为统领，统筹推进疫情防控和经济社会发展，实现了“十四五”良好开局。数据显示，2021 年度北京市大部分行业薪酬中位值较上年度呈增长态势。从薪酬中位值看，2021 年行业薪酬水平较高的是货币金融服务（29.36 万元）、资本市场服务（28.83 万元）、互联网和相关服务（24.57 万元）、新闻和出版业（20.24 万元）、保险业（19.22 万元）。2021 年，北京生物医药制造业快速发展，已日渐成长为北京经济的新增长极，医药制造业薪酬中位值位居前十。

2021 年薪酬中位值排名位居后五位的分别是住宿业（7.26 万元）、农副食品加工业（7.22 万元）、商务服务业（7.14 万元）、餐饮业（6.68 万元）、居民服务业（6.48 万元）。随着疫情防控常态化，住宿业、餐饮业、商务服务业及居民服务业持续恢复，薪酬中位值较 2020 年均有较大幅度增长。

2021 年行业薪酬差距较 2020 年有所收窄，各行业薪酬下四分位值、中位值和上四分位值情况参见下表。

表 1–1.1　国民经济重点行业薪酬概况（元/年）

行 业 名 称	下四分位值	中位值	上四分位值
农业	72400	102581	165074
畜牧业	56802	74146	104160
农副食品加工业	60000	72234	94819
食品制造业	70542	91893	136955
纺织服装、服饰业	55909	73545	105846
印刷和记录媒介复制业	72432	93580	136185
化学原料和化学制品制造业	86409	120831	174250
医药制造业	96000	171653	298132
非金属矿物制品业	80198	101931	150132
金属制品业	67831	86170	130383
通用设备制造业	76011	95758	143273
专用设备制造业	88468	126496	216984
汽车制造业	89691	117540	187631
铁路、船舶、航空航天和其他运输设备制造业	115523	191701	252348
电气机械和器材制造业	80025	117440	184057
计算机、通信和其他电子设备制造业	84316	109725	178754
仪器仪表制造业	76313	113148	164190
电力、热力、燃气及水生产和供应业	116947	148113	186662
房屋建筑业	97464	135403	197787
土木工程建筑业	94810	136163	198087
建筑安装业	77772	101576	155020

表 1-1.1 国民经济重点行业薪酬概况（元/年）（续表一）

行业名称	下四分位值	中位值	上四分位值
建筑装饰、装修和其他建筑业	76925	99360	145643
批发业	76497	103275	204832
零售业	58415	80742	115646
道路运输业	70037	118251	153694
航空运输业	114283	128392	141335
装卸搬运和仓储业	77003	98537	132100
邮政业	84444	96852	119399
住宿业	55012	72629	95887
餐饮业	52660	66801	88512
互联网和相关服务	155871	245731	398923
软件和信息技术服务业	111299	158429	216000
货币金融服务	214602	293619	449865
资本市场服务	172578	288333	440167
保险业	125778	192177	284895
房地产开发	102711	153619	251728
物业管理	63392	90740	139821
租赁业	83095	109680	176880
商务服务业	53436	71355	107114
研究和试验发展	114595	154800	236690
专业技术服务业	99900	165690	260996
科技推广和应用服务业	64320	108220	192500
生态保护和环境治理业	77376	109811	149973
公共设施管理业	63566	81155	113596
居民服务业	40869	64800	91917
机动车、电子产品和日用产品修理业	73579	96040	130358
教育	68663	107312	169459
卫生	85165	127540	185620
新闻和出版业	129391	202399	290814
文化艺术业	75103	119800	255720

2. 主要行业职业大类薪酬状况

（1）农、林、牧、渔业职业大类薪酬状况

前程无忧专业调查数据显示，农、林、牧、渔业不同职业大类中，薪酬排行前三的职业大类分别为中层及以上管理人员、专业技术人员、办事人员和有关人员，工资最高职业中位值为最低职业中位值的3.55倍，农、林、牧、渔业职业大类薪酬状况参见下表。

表1–1.2.1 农、林、牧、渔业职业大类薪酬状况（元/年）

行业名称	职 业 大 类	下四分位值	中位值	上四分位值
农、林、牧、渔业	中层及以上管理人员	128490	215560	330296
	专业技术人员	77791	104480	149046
	办事人员和有关人员	58393	82332	123268
	社会生产服务和生活服务人员	44676	60687	70992
	农、林、牧、渔业生产及辅助人员	47997	64077	80878
	生产制造及有关人员	51646	68399	96512

（2）制造业职业大类薪酬状况

制造业不同职业大类中，薪酬中位值最高的职业大类是中层及以上管理人员（24.13万元），中位值最低的职业大类是社会生产服务和生活服务人员（9.04万元），工资最高职业中位值为最低职业中位值的2.67倍，制造业职业大类薪酬详情参见下表。

表1–1.2.2 制造业职业大类薪酬状况（元/年）

行业名称	职 业 大 类	下四分位值	中位值	上四分位值
制造业	中层及以上管理人员	144677	241334	384783
	专业技术人员	93926	150618	242560
	办事人员和有关人员	69231	97175	143554
	社会生产服务和生活服务人员	67260	90441	136398
	生产制造及有关人员	71200	93463	147838

（3）电力、热力、燃气及水生产和供应业职业大类薪酬状况

在电力、热力、燃气及水生产和供应业中，薪酬中位值最高的职业大类是中层及以上

管理人员，其次为专业技术人员，社会生产服务和生活服务人员薪酬中位值相对较低，工资最高职业中位值为最低职业中位值的 2.32 倍，该行业职业大类薪酬情况参见下表。

表 1–1.2.3　电力、热力、燃气及水生产和供应业职业大类薪酬状况（元/年）

行业名称	职业大类	下四分位值	中位值	上四分位值
电力、热力、燃气及水生产和供应业	中层及以上管理人员	205000	320707	468080
	专业技术人员	140729	172425	216918
	办事人员和有关人员	122883	154269	197637
	社会生产服务和生活服务人员	93106	138358	169695
	生产制造及有关人员	110824	134694	153712

（4）建筑业职业大类薪酬状况

建筑业不同职业大类中，中层及以上管理人员是薪酬中位值最高（22.29 万元），社会生产服务和生活服务人员薪酬中位值最低（8.84 万元），工资最高职业中位值为最低职业中位值的 2.52 倍，建筑业不同职业大类薪酬情况参见下表。

表 1–1.2.4　建筑业职业大类薪酬状况（元/年）

行业名称	职业大类	下四分位值	中位值	上四分位值
建筑业	中层及以上管理人员	163589	222910	330653
	专业技术人员	96950	130190	179268
	办事人员和有关人员	78658	113339	163528
	社会生产服务和生活服务人员	64351	88355	123598
	生产制造及有关人员	66478	99725	136218

（5）批发和零售业职业大类薪酬状况

调查数据显示，批发和零售业不同职业大类中，薪酬中位值位居前三的为中层及以上管理人员、专业技术人员、办事人员和有关人员，薪酬中位值较低的职业大类为生产制造及有关人员、社会生产服务和生活服务人员，工资最高职业中位值为最低职业中位值的 2.70 倍，批发和零售业职业大类薪酬情况参见下表。

表 1-1.2.5　批发和零售业职业大类薪酬状况（元/年）

行业名称	职业大类	下四分位值	中位值	上四分位值
批发和零售业	中层及以上管理人员	120168	196487	361950
	专业技术人员	82813	119486	211074
	办事人员和有关人员	74440	95581	127456
	社会生产服务和生活服务人员	53210	72820	99415
	生产制造及有关人员	67993	83193	100472

（6）交通运输、仓储和邮政业职业大类薪酬状况

在交通运输、仓储和邮政业不同职业大类中，薪酬中位值最高的职业大类为中层及以上管理人员（24.55 万元），中位值最低的职业大类为社会生产服务和生活服务人员（10.57 万元），工资最高职业中位值为最低职业中位值的 2.32 倍，交通运输、仓储和邮政业职业大类薪酬状况参见下表。

表 1-1.2.6　交通运输、仓储和邮政业职业大类薪酬状况（元/年）

行业名称	职业大类	下四分位值	中位值	上四分位值
交通运输、仓储和邮政业	中层及以上管理人员	164880	245540	336202
	专业技术人员	122338	164934	203756
	办事人员和有关人员	97448	155391	203042
	社会生产服务和生活服务人员	81888	105746	130177
	生产制造及有关人员	104310	127289	151040

（7）住宿和餐饮业职业大类薪酬状况

住宿和餐饮业不同职业大类中，薪酬中位值最高的职业大类是中层及以上管理人员，其次为专业技术人员，办事人员和有关人员、社会生产服务和生活服务人员薪酬中位值相对较低，工资最高职业中位值为最低职业中位值的 1.99 倍，住宿和餐饮业职业大类薪酬情况参见下表。

表 1-1.2.7　住宿和餐饮业职业大类薪酬状况（元/年）

行业名称	职 业 大 类	下四分位值	中位值	上四分位值
住宿和餐饮业	中层及以上管理人员	90167	130916	204970
	专业技术人员	62658	80238	105414
	办事人员和有关人员	55652	73065	99737
	社会生产服务和生活服务人员	51881	65768	83820

（8）信息传输、软件和信息技术服务业职业大类薪酬状况

信息传输、软件和信息技术服务业职业大类中，中层及以上管理人员薪酬中位值最高（25.35 万元），办事人员和有关人员薪酬中位值最低（10.8 万元），工资最高职业中位值为最低职业中位值的 2.35 倍，信息传输、软件和信息技术服务业职业大类薪酬状况参见下表。

表 1-1.2.8　信息传输、软件和信息技术服务业职业大类薪酬状况（元/年）

行业名称	职 业 大 类	下四分位值	中位值	上四分位值
信息传输、软件和信息技术服务业	中层及以上管理人员	153889	253520	407100
	专业技术人员	110688	174207	282600
	办事人员和有关人员	69086	108000	168965
	社会生产服务和生活服务人员	81735	129224	258142

（9）金融业职业大类薪酬状况

金融业不同职业大类中，中层及以上管理人员薪酬中位值最高，为 59.16 万，专业技术人员及社会生产服务和生活服务人员薪酬中位值均超过 20 万，社会生产服务和生活服务人员薪酬中位值较低，为 11 万元，工资最高职业中位值为最低职业中位值的 5.38 倍，金融业职业大类薪酬情况参见下表。

表 1-1.2.9　金融业职业大类薪酬状况（元/年）

行业名称	职 业 大 类	下四分位值	中位值	上四分位值
金融业	中层及以上管理人员	333862	591567	965077
	专业技术人员	206040	277327	362359
	办事人员和有关人员	56460	110000	475265
	社会生产服务和生活服务人员	164925	224731	329891

（10）房地产业职业大类薪酬状况

房地产业薪酬中位值最高的职业大类为中层及以上管理人员（25.07 万元），薪酬中位值最低的职业大类是生产制造及有关人员（7.61 万元），工资最高职业中位值为最低职业中位值的 4.04 倍，生产制造及有关人员职业大类各岗位薪酬情况参见下表。

表 1–1.2.10　房地产业职业大类薪酬状况（元/年）

行业名称	职业大类	下四分位值	中位值	上四分位值
房地产业	中层及以上管理人员	158866	250660	397520
	专业技术人员	90000	136201	201625
	办事人员和有关人员	77335	108578	157345
	社会生产服务和生活服务人员	46950	62105	85288
	生产制造及有关人员	59322	76103	106306

（11）租赁和商务服务业职业大类薪酬状况

在租赁和商务服务业职业大类中，中层及以上管理人员薪酬中位值最高，为 20.48 万元，其次为专业技术人员，办事人员和有关人员、社会生产服务和生活服务人员薪酬中位值相对较低，薪酬中位值分别为 6.95 万元和 6.37 万元，工资最高职业中位值为最低职业中位值的 3.21 倍。租赁和商务服务业职业大类薪酬情况参见下表。

表 1–1.2.11　租赁和商务服务业职业大类薪酬状况（元/年）

行业名称	职业大类	下四分位值	中位值	上四分位值
租赁和商务服务业	中层及以上管理人员	105998	204778	362000
	专业技术人员	68928	111480	187224
	办事人员和有关人员	52145	69520	98582
	社会生产服务和生活服务人员	47620	63708	80680

（12）科学研究和技术服务业职业大类薪酬状况

科学研究和技术服务业职业大类中，中层及以上管理人员薪酬中位值最高（29.4 万元），薪酬中位值最低的岗位是办事人员和有关人员（7.39 万元），工资最高职业中位值为最低职业中位值的 3.98 倍，科学研究和技术服务业职业大类各岗位薪酬情况参见下表。

表 1-1.2.12　科学研究和技术服务业职业大类薪酬状况（元/年）

行业名称	职 业 大 类	下四分位值	中位值	上四分位值
科学研究和技术服务业	中层及以上管理人员	165023	294012	509612
	专业技术人员	105378	162256	248652
	办事人员和有关人员	76703	116460	168420
	社会生产服务和生活服务人员	45806	73915	118985

（13）居民服务、修理和其他服务业职业大类薪酬状况

居民服务、修理和其他服务业中，薪酬中位值最高的职业大类为中层及以上管理人员（13.69 万元），薪酬中位值最低的职业大类为社会生产服务和生活服务人员（6.48 万元），工资最高职业中位值为最低职业中位值的 2.11 倍，居民服务、修理和其他服务业职业大类薪酬情况参见下表。

表 1-1.2.13　居民服务、修理和其他服务业职业大类薪酬状况（元/年）

行业名称	职 业 大 类	下四分位值	中位值	上四分位值
居民服务、修理和其他服务业	中层及以上管理人员	74218	136900	249030
	专业技术人员	68400	102064	158900
	办事人员和有关人员	44300	71134	94236
	社会生产服务和生活服务人员	45347	64800	86090

（14）教育业职业大类薪酬状况

教育业职业大类中，薪酬中位值最高的职业大类是中层及以上管理人员（22.64 万元），薪酬中位值最低的职业大类是社会生产服务和生活服务人员（6.98 万元），工资最高职业中位值为最低职业中位值的 3.24 倍，教育业职业大类各岗位薪酬情况参见下表。

表 1-1.2.14　教育业职业大类薪酬状况（元/年）

行业名称	职 业 大 类	下四分位值	中位值	上四分位值
教育业	中层及以上管理人员	138500	226389	336900
	专业技术人员	88521	119914	180316
	办事人员和有关人员	76000	97014	125496
	社会生产服务和生活服务人员	47540	69766	92412

（15）文化、体育和娱乐业职业大类薪酬状况

在文化、体育和娱乐业职业大类中，中层及以上管理人员薪酬中位值最高（23.11 万元），社会生产服务和生活服务人员薪酬中位值最低（7.56 万元），工资最高职业中位值为最低职业中位值的 3.06 倍，文化、体育和娱乐业职业大类各岗位薪酬情况参见下表。

表 1–1.2.15　文化、体育和娱乐业职业大类薪酬状况（元/年）

行业名称	职　业　大　类	下四分位值	中位值	上四分位值
文化、体育和娱乐业	中层及以上管理人员	132349	231149	398764
	专业技术人员	103087	167305	274520
	办事人员和有关人员	72865	108718	159800
	社会生产服务和生活服务人员	51745	75643	127600

二、重点发展产业篇

“十四五”期间，北京按照“稳住二产、发展高端、加强融合”的思路，坚持产业基础高级化、产业链现代化，大力发展战略性新兴产业，推动高端制造业和现代服务业深度融合，筑牢以实体经济为根基的高精尖经济结构，塑造具有全球竞争力的“北京智造”“北京服务”。

1. 数字经济产业各岗位薪酬状况

北京在“十四五”期间聚焦数字产业化、产业数字化，建设全球数字经济标杆城市，实施促进数字经济创新发展行动纲要，推动数字经济与实体经济深度融合、政府服务与市场参与高效协同，形成局部突破向全面迭代更替演进，实现全方位、全角度、全链条、全要素数字化转型，打造具有国际竞争力的数字产业集群。

数字经济产业中层及以上管理人员职业大类中，技术总监薪酬中位值最高（56.05 万元），中位值最低的岗位是仓库经理（14.73 万元）。中层及以上管理人员职业大类各岗位薪酬情况参见下表。

表 1–2.1.1　数字经济产业中层及以上管理人员各岗位薪酬状况（元/年）

职业大类	岗　位	下四分位值	中位值	上四分位值
中层及以上管理人员	人力资源总监	292422	438138	630254
	人力资源经理	236550	307100	399088
	招聘经理	158684	218973	308188
	培训经理	162554	220187	318713
	行政总监	266908	380955	543300
	行政经理	147357	193086	275357
	采购总监	341514	484365	724999
	采购经理	227915	282420	379113
	供应商管理经理	205866	281152	393858

表 1–2.1.1 数字经济产业中层及以上管理人员各岗位薪酬状况（元/年）

（续表一）

职业大类	岗 位	下四分位值	中位值	上四分位值
中层及以上管理人员	法务经理	201764	267745	396735
	财务总监	308761	455443	588890
	财务经理	245468	328534	465579
	会计经理	205656	259034	363412
	财务分析经理	233182	291277	397438
	投资总监	357534	476114	633677
	投资经理	190354	257437	362055
	审计总监	299955	425256	555147
	审计经理	219030	281883	394874
	客服总监	254584	337989	456471
	客服经理（非技术）	178998	224432	322492
	售前技术经理	208489	250316	333288
	呼叫中心客服经理	175296	219945	311032
	技术服务经理	184215	241208	339653
	广告创意总监	352958	476375	652524
	广告创意|设计经理	181071	237679	331769
	平面设计总监	390081	518447	701818
	平面设计经理	202891	254450	363183
	仓库经理	111947	147329	195786
	销售总监	400702	550045	791663
	销售经理	225282	281358	554678
	区域销售经理	167581	211582	382636
	销售行政经理	175229	214769	296971
	商务经理	196369	261382	350884
	平台招商经理	205306	271972	471182
	技术总监	381583	560540	755998

表 1-2.1.1　数字经济产业中层及以上管理人员各岗位薪酬状况（元/年）

（续表二）

职业大类	岗　位	下四分位值	中位值	上四分位值
中层及以上管理人员	技术经理	259485	367631	562704
	信息技术经理	233363	309629	448234
	项目总监	362251	511126	767341
	项目经理	206608	275757	384483
	软件测试经理	220078	301223	463813
	产品经理（IT）	252512	322642	482344
	产品总监	403179	525568	696969
	市场总监	356702	503281	743154
	市场经理	211891	281620	373574
	网络营销经理	200157	248772	370872
	运营总监	410511	522565	741412
	运营经理	229044	286777	391119
	品牌经理	235848	300452	426040
	市场通路经理	233448	282207	417681
	活动经理	177806	217739	313064
	招投标经理	251910	307527	452101
	业务发展经理	239959	292582	418595
	业务分析经理	211899	267717	377694
	社群运营经理	188064	245059	349375
	跨境电商经理	208113	264157	378774
	网站营运经理	178912	233863	333081
	运维经理	192716	260577	379694
	电商运营总监	325110	494561	681431
	电商运营经理	188562	246165	373942
	商品经理	193957	232647	313622
	品类经理	216670	304199	412790
	商户运营经理	190270	246993	360794

数字经济产业专业技术人员职业大类中，薪酬中位值排名前十的岗位大部分为开发类技术岗，具体岗位分别是语音识别工程师、云计算架构师、图像识别工程师、高级软件工程师、律师|法律顾问、系统架构设计师、UI 设计顾问、系统分析员、高级硬件工程师、机器学习工程师。专业技术人员职业大类各岗位薪酬情况参见下表。

表 1-2.1.2 数字经济产业专业技术人员各岗位薪酬状况（元/年）

职业大类	岗 位	下四分位值	中位值	上四分位值
专业技术人员	人力资源主管	113084	138325	187021
	人力资源专员	78978	97179	136058
	招聘主管	106504	134833	183353
	招聘专员	65884	76536	119427
	培训主管	112259	141140	193398
	培训专员	72999	88180	139145
	HRBP	173295	215180	281449
	集成电路应用工程师	171165	221064	293265
	集成电路验证工程师	148113	191799	259750
	电子技术研发工程师	159028	202346	277496
	电气工程师|技术员	102094	130584	184186
	电路工程师|技术员	107343	126367	166890
	电声|音响工程师|技术员	146984	190752	256044
	自动化工程师	137822	162957	237470
	电子软件开发	158598	189044	270020
	嵌入式软件开发	183315	224775	331306
	电池|电源开发	122451	157669	230372
	现场应用工程师	118301	152364	218994
	测试工程师	125389	159190	216931
	射频工程师	128446	160766	212984
	版图设计工程师	103698	130562	183655
	嵌入式硬件开发	142227	171547	229482

表 1-2.1.2 数字经济产业专业技术人员各岗位薪酬状况（元/年）

（续表一）

职业大类	岗 位	下四分位值	中位值	上四分位值
专业技术人员	模拟集成电路设计工程师	178255	234134	306167
	数字集成电路设计工程师	186546	225739	326364
	FPGA 工程师	190830	252714	365801
	电气设计工程师	145842	175685	233456
	光学工程师	131771	163168	219994
	律师|法律顾问	219267	274332	376352
	法务主管	129709	163207	214547
	法务专员	108133	128712	180528
	财务主管	117009	147523	206996
	总账主管	127059	155650	215051
	总账会计	104917	123588	185388
	会计主管	110067	140089	199414
	会计	76539	88681	123903
	出纳员	63549	76820	111443
	财务分析主管	165927	200969	264282
	财务分析员	116047	145771	197669
	投资主管	157620	203545	291255
	投资专员	122070	148864	232102
	审计主管	165111	196580	270379
	审计专员	108153	134152	204792
	技术服务主管	115429	145686	207663
	技术服务工程师	100625	128356	184147
	广告创意|设计主管	164147	214991	318795
	广告创意|设计师	120797	148160	210377
	后期制作	103998	126919	201498
	动画|3D 设计	116458	140718	205684

表 1-2.1.2　数字经济产业专业技术人员各岗位薪酬状况（元/年）

（续表二）

职业大类	岗　位	下四分位值	中位值	上四分位值
专业技术人员	陈列设计|展览设计	113212	139703	203170
	多媒体设计	116635	145418	210030
	摄影师	103132	136088	219074
	技术主管	141547	178487	244264
	信息技术主管	125594	150435	216493
	信息技术专员	108144	127450	181800
	项目主管	168168	208088	293033
	项目专员	119702	145497	198845
	软件质量管理工程师	131826	167767	227616
	软件 UI 工程师	150558	194281	265006
	UI 设计顾问	200233	263061	341266
	需求工程师	142597	180198	254088
	系统架构设计师	202438	264916	369694
	高级硬件工程师	197774	258608	338746
	硬件工程师	134385	175701	235092
	高级软件工程师	222908	279710	352358
	软件工程师	165387	215122	282070
	机器学习工程师	204061	258174	377313
	图像识别工程师	212550	288270	376072
	语音识别工程师	250505	304770	444517
	系统集成工程师	116055	154772	219063
	系统分析员	191085	261041	357332
	系统工程师	153674	204888	276165
	数据库工程师|管理员	128160	164120	217251
	系统测试工程师|员	111026	130835	187746
	软件测试工程师	126032	154737	210357

表 1–2.1.2　数字经济产业专业技术人员各岗位薪酬状况（元/年）

（续表三）

职业大类	岗　位	下四分位值	中位值	上四分位值
专业技术人员	硬件测试工程师	106698	141415	196918
	技术文员	69670	81000	112735
	仿真应用工程师	148838	192151	257468
	C++软件工程师	186727	240839	317725
	Java 软件工程师	151601	192165	251205
	Php 软件工程师	145301	175357	257057
	.net 软件工程师	140842	185906	244193
	软件测试主管	164271	200382	288289
	数据分析	106102	132192	190919
	IOS 开发工程师	197540	248573	343000
	Android 开发工程师	168814	215999	294945
	标准化工程师	106153	133474	181883
	C#开发工程师	139408	180598	242704
	交互设计工程师	164933	204830	284986
	算法工程师	203266	257295	357255
	大数据工程师	178100	239072	328023
	数据库开发工程师	138701	181157	260806
	python 开发工程师	169261	223176	298387
	云计算架构师	233701	290340	380775
	云计算工程师	186268	224883	297936
	数据挖掘工程师	196077	254369	366330
	全栈开发工程师	182436	222745	321876
	产品专员（IT）	116613	136485	214508
	通信技术工程师	176793	231117	308545
	有线传输工程师	146841	179400	236471
	无线通信工程师	148159	181693	258372

表 1-2.1.2 数字经济产业专业技术人员各岗位薪酬状况（元/年）

（续表四）

职业大类	岗 位	下四分位值	中位值	上四分位值
专业技术人员	电信交换工程师	147893	191749	277255
	数据通信工程师	142986	183457	251324
	移动通信工程师	151149	198189	266169
	电信网络工程师	144903	188445	269473
	通信电源工程师	125814	163244	240191
	市场分析|调研人员	98367	127727	189065
	多媒体开发工程师	111426	140084	203201
	网站营运主管	119755	143899	199923
	网站营运专员	75072	87344	128978
	网络工程师	122911	143989	189740
	系统管理员|网络管理员	100415	118372	189319
	网站策划	102610	133972	189512
	网站编辑|内容运营专员	91054	113743	167319
	页面设计|美工	102814	123385	192293
	电商设计|美工	119268	150076	230877
	信息安全工程师	142702	177486	231949
	网络架构设计师	179493	224324	298013
	网站维护工程师	109373	138481	198288
	语音|视频开发工程师	114809	148012	200530
	搜索引擎优化工程师	137435	164348	226149
	搜索引擎营销工程师	126722	159469	230666
	运维主管	142467	174137	223602
	运维工程师	111587	142587	212812
	前端开发工程师	153412	204049	287520
	电商运营主管	145480	185835	274589
	电商运营专员	114629	135903	188992
	多媒体制作	121144	149244	218874
	数字化专员	121438	143098	205403

在办事人员和有关人员职业大类中，薪酬中位值最高的是行政主管（12.05 万元），薪酬中位值最低的岗位是行政专员（6.55 万元），该产业办事人员和有关人员各岗位薪酬情况参见下表。

表 1–2.1.3　数字经济产业办事人员和有关人员各岗位薪酬状况（元/年）

职业大类	岗　位	下四分位值	中位值	上四分位值
办事人员和有关人员	行政主管	94297	120478	168110
	行政专员	55817	65506	95728
	办公文员	64114	75811	118531
	部门专员	66267	76502	121332
	经理助理|秘书	74615	86298	121307
	档案资料管理员	60481	68529	95797
	前台文员	62236	71223	102358
	后勤	69224	78785	127481

在社会生产服务和生活服务职业大类中，薪酬中位值排行前十的岗位分别是产品主管、销售主管、业务发展主管、售前技术主管、供应商管理主管、网店店长、运营主管、采购主管、品类主管、市场通路主管，该职业大类各岗位薪酬情况参见下表。

表 1–2.1.4　数字经济产业社会生产服务和生活服务人员各岗位薪酬状况（元/年）

职业大类	岗　位	下四分位值	中位值	上四分位值
社会生产服务和生活服务人员	后勤主任	104790	130175	183758
	司机	77338	88601	142224
	清洁工	57901	63266	96130
	采购主管	134741	172001	228700
	采购专员	97863	122204	176492
	供应商开发	117868	139810	209702
	供应商管理主管	147395	177847	250450
	供应商管理专员	89956	109699	155629
	客服主管（非技术）	102286	120299	168941

表 1–2.1.4　数字经济产业社会生产服务和生活服务人员各岗位薪酬状况（元/年）

（续表一）

职业大类	岗　位	下四分位值	中位值	上四分位值
社会生产服务和生活服务人员	客服专员（非技术）	63562	74602	111729
	网店客服	63226	77401	118870
	投诉专员	66411	76758	115688
	售前技术主管	146643	178146	254091
	售前技术工程师	116028	154792	213202
	实施工程师	105662	131240	173626
	投诉处理主管	92867	119941	161534
	呼叫中心客服主管	95340	112463	154872
	在线客服主管	89546	109317	152979
	在线客服	64378	74072	107399
	文案	84285	102194	144188
	平面设计	113630	139728	209878
	仓库主管	82118	95394	130272
	仓库管理员	60399	68396	106820
	销售主管	146536	184986	322345
	销售助理	64467	75291	106450
	销售工程师	112454	142649	202876
	销售行政主管	121707	146071	195249
	销售行政专员	65871	73972	113163
	商务主管	130653	155884	220108
	商务专员	81800	103839	156748
	平台招商主管	113317	142340	223993
	平台招商专员	95619	116675	219036
	产品主管	149790	185094	249095
	市场主管	116607	152596	208739
	市场专员	101631	129972	182458

表 1–2.1.4　数字经济产业社会生产服务和生活服务人员各岗位薪酬状况（元/年）

（续表二）

职业大类	岗　位	下四分位值	中位值	上四分位值
社会生产服务和生活服务人员	广告投放专员	78506	96385	149528
	网络营销主管	118231	147236	211247
	网络营销专员	103379	125375	177220
	运营主管	142923	173852	240336
	运营专员	81431	94349	130899
	新媒体运营专员	91949	110898	154460
	品牌专员	100310	128162	193488
	市场通路主管	131140	160969	222007
	市场通路专员	81037	94606	144019
	活动主管	108677	138372	185101
	活动专员	85540	103712	162949
	招投标专员	104785	137359	211219
	业务发展主管	147002	182124	248043
	业务发展专员	101895	126278	183424
	社会责任主管	122945	153892	214556
	业务分析专员	110543	129779	179968
	社群运营专员	80231	98912	155175
	跨境电商专员	64922	78048	117063
	跨境电商主管	91244	108188	149760
	直播运营专员	107053	131965	202808
	短视频编导|制作	111598	136970	210328
	中控主管	91601	114308	166245
	中控员	69465	76173	113389
	环境主管	84782	105497	149240
	绿化|养护工	55966	60889	94499
	商品主管	117306	146573	206805

表 1-2.1.4　数字经济产业社会生产服务和生活服务人员各岗位薪酬状况（元/年）

（续表三）

职业大类	岗　位	下四分位值	中位值	上四分位值
社会生产服务和生活服务人员	商品专员	83230	105315	145234
	品类主管	129696	164579	240139
	品类专员	71028	87875	121257
	网店店长	138300	175730	256182
	商户运营主管	107594	131986	178833
	商户运营专员	84649	98109	136340
	短视频运营	79711	99785	139549
	网络营销工程师	123150	143893	200409

2. 金融产业各岗位薪酬状况

“十四五”期间，北京将全面提升金融产业核心竞争力，大力发展与大国首都地位相匹配的现代金融业，在有效防范风险的前提下推进金融创新，更好支持实体经济发展。

金融产业整体薪酬水平居领先地位，在中层及以上管理人员职业大类中，薪酬中位值最高的项目总监为 60.14 万元，而薪酬中位值最低的岗位安防经理，其中位值为 17.48 万元。金融产业中层及以上管理人员职业大类各岗位薪酬情况参见下表。

表 1-2.2.1　金融产业中层及以上管理人员各岗位薪酬状况（元/年）

职业大类	岗　位	下四分位值	中位值	上四分位值
中层及以上管理人员	人力资源总监	283679	497274	697893
	人力资源经理	259865	329548	456230
	招聘经理	175292	220252	318472
	培训经理	167524	220884	327113
	行政总监	301385	436238	602560
	行政经理	165187	211363	286767
	总经办主任	270371	472276	639214

表 1–2.2.1 金融产业中层及以上管理人员各岗位薪酬状况（元/年）

（续表一）

职业大类	岗 位	下四分位值	中位值	上四分位值
中层及以上管理人员	办公室主任	147305	188295	266588
	安防经理	136773	174833	247742
	采购总监	419610	562364	768672
	采购经理	248677	310954	426427
	供应商管理经理	186565	302428	418550
	咨询总监	282858	517381	749904
	法务经理	209311	279760	402918
	财务总监	305122	523275	732643
	财务经理	188621	329913	482873
	会计经理	201885	264651	367218
	财务分析经理	247231	313144	460570
	成本经理	222854	277031	384273
	投资总监	272471	534594	746361
	投资经理	220416	292160	400519
	审计总监	264615	475942	626719
	审计经理	178269	287487	419253
	客服总监	266757	354911	498965
	客服经理（非技术）	181177	239788	352086
	售前技术经理	233787	280172	427317
	呼叫中心客服经理	201854	244439	363894
	技术服务经理	198123	260972	366813
	销售总监	278360	593883	856281
	区域销售经理	245646	330152	607525
	客户经理（金融）	205989	284024	529759
	销售行政经理	166872	207890	295765
	商务经理	207700	273820	385683

表 1-2.2.1　金融产业中层及以上管理人员各岗位薪酬状况（元/年）

（续表二）

职业大类	岗　位	下四分位值	中位值	上四分位值
中层及以上管理人员	技术经理	302496	384812	594590
	信息技术经理	250807	323926	457498
	项目总监	408920	601411	826818
	项目经理	245101	305064	419946
	软件测试经理	233761	301515	477992
	产品总监	388716	534549	731027
	产品经理	271012	348729	518765
	市场总监	257891	513250	778367
	市场经理	245018	301976	445439
	运营总监	358116	507564	759597
	运营经理	224124	306889	441975
	品牌经理	254462	334230	458560
	招投标经理	240693	325918	485237
	业务发展经理	247683	315014	445918
	业务分析经理	242748	305211	451589
	网站营运经理	193402	241107	332811
	运维经理	160563	271748	377136
	投资|基金项目经理	306304	398766	579467
	融资经理	255603	331274	487923
	保险业务经理	189699	246462	445040

专业技术人员职业大类中，薪酬中位值排行前十的岗位分别是财务顾问、高级软件工程师、云计算架构师、系统架构设计师、律师|法律顾问、高级硬件工程师、金融|经济研究员、股票|期货操盘手、证券分析师、系统分析员，多数岗位为金融业专业岗位，专业技术人员职业大类中各岗位薪酬情况参见下表。

表 1-2.2.2　金融产业专业技术人员各岗位薪酬状况（元/年）

职业大类	岗　位	下四分位值	中位值	上四分位值
专业技术人员	人力资源主管	117306	146754	208384
	人力资源专员	88144	111431	176102
	招聘主管	125356	147430	218233
	招聘专员	73200	108715	160261
	培训主管	119977	151730	218749
	培训专员	84654	102318	162830
	员工关系主管	116579	137873	203351
	企业文化专员	87069	105785	152887
	HRBP	176837	228427	301527
	律师|法律顾问	216506	282999	387614
	法务主管	156177	188872	272991
	法务专员	108899	135855	197168
	财务主管	142109	184087	262375
	财务顾问	207302	367484	508883
	总账主管	143163	179023	259962
	总账会计	110813	130153	208555
	会计主管	120463	151602	212321
	会计	82345	101437	152560
	出纳员	73087	85885	125677
	财务分析主管	175167	221134	307262
	财务分析员	119123	152488	213186
	成本主管	116671	146077	198591
	成本会计	94194	113294	173635
	投资主管	161791	211452	288119
	投资专员	122773	146359	229034
	审计主管	120264	218434	298120
	审计专员	116178	142452	224977

表 1–2.2.2　金融产业专业技术人员各岗位薪酬状况（元/年）（续表一）

职业大类	岗　位	下四分位值	中位值	上四分位值
专业技术人员	信用控制员	140231	174770	261025
	技术服务主管	125691	165817	238322
	技术服务工程师	113141	138610	191046
	多媒体设计	109454	142354	226247
	技术主管	167831	206562	293568
	信息技术主管	115662	159620	275761
	信息技术专员	101065	128665	199328
	项目主管	173929	221675	314049
	项目专员	121638	154240	225917
	软件质量管理工程师	131838	166403	241905
	软件 UI 工程师	147396	188734	274500
	UI 设计顾问	194152	253171	344833
	需求工程师	140801	188139	274163
	系统架构设计师	234086	285902	378820
	高级硬件工程师	218327	280372	369153
	硬件工程师	134771	167047	243235
	高级软件工程师	248376	315516	446333
	软件工程师	151599	201968	296528
	系统集成工程师	121373	146692	200068
	系统分析员	217072	273891	381349
	系统工程师	149660	200889	285165
	数据库工程师|管理员	133448	166592	224441
	系统测试工程师|员	106912	130573	178292
	软件测试工程师	120943	149807	209732
	硬件测试工程师	114788	140580	210242
	技术文员	71807	83822	123630
	软件测试主管	166051	205144	293017

表 1-2.2.2 金融产业专业技术人员各岗位薪酬状况（元/年）（续表二）

职业大类	岗 位	下四分位值	中位值	上四分位值
专业技术人员	数据分析	108534	133277	196534
	IOS 开发工程师	189463	246623	363274
	Android 开发工程师	182768	221796	313309
	标准化工程师	105552	136041	182860
	算法工程师	200738	267834	392247
	大数据工程师	157660	231239	343083
	数据库开发工程师	150644	199864	273351
	云计算架构师	239501	308602	432335
	云计算工程师	174795	229926	323956
	数据挖掘工程师	200700	250088	364587
	市场分析|调研人员	105674	128492	210386
	多媒体开发工程师	121613	147324	201940
	网站营运专员	83021	101195	162587
	网络工程师	110347	138156	187826
	系统管理员|网络管理员	100900	119067	190662
	网站策划	105103	137641	206625
	网站编辑|内容运营专员	99382	121756	184360
	页面设计|美工	99939	122639	187438
	信息安全工程师	144706	178704	252920
	网络架构设计师	197320	240316	330075
	网站维护工程师	119544	144320	209138
	搜索引擎优化工程师	155191	183081	269851
	搜索引擎营销工程师	125577	161837	229996
	运维主管	145556	187945	248934
	运维工程师	126218	154093	225006
	前端开发工程师	159025	200892	296449
	资产评估|分析师	169958	212703	282704

表 1-2.2.2　金融产业专业技术人员各岗位薪酬状况（元/年）（续表三）

职业大类	岗　位	下四分位值	中位值	上四分位值
专业技术人员	风险控制	147490	182241	265173
	信贷管理员	139801	171831	268030
	信用调查|分析人员	135400	161699	239918
	进出口|信用证结算	135647	166069	255553
	外汇交易	163794	203982	292436
	清算人员	104372	132695	189687
	银行柜员	101501	119937	173559
	银行卡|电子银行业务推广	95898	111848	222823
	证券|期货|外汇经纪人	151508	193020	419534
	证券分析师	168227	277932	392509
	股票|期货操盘手	187942	278885	425704
	金融|经济研究员	219279	279229	394147
	融资主管	170391	250047	353377
	融资专员	117062	151581	233095
	保险精算师	197537	247772	348036
	理财顾问|财务规划师	127354	169090	362171
	保险产品开发	151080	192790	308706
	基金分析师	180226	270241	372628
	证券|期货|外汇经纪人	153895	193020	267061
	理财顾问|财务规划师	140677	169090	243133

在办事人员和有关人员职业大类中，薪酬中位值最高的是行政主管（13.18 万元），薪酬中位值最低的岗位是档案资料管理员（7.09 万元），办事人员和有关人员职业大类各岗位薪酬情况参见下表。

表 1–2.2.3　金融产业办事人员和有关人员各岗位薪酬状况（元/年）

职业大类	岗　位	下四分位值	中位值	上四分位值
办事人员和有关人员	行政主管	108837	131771	176465
	行政专员	68053	78171	119669
	办公文员	67199	79726	116979
	部门专员	70042	80989	119919
	经理助理|秘书	77062	90036	131027
	档案资料管理员	63401	70901	111821
	前台文员	63255	73292	101880
	后勤	74415	82711	130066

在社会生产服务和生活服务人员职业大类中，薪酬中位值前五的岗位是品牌主管、供应商管理主管、产品主管、运营主管、采购主管，薪酬中位值排行后五的岗位分别是客服专员（非技术）、销售助理、销售行政专员、保安、清洁工，工资最高职业中位值为最低职业中位值的 3.27 倍。该职业大类各岗位薪酬情况参见下表。

表 1–2.2.4　金融产业社会生产服务和生活服务人员各岗位薪酬状况（元/年）

职业大类	岗　位	下四分位值	中位值	上四分位值
社会生产服务和生活服务人员	后勤主任	99626	124283	170045
	保安队长	79453	90804	139933
	保安	64095	70698	109816
	司机	88785	103068	169126
	清洁工	58445	65843	100539
	采购主管	160004	201639	296169
	采购专员	104997	126314	196430
	供应商开发	118374	148129	210870
	供应商管理主管	173090	209162	290308
	供应商管理专员	93379	115794	177444
	客服主管（非技术）	115534	138260	199540
	客服专员（非技术）	70061	80593	123004

表 1-2.2.4　金融产业社会生产服务和生活服务人员各岗位薪酬状况（元/年）

（续表一）

职业大类	岗　位	下四分位值	中位值	上四分位值
社会生产服务和生活服务人员	投诉专员	68733	80775	125368
	售前技术主管	136612	173967	238350
	售前技术工程师	122208	152832	214837
	实施工程师	110207	135987	193067
	投诉处理主管	102118	127362	183355
	呼叫中心客服主管	98475	122232	170290
	在线客服主管	96824	117181	164828
	在线客服	70750	81493	117266
	文案	90450	108458	164490
	平面设计	114216	148210	212474
	货车司机	89512	101818	175421
	销售助理	71368	80034	124876
	客户主管（金融）	158094	193743	303415
	客户专员（金融）	111358	137575	269192
	销售行政主管	134245	161114	226239
	销售行政专员	68864	78094	116817
	商务主管	140009	167493	238052
	商务专员	91276	108567	168853
	产品主管	169820	208773	282317
	产品专员	96712	115980	176920
	市场主管	135630	172684	237000
	市场专员	111232	135672	197155
	运营主管	157350	203383	294167
	运营专员	84579	99687	149002
	新媒体运营专员	96637	118466	169687
	品牌主管	133876	215143	296100

表 1-2.2.4　金融产业社会生产服务和生活服务人员各岗位薪酬状况（元/年）

（续表二）

职业大类	岗　位	下四分位值	中位值	上四分位值
社会生产服务和生活服务人员	品牌专员	115430	135646	200617
	招投标专员	113977	146166	221607
	业务发展主管	156007	193323	285649
	业务发展专员	109155	134325	196354
	社会责任主管	136345	171344	247452
	业务分析专员	105639	130175	199724
	中控主管	99662	117205	167056
	中控员	75767	85159	133470
	保险业务主管	165425	199095	333246
	保险核保	96440	116289	187422
	保险理赔	93294	111532	176997
	保险客户服务	82023	93824	146881
	保险内勤	77566	87274	124445

3. 智能/高端制造产业各岗位薪酬状况

北京在“十四五”期间以智能制造为重要着力点，以智能化装备为重要基础，以智能工厂为主要形态，以智能化产品为重点突破，以智能化服务为延伸拓展，深度推进产业模式和企业形态根本性转变，形成一批具有国际影响力的万亿级先进智造产业集群。

智能/高端制造业中层及以上管理人员各岗位中，薪酬排行前五的岗位分别为技术研发总监、生产技术总监、采购总监、产品总监、项目总监（生产），该产业中层及以上管理人员各岗位薪酬情况参见下表。

表 1–2.3.1 智能/高端制造产业中层及以上管理人员各岗位薪酬状况（元/年）

职业大类	岗 位	下四分位值	中位值	上四分位值
中层及以上管理人员	人力资源总监	320090	426272	563553
	人力资源经理	240053	309359	427668
	招聘经理	180948	224311	319864
	薪资福利经理	189988	255774	356559
	培训经理	174074	212888	302738
	行政总监	253569	333694	462086
	行政经理	151772	193374	259319
	总经办主任	275993	377062	513528
	办公室主任	155767	189789	275595
	采购总监	416477	569518	805230
	采购经理	217621	268620	369760
	供应商管理经理	203980	267073	358755
	质量总监	274241	398492	575403
	质量管理经理	198844	259006	378005
	测试经理	195617	268437	410630
	安全|健康|环境经理	168007	204791	278472
	品控经理	200982	243959	347036
	法务经理	216750	273820	380486
	财务总监	339865	450641	617490
	财务经理	266278	325690	461078
	会计经理	209610	263406	351191
	财务分析经理	215169	286055	405878
	成本经理	221101	276285	404064
	投资总监	371853	471879	671997
	投资经理	205576	255933	375409
	审计总监	331313	435445	625159
	审计经理	204280	271907	366215
	客服总监	260899	331370	468402

表 1–2.3.1　智能/高端制造产业中层及以上管理人员各岗位薪酬状况（元/年）

（续表一）

职业大类	岗　位	下四分位值	中位值	上四分位值
中层及以上管理人员	客服经理（非技术）	181017	231762	325027
	售前技术经理	192481	248167	337811
	呼叫中心客服经理	172846	235001	346647
	技术服务经理	200247	243676	358089
	技术研发总监	413199	601329	865070
	技术研发经理	276441	353492	496812
	产品工艺|制程经理	242513	316084	476095
	工程|设备经理	229847	315835	430810
	物流总监	283533	394571	567202
	物流经理	187686	244237	347500
	供应链总监	380250	528002	747989
	供应链经理	187210	250509	358588
	物料经理	192531	255930	360403
	仓库经理	120006	150178	200451
	运输经理	142617	192048	287197
	销售总监	401431	522853	745365
	销售经理	217682	264168	482937
	区域销售经理	156163	207299	399089
	销售行政经理	166505	210947	288867
	商务经理	207314	264063	387995
	信息技术经理	231631	306675	438451
	项目总监	373748	502851	686606
	软件测试经理	244627	299278	438455
	产品经理（IT）	253678	320736	434378
	生产技术总监	392906	580658	867656
	生产技术经理	278579	343107	466119

表 1–2.3.1　智能/高端制造产业中层及以上管理人员各岗位薪酬状况（元/年）

（续表二）

职业大类	岗　位	下四分位值	中位值	上四分位值
中层及以上管理人员	生产总监	345253	496844	717202
	生产经理	195776	252844	331000
	车间主任	125814	151264	218577
	项目总监（生产）	378294	532944	712263
	项目经理（生产）	211289	280944	377130
	生产运营总监	337249	467559	660523
	生产运营经理	263777	331163	481906
	生产计划经理	222077	277248	393454
	PMC 经理	190347	242642	334226
	产品设计经理	235411	288175	415422
	工程经理	190717	250123	370388
	产品总监	422944	543129	822961
	产品经理	228416	288124	412950
	市场总监	344671	452974	634297
	市场经理	198466	270380	393643
	网络营销经理	183384	244355	350926
	运营总监	365113	482374	720438
	运营经理	201507	273119	403404
	品牌经理	220739	298816	402688
	市场通路经理	223948	280620	402099
	招投标经理	232468	299389	409300
	业务发展经理	224913	287879	379296
	业务分析经理	202400	269701	363705
	网站营运经理	185470	229191	332272
	运维经理	199866	265650	391888

智能/高端制造产业专业技术人员各岗位中，薪酬排行前十的岗位分别为芯片设计工程师、云计算架构师、语音识别工程师、高级软件工程师、律师|法律顾问、UI 设计顾问、系统分析员、图像识别工程师、高级硬件工程师、系统架构设计师，智能/高端制造产业专业技术人员各岗位薪酬情况参见下表。

表 1–2.3.2　智能/高端制造产业专业技术人员各岗位薪酬状况（元/年）

职业大类	岗　位	下四分位值	中位值	上四分位值
专业技术人员	人力资源主管	114457	134078	177337
	人力资源专员	78581	96353	138308
	招聘主管	100613	129705	173798
	招聘专员	62336	75076	116100
	薪资福利主管	106068	132186	187039
	薪资福利专员	73427	89265	136145
	培训主管	108349	136274	192367
	培训专员	73218	86907	120798
	员工关系主管	99820	118242	154456
	企业文化专员	68485	83179	132779
	HRBP	159507	195786	259137
	质量管理主管	119487	154899	222173
	质量管理工程师|员	94735	121174	167895
	测试主管	169020	216703	321786
	测试工程师|员	105166	130825	180161
	可靠度工程师	110449	139927	203786
	故障分析工程师	125631	150230	222826
	认证工程师	113271	147188	201469
	体系工程师	102496	131031	181632
	安全|健康|环境主管	130848	158417	216081
	安全|健康|环境工程师	97053	125071	174609
	品控主管	155704	206774	286561

表 1-2.3.2 智能/高端制造产业专业技术人员各岗位薪酬状况（元/年）

（续表一）

职业大类	岗 位	下四分位值	中位值	上四分位值
专业技术人员	品控工程师	103429	132140	185473
	来料检验工程师|员	96320	114849	159438
	检验员	69476	82769	129714
	计量工程师	108521	131417	191109
	供应商质量工程师	97272	124622	167840
	集成电路应用工程师	169701	219582	300671
	集成电路验证工程师	145421	186679	258958
	电子技术研发工程师	159652	195901	278452
	电气工程师|技术员	102029	131684	192267
	电路工程师|技术员	107757	132172	193062
	电声|音响工程师|技术员	159926	192831	272591
	自动化工程师	132576	159479	211167
	电子软件开发	159535	190643	265969
	嵌入式软件开发	173136	221258	313546
	电池|电源开发	120017	153541	214388
	现场应用工程师	132181	154936	219012
	测试工程师	123036	153941	224476
	射频工程师	121988	155860	205814
	版图设计工程师	113224	137194	196653
	嵌入式硬件开发	129739	168191	244568
	模拟集成电路设计工程师	178587	227084	312675
	数字集成电路设计工程师	186158	230909	331728
	FPGA 工程师	186712	250401	350295
	电气设计工程师	138382	170654	230063
	光学工程师	127610	160668	224359
	律师|法律顾问	225005	292551	372279

表 1-2.3.2　智能/高端制造产业专业技术人员各岗位薪酬状况（元/年）

（续表二）

职业大类	岗　位	下四分位值	中位值	上四分位值
专业技术人员	法务主管	130425	161237	228387
	法务专员	103109	123056	195291
	财务主管	111607	147481	200403
	总账主管	124992	157238	208475
	总账会计	100459	120861	176054
	会计主管	114015	135772	191271
	会计	73052	85871	125201
	出纳员	63436	75967	117125
	财务分析主管	161868	203637	292477
	财务分析员	114494	150103	208339
	成本主管	101344	130843	182067
	成本会计	80607	96547	146853
	投资主管	148696	195581	276130
	投资专员	118440	141822	211394
	审计主管	150029	195631	263121
	审计专员	108008	129255	190592
	技术服务主管	115430	144680	191380
	技术服务工程师	106914	127396	183893
	工业设计师	111888	142749	219731
	摄影师	112901	135318	201589
	技术研发主管	198576	254030	346930
	技术研发工程师	152015	190808	252751
	产品工艺|制程工程师	105987	127261	187791
	产品工艺|制程主管	185248	238441	347705
	产品规划工程师	116984	146477	202149
	实验室工程师	116292	148817	204013

表 1-2.3.2 智能/高端制造产业专业技术人员各岗位薪酬状况（元/年）

（续表三）

职业大类	岗位	下四分位值	中位值	上四分位值
专业技术人员	工程|设备主管	143469	189413	268979
	工程|设备工程师	112225	140414	194635
	工程|机械绘图员	91297	114794	164800
	工业工程师	122467	150921	202414
	机械工程师	136155	176937	263305
	结构工程师	154603	189691	280123
	模具主管	140262	172544	254136
	模具工程师	106138	131161	196145
	机电工程师	126004	161759	231657
	维修工程师	115459	140312	205863
	维修主管	154825	184253	260848
	铸造|锻造工程师	110169	135487	189622
	注塑主管	106485	140669	204002
	注塑工程师	94502	117825	176561
	焊接工程师	105988	124716	175063
	夹具工程师	84879	103288	139691
	数控机床工程师	123262	146153	206249
	冲压工程师	95163	119174	166668
	锅炉工程师	106431	132331	189434
	电力工程师	96757	126397	181592
	装配主管	119371	142515	190210
	信息技术主管	132561	175208	256310
	信息技术专员	103500	125933	196783
	项目主管	155303	206037	283901
	项目专员	114846	140022	192962
	软件质量管理工程师	128623	165961	234893

表 1–2.3.2　智能/高端制造产业专业技术人员各岗位薪酬状况（元/年）

（续表四）

职业大类	岗　位	下四分位值	中位值	上四分位值
专业技术人员	软件 UI 工程师	148189	191279	271584
	UI 设计顾问	227352	290163	372109
	需求工程师	142926	187267	259166
	系统架构设计师	223328	275632	373713
	高级硬件工程师	222154	278426	382170
	硬件工程师	136204	185894	265694
	高级软件工程师	239258	298961	385475
	软件工程师	173223	213351	314703
	机器学习工程师	193985	266675	378025
	图像识别工程师	217994	283547	401507
	语音识别工程师	247188	305437	399205
	系统集成工程师	121643	146908	193099
	系统分析员	226226	283638	369850
	系统工程师	157317	198463	263344
	数据库工程师|管理员	129709	157389	216047
	系统测试工程师|员	103499	123566	177752
	软件测试工程师	113674	151926	219807
	硬件测试工程师	114895	140366	195912
	技术文员	68740	79556	105594
	仿真应用工程师	143519	186866	279853
	C++软件工程师	189619	239080	320149
	Java 软件工程师	149835	183367	246703
	Php 软件工程师	126693	168936	244195
	.net 软件工程师	150908	193998	288113
	软件测试主管	168480	205897	279659
	数据分析	108369	130999	175662

表 1–2.3.2　智能/高端制造产业专业技术人员各岗位薪酬状况（元/年）

（续表五）

职业大类	岗　位	下四分位值	中位值	上四分位值
专业技术人员	IOS 开发工程师	174363	237342	310210
	Android 开发工程师	176216	219534	319786
	标准化工程师	105439	134520	195413
	C#开发工程师	135943	169660	227604
	交互设计工程师	159891	195996	280881
	算法工程师	201780	261186	361549
	大数据工程师	177084	231284	309619
	数据库开发工程师	135646	178258	250899
	python 开发工程师	177609	215324	290403
	云计算架构师	249039	312689	395957
	云计算工程师	195101	236472	317225
	数据挖掘工程师	209587	254905	337961
	产品专员（IT）	110055	133291	202953
	生产技术主管	145042	187316	250399
	生产主管	124623	152747	207494
	生产工程师	108131	134346	180491
	项目主管（生产）	131138	170954	236988
	项目工程师	129479	163753	220259
	生产运营主管	135106	163678	216116
	生产运营专员	88474	102062	146221
	生产计划主管	127457	166612	221988
	生产计划协调员	69570	83774	124897
	PMC 主管	141735	174811	242503
	PMC 专员	77599	94237	138191
	成本分析员	115867	142531	224471
	产品设计工程师	101204	122692	175115

表 1-2.3.2　智能/高端制造产业专业技术人员各岗位薪酬状况（元/年）

（续表六）

职业大类	岗　位	下四分位值	中位值	上四分位值
专业技术人员	生产培训技师	104831	126278	185903
	工程主管	147506	184991	245795
	化验员	71586	83471	122692
	环保工程师	118881	149251	203744
	污水处理工程师	111016	131963	185311
	环境影响评价工程师	102758	128406	183118
	固废工程师	103100	132140	190645
	新产品导入主管	153032	188880	262480
	新产品导入工程师	121314	159904	232465
	材料工程师	111497	139991	192322
	通信技术工程师	161047	219916	296095
	有线传输工程师	134147	175395	257123
	无线通信工程师	152120	181217	249942
	电信交换工程师	144029	186918	269889
	数据通信工程师	153088	184490	260312
	移动通信工程师	143467	196766	286338
	电信网络工程师	144093	189872	266693
	通信电源工程师	130169	163223	222571
	市场分析|调研人员	107232	126862	185323
	多媒体开发工程师	109461	141174	185543
	网站营运主管	111504	141979	191829
	网站营运专员	74600	85021	132181
	网络工程师	116931	145199	198794
	系统管理员|网络管理员	98341	118462	165317
	网站策划	108927	129543	183813
	网站编辑|内容运营专员	93701	110654	171156

表 1-2.3.2　智能/高端制造产业专业技术人员各岗位薪酬状况（元/年）

（续表七）

职业大类	岗　位	下四分位值	中位值	上四分位值
专业技术人员	页面设计|美工	99573	122558	186672
	信息安全工程师	142786	172784	227782
	网络架构设计师	187163	237134	327416
	网站维护工程师	118616	140144	195081
	语音|视频开发工程师	115852	144351	212512
	搜索引擎优化工程师	128906	158379	212031
	搜索引擎营销工程师	124885	158690	216701
	运维主管	128995	167108	239085
	运维工程师	110305	144023	210352
	前端开发工程师	159979	193337	258469
	汽车设计工程师	152478	192613	277039
	汽车装配工艺工程师	115363	148745	199544
	汽车电子工程师	125901	165844	238238
	汽车机构工程师	117295	157613	213394
	半导体工艺工程师	168327	210771	300570
	FAE 现场应用工程师	157639	189644	255839
	芯片设计工程师	246164	325243	479395

智能/高端制造产业办事人员和有关人员岗位中，行政主管的薪酬中位值最高（11.82 万元），薪酬中位值最低的岗位是行政专员（6.62 万元），智能/高端制造产业办事人员和有关人员部分各岗位薪酬情况参见下表。

表 1–2.3.3　智能/高端制造产业办事人员和有关人员各岗位薪酬状况（元/年）

职业大类	岗　位	下四分位值	中位值	上四分位值
办事人员和有关人员	行政主管	96683	118198	154821
	行政专员	57154	66206	102572
	办公文员	65214	74408	116100
	部门专员	63316	76380	116036
	经理助理|秘书	70869	82829	122501
	档案资料管理员	59627	68134	104098
	前台文员	63978	69641	113283
	后勤	69326	76007	117433

智能/高端制造产业社会生产服务和生活服务人员各岗位中，薪酬中位值排行前十的岗位分别为产品主管、业务发展主管、品牌主管、供应商管理主管、销售主管、运营主管、售前技术主管、采购主管、供应链主管、商务主管，各岗位薪酬情况参见下表。

表 1–2.3.4　智能/高端制造产业社会生产服务和生活服务人员各岗位薪酬状况（元/年）

职业大类	岗　位	下四分位值	中位值	上四分位值
社会生产服务和生活服务人员	后勤主任	98064	124206	178766
	司机	72511	84698	138264
	清洁工	54835	61009	94705
	采购主管	140956	168379	226913
	采购专员	96766	115747	169252
	供应商开发	112734	134759	205826
	供应商管理主管	136078	177914	246377
	供应商管理专员	89142	103329	143269
	客服主管（非技术）	93420	118627	162083
	客服专员（非技术）	62401	71300	113489

表 1-2.3.4 智能/高端制造产业社会生产服务和生活服务人员各岗位薪酬状况（元/年）（续表一）

职业大类	岗 位	下四分位值	中位值	上四分位值
社会生产服务和生活服务人员	投诉专员	64810	74449	108360
	售前技术主管	128363	169216	236833
	售前技术工程师	115118	147237	194576
	实施工程师	111427	136537	186212
	投诉处理主管	93585	118281	158300
	呼叫中心客服主管	89330	111135	162715
	在线客服主管	88419	105384	151149
	在线客服	61210	71400	108918
	物流主管	109036	144801	208509
	物流专员	79671	95581	142687
	供应链主管	124118	160328	209904
	供应链专员	74877	87837	135057
	物料主管	107820	126949	175064
	物料专员	64275	74231	104457
	仓库主管	83916	96627	130954
	仓库管理员	60990	70339	106823
	运输主管	115877	141870	210215
	海|空运操作	81146	98926	136440
	船务人员	98924	118645	185270
	调度员	69591	81673	131677
	订单管理员	72157	82658	121299
	集装箱业务员	94649	111748	239920
	货车司机	92507	106154	167725
	打包|配货员	59427	66738	101925
	分拣员	61383	71242	107226
	销售主管	145256	175050	263943

表 1–2.3.4　智能/高端制造产业社会生产服务和生活服务人员各岗位薪酬状况（元/年）（续表二）

职业大类	岗　位	下四分位值	中位值	上四分位值
社会生产服务和生活服务人员	销售助理	64956	73518	113532
	销售工程师	116889	147715	208123
	销售行政主管	121772	146161	193663
	销售行政专员	64125	73099	108553
	商务主管	120296	154196	208277
	商务专员	80924	99459	146346
	产品主管	151888	183783	262314
	产品专员	90986	107889	148798
	市场主管	120519	151314	208727
	市场专员	100986	125090	176223
	广告投放专员	76285	95308	135704
	网络营销主管	115001	144117	202467
	网络营销专员	99918	120493	182427
	运营主管	139973	172209	248550
	运营专员	77771	91848	138452
	新媒体运营专员	89566	107828	148123
	品牌主管	133889	179008	235936
	品牌专员	106057	127302	185968
	市场通路主管	123955	152501	214579
	市场通路专员	78511	93501	141682
	招投标专员	108466	135073	212731
	业务发展主管	139495	181660	249898
	业务发展专员	98375	123090	179188
	社会责任主管	119238	151486	208544
	业务分析专员	104239	122471	184387
	短视频编导|制作	106295	134210	204976

表 1-2.3.4　智能/高端制造产业社会生产服务和生活服务人员各岗位薪酬状况（元/年）（续表三）

职业大类	岗　位	下四分位值	中位值	上四分位值
社会生产服务和生活服务人员	中控主管	89738	112224	165961
	中控员	68200	77948	127394
	环境主管	81922	100494	137987
	绿化|养护工	53456	58335	84496
	停车场管理员	47190	51516	85270

智能/高端制造产业生产制造及有关人员各岗位中，薪酬中位值最高的岗位是生产领班|线长（11.29 万元），中位值最低的岗位是普工（6.50 万元），该产业生产制造及有关人员职业大类各岗位薪酬情况参见下表。

表 1-2.3.4　智能/高端制造产业生产制造及有关人员各岗位薪酬状况（元/年）

职业大类	岗　位	下四分位值	中位值	上四分位值
生产制造及有关人员	生产领班|线长	98092	112896	196139
	生产督导	95403	109978	158354
	生产文员	62310	72021	107807
	汽车修理工	81889	93067	154378
	钳工|钣金工	84399	94365	144832
	机修工	75760	88043	153372
	电焊工|铆焊工	81009	90625	151089
	车工|磨工|铣工	79498	91655	160115
	模具工	78743	92643	166105
	电工	78152	87396	149539
	叉车工	74441	88423	140360
	空调工	82902	92883	141835
	电梯工	76114	86470	149611
	锅炉工	66843	78125	133116
	水工|木工|油漆工	67616	74880	130454
	搬运工	61807	70170	122913

表 1–2.3.4　智能/高端制造产业生产制造及有关人员各岗位薪酬状况（元/年）

（续表一）

职业大类	岗　位	下四分位值	中位值	上四分位值
生产制造及有关人员	包装工	62571	70119	114672
	安装工	76928	88486	148347
	技工	73824	87368	147861
	普工	57017	64968	110530
	配料员	81628	91397	151581
	喷漆工	67347	76414	124196
	装配工	67500	78126	123064
	切割技工	79482	89531	157348
	注塑工	65147	73305	130753
	污水处理工	81396	92088	158747
	数控操机	80350	92728	150243
	电子焊接工	68065	75859	133621

4. 科技服务产业各岗位薪酬状况

“十四五”期间，北京将加快推动科技服务业与创新链联动发展，推进科技创新投入机制市场化改革，提升科技服务支撑能力。鼓励以企业为主体构建科技服务创新联盟，延展科技创新服务链，大力发展线上线下相融合的知识产权、法律咨询、技术评估等业态。

科学服务产业中层及以上管理人员各岗位中，薪酬排行前五的岗位分别为咨询总监、销售总监、技术总监、项目总监、供应链总监，中层及以上管理人员职业大类各岗位薪酬情况参见下表。

表 1-2.4.1　科技服务产业中层及以上管理人员各岗位薪酬状况（元/年）

职业大类	岗　位	下四分位值	中位值	上四分位值
中层及以上管理人员	人力资源总监	265378	361384	487377
	人力资源经理	192636	242648	345169
	招聘经理	154133	185355	252190
	培训经理	147745	191878	257308
	行政总监	232325	323495	435704
	行政经理	134424	163852	222463
	采购经理	183279	246357	354028
	供应商管理经理	188610	249832	329084
	会务经理	128914	164233	226644
	贸易经理	197885	246431	335405
	业务跟单经理	144175	179482	239214
	进出口经理	162059	199867	273670
	咨询总监	351010	500858	706391
	咨询经理	227705	310250	420561
	咨询项目经理	222535	280554	387031
	法务经理	197764	248177	326588
	财务总监	287420	383538	530435
	财务经理	192762	252450	335881
	会计经理	182925	223175	310078
	财务分析经理	194496	249695	330637
	投资总监	297065	413963	581503
	投资经理	209414	258708	362165
	审计总监	268636	375065	505606
	审计经理	177927	237430	310807
	客服总监	194281	265291	341461
	客服经理（非技术）	145756	194976	260889
	售前技术经理	178467	228052	308886

表 1-2.4.1　科技服务产业中层及以上管理人员各岗位薪酬状况（元/年）

（续表一）

职业大类	岗　位	下四分位值	中位值	上四分位值
中层及以上管理人员	呼叫中心客服经理	157641	208404	286680
	技术服务经理	168569	210960	288962
	平面设计总监	305701	427345	551043
	平面设计经理	183206	230214	315078
	物流总监	248261	322067	436669
	物流经理	157489	203796	292154
	供应链总监	338420	451541	642643
	供应链经理	188596	225468	318229
	物料经理	189159	228715	298588
	仓库经理	114542	150982	198689
	运输经理	129387	162522	224574
	销售总监	343222	478272	682550
	销售经理	185563	248283	434228
	区域销售经理	144658	191696	318846
	销售行政经理	143012	181783	251722
	商务经理	191911	240876	339506
	平台招商经理	204448	267371	460222
	技术总监	358280	469367	650252
	技术经理	228245	296901	431527
	信息技术经理	199843	254671	373162
	项目总监	328430	459767	656590
	项目经理	193545	243409	321515
	产品总监	309634	444003	633646
	产品经理	206618	261531	363975
	市场总监	299831	406903	569773
	市场经理	183149	242010	327612

表 1–2.4.1　科技服务产业中层及以上管理人员各岗位薪酬状况（元/年）

（续表二）

职业大类	岗　位	下四分位值	中位值	上四分位值
中层及以上管理人员	运营总监	346999	445153	668802
	运营经理	209529	256207	366743
	品牌经理	214169	261470	358459
	招投标经理	190761	257939	358834
	业务发展经理	214155	258979	346972
	业务分析经理	183816	248638	336750
	网站营运经理	149294	196002	260560
	运维经理	166508	221813	305789

在专业技术人员职业大类中，薪酬中位值最高的岗位是语音识别工程师（26.80 万元），薪酬中位值最低的岗位是技术文员（7.13 万元），专业技术人员职业大类中各岗位薪酬情况参见下表。

表 1–2.4.1　科技服务产业专业技术人员各岗位薪酬状况（元/年）

职业大类	岗　位	下四分位值	中位值	上四分位值
专业技术人员	人力资源主管	105135	129117	169222
	人力资源专员	75949	92352	127269
	招聘主管	98501	120852	157349
	招聘专员	61941	72285	104652
	培训主管	100811	127877	173216
	培训专员	73176	84640	121331
	员工关系主管	87104	110849	150357
	企业文化专员	71839	80820	113246
	集成电路应用工程师	150564	202882	267606
	集成电路验证工程师	135060	174859	235593
	电子技术研发工程师	142618	189971	266744
	电气工程师|技术员	97886	123856	167658

表 1-2.4.1 科技服务产业专业技术人员各岗位薪酬状况（元/年）

（续表一）

职业大类	岗　位	下四分位值	中位值	上四分位值
专业技术人员	电路工程师|技术员	98186	124319	164032
	电声|音响工程师	146571	182702	242679
	自动化工程师	130000	153137	212114
	电子软件开发	138088	180451	237927
	嵌入式软件开发	166381	211980	282148
	电池|电源开发	118737	145732	192112
	现场应用工程师	117608	143938	205264
	测试工程师	121371	144483	191860
	射频工程师	124579	153553	207285
	版图设计工程师	103016	129446	177713
	嵌入式硬件开发	124484	155726	215817
	模拟电路设计工程师	160026	212452	285951
	数字电路设计工程师	172575	216760	300393
	FPGA 工程师	180039	235289	326811
	电气设计工程师	128940	161899	231352
	光学工程师	117724	151688	209391
	律师|法律顾问	176925	241414	312566
	律师助理	89681	114234	165466
	法务主管	121423	153207	212859
	法务专员	104311	121701	175204
	知识产权|专利顾问	151182	194793	267113
	知识产权|专利专员	103652	137399	192489
	财务主管	113874	135979	188600
	总账主管	114261	147428	195482
	总账会计	98494	116756	161611
	会计主管	102654	125593	168977

表 1–2.4.1 科技服务产业专业技术人员各岗位薪酬状况（元/年）

（续表二）

职业大类	岗 位	下四分位值	中位值	上四分位值
专业技术人员	会计	70671	81583	121026
	出纳员	64639	74379	110359
	财务分析主管	145393	187436	248284
	财务分析员	100244	130176	180718
	投资主管	142636	187486	251686
	投资专员	103929	131528	186263
	审计主管	144667	184760	246131
	审计专员	105532	125920	175297
	技术服务主管	105596	138726	184534
	技术服务工程师	93942	109509	143758
	后期制作	93897	111710	164466
	动画|3D 设计	101402	124654	189093
	多媒体设计	99282	127281	187495
	摄影师	95097	116422	173553
	技术主管	121433	150071	208830
	信息技术主管	107999	130477	180079
	信息技术专员	90066	112484	171909
	项目主管	147667	198818	277446
	项目专员	108153	132856	181686
	软件质量管理工程师	116513	136552	187250
	软件 UI 工程师	124995	162722	224068
	UI 设计顾问	168374	230103	294564
	需求工程师	126542	155505	213682
	系统架构设计师	186334	233610	318305
	高级硬件工程师	178093	230299	310896
	硬件工程师	122429	158081	217425

表 1–2.4.1　科技服务产业专业技术人员各岗位薪酬状况（元/年）
（续表三）

职业大类	岗　位	下四分位值	中位值	上四分位值
专业技术人员	高级软件工程师	199907	246133	331331
	软件工程师	132352	178144	241463
	机器学习工程师	165449	215798	298469
	图像识别工程师	190335	233726	308229
	语音识别工程师	209975	267950	357799
	系统集成工程师	99295	123023	163603
	系统分析员	185369	238785	307697
	系统工程师	124338	164155	213838
	数据库工程师|管理员	103361	135247	176052
	系统测试工程师|员	94932	110750	150244
	软件测试工程师	101187	128076	178831
	硬件测试工程师	99744	124694	163522
	技术文员	60935	71330	96944
	数据分析	93636	110964	148859
	IOS 开发工程师	158020	209872	277762
	Android 开发工程师	143188	187821	258438
	标准化工程师	94113	113235	148871
	算法工程师	184242	220717	293735
	大数据工程师	147854	199605	267848
	数据库开发工程师	116164	152878	206826
	云计算架构师	199574	251471	323189
	云计算工程师	151051	192956	267260
	数据挖掘工程师	165298	212891	298846
	全栈开发工程师	152913	184287	256022
	产品专员（IT）	102632	123421	177195
	环保工程师	106822	131857	185162

表 1-2.4.1 科技服务产业专业技术人员各岗位薪酬状况（元/年）

（续表四）

职业大类	岗 位	下四分位值	中位值	上四分位值
专业技术人员	市场分析|调研人员	98304	116124	167973
	多媒体开发工程师	107516	129414	173574
	网站营运主管	99860	128165	173398
	网站营运专员	71806	82305	114377
	网络工程师	102531	130029	173252
	系统管理员|网络管理员	87216	105292	149009
	网站策划	101944	125787	176231
	网站编辑|内容运营专员	88220	105415	151765
	页面设计|美工	86922	108307	161674
	电商设计|美工	118019	146371	223453
	信息安全工程师	124789	148448	208021
	网络架构设计师	161361	198761	261221
	网站维护工程师	94761	115702	155484
	搜索引擎优化工程师	115502	138599	184856
	搜索引擎营销工程师	110081	137052	191184
	运维主管	117926	153089	209567
	运维工程师	116232	139306	209542
	前端开发工程师	135974	171583	231322
	英语翻译	122257	149915	210237
	日语翻译	113997	144971	214318
	德语翻译	123853	167210	249831
	法语翻译	133969	161087	241748
	韩语翻译	101631	129971	195055
	科研管理人员	165220	203109	269992
	科技服务专员	101341	124924	179221

在办事人员和有关人员职业大类中薪酬中位值最高的是行政主管（11.09 万元），薪酬中位值最低的岗位是行政专员（6.29 万元），办事人员和有关人员职业大类各岗位薪酬情况参见下表。

表 1–2.4.3　科技服务产业办事人员和有关人员各岗位薪酬状况（元/年）

职业大类	岗　位	下四分位值	中位值	上四分位值
办事人员和有关人员	行政主管	94136	110896	146898
	行政专员	54265	62880	89778
	办公文员	61391	72445	105380
	部门专员	63063	72808	108986
	经理助理|秘书	66842	80757	121231
	档案资料管理员	57558	66891	101141
	前台文员	59903	68756	106670
	后勤	66088	74336	123574

在社会生产服务和生活服务人员职业大类各岗位中，薪酬排行前五的岗位分别为专业培训师、咨询顾问、产品主管、业务发展主管、供应商管理主管，各岗位薪酬情况参见下表。

表 1–2.4.4　科技服务产业社会生产服务和生活服务人员各岗位薪酬状况（元/年）

职业大类	岗　位	下四分位值	中位值	上四分位值
社会生产服务和生活服务人员	后勤主任	101334	120997	163223
	司机	70663	83709	131856
	清洁工	54688	60876	92576
	采购主管	131628	160492	217071
	采购专员	93127	108312	160420
	供应商开发	100088	127713	189258
	供应商管理主管	141718	169453	222615
	供应商管理专员	84680	99272	136152

表 1-2.4.4 科技服务产业社会生产服务和生活服务人员各岗位薪酬状况（元/年）（续表一）

职业大类	岗 位	下四分位值	中位值	上四分位值
社会生产服务和生活服务人员	会务主管	111628	132391	181776
	会务专员	73222	89763	132852
	贸易主管	126330	162420	226484
	贸易专员	113412	147381	207724
	高级业务跟单	105640	125127	170990
	业务跟单	80212	92844	132584
	报关主管	127507	151921	209008
	报关员	86390	100481	148297
	单证员	67793	81841	113697
	进出口主管	114558	139672	190304
	进出口专员	101563	121967	171794
	专业培训师	204448	255118	335140
	咨询顾问	163537	201926	273263
	情报信息分析人员	123967	149394	221578
	客服主管（非技术）	91253	109679	153184
	客服专员（非技术）	60534	70802	105152
	投诉专员	61270	71663	105697
	售前技术主管	137997	167475	221899
	售前技术工程师	104964	136062	180924
	实施工程师	95156	116409	162572
	投诉处理主管	86844	108401	146702
	呼叫中心客服主管	93073	109388	152321
	在线客服主管	81320	96608	129910
	在线客服	58003	68703	100158
	文案	78680	93213	130010
	平面设计	108841	130467	195873

表 1–2.4.4　科技服务产业社会生产服务和生活服务人员各岗位薪酬状况（元/年）（续表二）

职业大类	岗　位	下四分位值	中位值	上四分位值
社会生产服务和生活服务人员	物流主管	102187	124090	164767
	物流专员	70835	80027	112014
	供应链主管	116555	144322	190122
	供应链专员	64819	76322	112306
	物料主管	100732	125803	169366
	物料专员	56626	63544	93785
	仓库主管	75078	88398	120128
	仓库管理员	55868	62754	93086
	运输主管	104277	129524	167441
	海|空运操作	77487	91652	129330
	船务人员	93106	112791	159518
	调度员	70091	79381	132000
	订单管理员	62500	72948	100320
	货车司机	76908	91377	140181
	销售主管	122640	160938	258805
	销售代表	86537	109506	217035
	销售助理	59139	69112	105340
	销售行政主管	116385	137022	192437
	销售行政专员	60084	68009	100302
	商务主管	121035	147217	206309
	商务专员	77531	96317	140412
	平台招商主管	108146	128795	209670
	平台招商专员	90432	106983	193404
	产品主管	142305	175993	232715
	市场主管	120593	143448	198949
	市场专员	92847	119876	165359

表 1-2.4.4　科技服务产业社会生产服务和生活服务人员各岗位薪酬状况（元/年）（续表三）

职业大类	岗　位	下四分位值	中位值	上四分位值
社会生产服务和生活服务人员	广告投放专员	70995	87764	128034
	运营主管	122297	159605	213542
	运营专员	72067	85038	119711
	新媒体运营专员	84885	103248	143602
	品牌专员	91123	116179	159476
	招投标专员	110749	133104	192879
	业务发展主管	140047	170598	236286
	业务发展专员	97970	115430	158506
	业务分析专员	90257	117318	164373
	短视频编导|制作	103685	124284	181062
	中控主管	91588	105805	144992
	中控员	58908	68230	120769
	环境主管	83831	96240	134269
	绿化|养护工	52345	58074	87577

5. 软件和信息服务产业各岗位薪酬状况

近年来，北京软件和信息服务业始终保持两位数的稳健增长，成为北京推动全球数字经济标杆城市建设的有力支撑。2021 年，北京软件和信息服务业实现营业收入 2.2 万亿元，规模居全国首位。截至 2021 年底，北京软件和信息服务业增加值占全市 GDP 比重从 2017 年的 11.3%上升至 16.2%，软件对北京市经济发展贡献度日益提升，战略性支柱产业地位进一步凸显。

软件和信息服务产业整体薪酬水平较高，中层及以上管理人员中，技术总监薪酬中位值高达 63.36 万元，行政经理薪酬中位值最低，为 18.43 万元，见下表。

表 1-2.5.1 软件和信息服务产业中层及以上管理人员各岗位薪酬状况（元/年）

职业大类	岗 位	下四分位值	中位值	上四分位值
中层及以上管理人员	人力资源总监	274652	460081	624748
	人力资源经理	206941	270171	355231
	招聘经理	159827	203040	286717
	培训经理	159235	206240	278600
	行政总监	242991	352796	469783
	行政经理	153008	184310	256971
	采购总监	371723	507549	707430
	采购经理	238490	301031	426441
	供应商管理经理	219332	284133	405821
	法务经理	209697	276703	387925
	财务总监	303078	471754	639976
	财务经理	214670	276028	362652
	会计经理	206580	252024	339092
	财务分析经理	208652	279906	396261
	审计经理	212236	266576	362162
	客服总监	248146	344470	484359
	客服经理（非技术）	166618	216140	300328
	售前技术经理	209171	254605	348005
	呼叫中心客服经理	173899	228235	308522
	技术服务经理	184801	234585	329209
	平面设计总监	380352	484209	661570
	平面设计经理	190255	247865	329855
	销售总监	338072	562819	764425
	销售经理	238725	313880	581358
	区域销售经理	169651	209821	360181
	销售行政经理	159858	204638	287555
	商务经理	210064	258201	348207

表 1–2.5.1　软件和信息服务产业中层及以上管理人员各岗位薪酬状况（元/年）

（续表一）

职业大类	岗　位	下四分位值	中位值	上四分位值
中层及以上管理人员	技术总监	453263	633623	887549
	技术经理	273897	371161	529290
	信息技术经理	231393	325879	468752
	项目总监	351682	478328	705385
	项目经理	208898	281001	387085
	软件测试经理	253605	309967	447167
	产品经理（IT）	275866	337656	469569
	产品总监	381439	505322	718383
	市场总监	297909	461369	667722
	市场经理	218990	289967	397694
	运营总监	354987	472941	696631
	运营经理	170214	285169	381391
	品牌经理	241785	319975	451816
	招投标经理	231756	307478	433101
	业务发展经理	212545	279654	381495
	业务分析经理	217692	268207	367204
	网站营运经理	163481	244899	331799
	运维经理	185746	237180	337416

在软件和信息技术服务业专业技术人员职业大类中，薪酬中位值排名前十的岗位多为开发类技术人员，分别是系统架构设计师、云计算架构师、语音识别工程师、系统分析员、高级硬件工程师、图像识别工程师、高级软件工程师、律师|法律顾问、UI 设计顾问、机器学习工程师；其中语音识别工程师、图像识别工程师等 AI 算法岗位均为近年来的新兴热门岗位，薪酬一直位居高位。专业技术人员职业大类各岗位薪酬情况参见下表。

表 1-2.5.2　软件和信息服务产业专业技术人员各岗位薪酬状况（元/年）

职业大类	岗　位	下四分位值	中位值	上四分位值
专业技术人员	人力资源主管	127445	149611	194215
	人力资源专员	81474	101454	150583
	招聘主管	110006	140590	189211
	招聘专员	68232	76719	112541
	培训主管	116552	148690	199711
	培训专员	76029	90845	125764
	可靠度工程师	105851	138261	194376
	故障分析工程师	118659	141841	192158
	认证工程师	106194	132142	172881
	体系工程师	98438	118612	167110
	集成电路应用工程师	162916	215822	304108
	集成电路验证工程师	141002	186339	246184
	电子技术研发工程师	147952	195347	273347
	电气工程师|技术员	104642	128854	183211
	电路工程师|技术员	102988	127734	170118
	嵌入式软件开发	171121	223062	300604
	电池|电源开发	118939	147419	203444
	现场应用工程师	122870	147238	199027
	测试工程师	125024	149446	201357
	射频工程师	126627	158805	209930
	版图设计工程师	105929	134703	181837
	嵌入式硬件开发	130156	161500	218228
	模拟集成电路设计工程师	186761	231790	307100
	数字集成电路设计工程师	172094	226278	303016
	FPGA 工程师	180275	239271	336884
	电气设计工程师	124894	163974	220762
	光学工程师	128447	156127	209390

表 1-2.5.2　软件和信息服务产业专业技术人员各岗位薪酬状况（元/年）

（续表一）

职业大类	岗　位	下四分位值	中位值	上四分位值
专业技术人员	律师|法律顾问	217481	274473	347383
	法务主管	145800	182048	234987
	法务专员	104465	130155	188614
	财务主管	143573	175721	225131
	总账主管	137993	178960	239890
	总账会计	106068	128225	182565
	会计主管	114391	144381	197896
	会计	79823	93496	134413
	出纳员	70107	80186	113136
	财务分析主管	167326	220652	291270
	财务分析员	114190	144511	195799
	审计主管	160689	207275	276491
	审计专员	109298	140906	211399
	技术服务主管	132126	162883	215494
	技术服务工程师	95517	122679	168380
	后期制作	102348	120175	173660
	动画|3D 设计	111601	135854	197750
	多媒体设计	108375	135558	204604
	摄影师	107201	130485	196021
	技术主管	142307	187207	262795
	信息技术主管	104370	133723	182774
	信息技术专员	102616	123306	175996
	项目主管	179595	233588	331382
	项目专员	119075	144553	208487
	软件质量管理工程师	125733	156650	216785
	软件 UI 工程师	155829	185708	243155

表 1-2.5.2　软件和信息服务产业专业技术人员各岗位薪酬状况（元/年）

（续表二）

职业大类	岗　位	下四分位值	中位值	上四分位值
专业技术人员	UI 设计顾问	208197	264152	356455
	需求工程师	142206	179843	248245
	系统架构设计师	261017	321315	432253
	高级硬件工程师	175114	284782	364080
	硬件工程师	129236	169007	222095
	高级软件工程师	224087	279183	355531
	软件工程师	170799	206155	281093
	机器学习工程师	202342	264050	364290
	图像识别工程师	220746	282792	386566
	语音识别工程师	248538	304401	419030
	系统集成工程师	119571	145681	204622
	系统分析员	225231	286234	374617
	系统工程师	165618	201859	271709
	数据库工程师|管理员	135800	162124	217605
	系统测试工程师|员	106447	128662	170207
	软件测试工程师	121128	152354	207483
	硬件测试工程师	118424	141698	187420
	技术文员	70676	82116	109045
	仿真应用工程师	138104	179296	255053
	C++软件工程师	185047	231671	318973
	Java 软件工程师	150657	188655	264134
	Php 软件工程师	137981	172340	239693
	.net 软件工程师	149405	189205	258955
	软件测试主管	172267	210983	293576
	数据分析	106735	131665	182861
	IOS 开发工程师	177664	245157	333752

表 1-2.5.2 软件和信息服务产业专业技术人员各岗位薪酬状况（元/年）

（续表三）

职业大类	岗 位	下四分位值	中位值	上四分位值
专业技术人员	Android 开发工程师	167773	210086	278634
	标准化工程师	109730	132048	177091
	C#开发工程师	145087	176386	241799
	交互设计工程师	159584	198431	273041
	算法工程师	191012	259025	355710
	大数据工程师	189969	230779	323030
	数据库开发工程师	149397	188052	257293
	python 开发工程师	182091	215888	296487
	云计算架构师	254457	316014	413820
	云计算工程师	180099	229540	305377
	数据挖掘工程师	192265	248692	332834
	全栈开发工程师	175911	215147	289452
	产品专员（IT）	115403	135278	196656
	通信技术工程师	172857	217193	282036
	有线传输工程师	138917	167451	227432
	无线通信工程师	142018	178340	240960
	电信交换工程师	159224	189573	257464
	数据通信工程师	143720	190420	262966
	移动通信工程师	141715	187781	257544
	电信网络工程师	134503	178487	244673
	通信电源工程师	120649	154035	203351
	市场分析|调研人员	101934	124727	183392
	多媒体开发工程师	110398	135924	187133
	网站营运主管	124440	160444	209926
	网站营运专员	76757	87420	129511
	网络工程师	116584	143656	200581

表 1–2.5.2 软件和信息服务产业专业技术人员各岗位薪酬状况（元/年）

（续表四）

职业大类	岗　位	下四分位值	中位值	上四分位值
专业技术人员	系统管理员|网络管理员	97811	113632	162084
	网站策划	110579	138554	200302
	网站编辑|内容运营专员	94148	116228	169009
	页面设计|美工	99474	118090	170022
	信息安全工程师	147217	175181	242973
	网络架构设计师	170632	220244	293031
	网站维护工程师	112373	132578	180539
	语音|视频开发工程师	117650	150075	206915
	搜索引擎优化工程师	138655	177132	235420
	搜索引擎营销工程师	128224	162295	221057
	运维主管	138409	186589	251906
	运维工程师	122287	148175	209721
	前端开发工程师	162425	201361	266566
	数据标注员	89810	109590	166114

在办事人员和有关人员职业大类中薪酬中位值最高的是行政主管（12.38 万元），薪酬中位值最低的岗位是行政专员（6.84 万元），该行业办事人员和有关人员各岗位薪酬情况参见下表。

表 1–2.5.3 软件和信息服务产业办事人员和有关人员各岗位薪酬状况（元/年）

职业大类	岗　位	下四分位值	中位值	上四分位值
办事人员和有关人员	行政主管	103408	123770	161086
	行政专员	60050	68446	97506
	办公文员	69459	79031	113900
	部门专员	66576	80138	111842
	经理助理|秘书	76062	87918	124917
	档案资料管理员	63822	70313	110708
	前台文员	64585	73083	118512
	后勤	69143	79601	136239

在社会生产服务和生活服务人员职业大类中，薪酬中位值排行前十的岗位分别是产品主管、业务发展主管、采购主管、销售主管、运营主管、售前技术主管、供应商管理主管、商务主管、市场主管、销售行政主管，服务业人员职业大类各岗位薪酬情况参见下表。

表 1–2.5.4　软件和信息服务产业社会生产服务和生活服务人员各岗位薪酬状况（元/年）

职业大类	岗　位	下四分位值	中位值	上四分位值
社会生产服务和生活服务人员	后勤主任	98278	124921	164496
	司机	78157	91079	133424
	清洁工	58634	63965	98126
	采购主管	157490	199246	264053
	采购专员	92379	120043	174191
	供应商开发	114762	136719	198379
	供应商管理主管	148728	178956	245072
	供应商管理专员	86873	106618	149045
	客服主管（非技术）	113645	142392	196429
	客服专员（非技术）	66885	77614	112526
	投诉专员	67927	78728	111428
	售前技术主管	145470	179402	245203
	售前技术工程师	120860	145030	192615
	实施工程师	108210	132231	175894
	投诉处理主管	109031	129667	173897
	呼叫中心客服主管	102471	122240	162722
	在线客服主管	94387	115151	160283
	在线客服	66160	76196	107251
	文案	82480	103444	147292
	平面设计	108053	143956	206261
	销售主管	154320	197398	318223
	销售助理	66877	75977	109064
	销售工程师	113296	142160	191685

表 1–2.5.4 软件和信息服务产业社会生产服务和生活服务人员各岗位薪酬状况（元/年）（续表一）

职业大类	岗 位	下四分位值	中位值	上四分位值
社会生产服务和生活服务人员	销售行政主管	127111	163791	214477
	销售行政专员	64250	74941	107738
	商务主管	138810	172652	228850
	商务专员	89813	103589	148946
	产品主管	156051	209289	280909
	市场主管	129800	171563	236580
	市场专员	101882	130495	192564
	广告投放专员	78909	98522	142011
	运营主管	151941	193812	257674
	运营专员	80881	95040	131111
	新媒体运营专员	88237	109135	157297
	品牌专员	105182	126966	180970
	招投标专员	104156	133990	195416
	业务发展主管	161426	206485	284729
	业务发展专员	107511	127628	185880
	社会责任主管	128012	157335	212021
	业务分析专员	99749	127391	183357
	短视频编导|制作	106303	136099	189903
	中控主管	95471	118027	164633
	中控员	67327	75989	119308
	环境主管	91403	112033	152015
	绿化|养护工	54282	61153	91372

6. 专业服务产业各岗位薪酬状况

“十四五”期间，北京将推动专业服务业高端化国际化发展，推进专业服务领域开放改革，加快向价值链高端延伸，建成 2~3 个专业服务综合示范区。

专业服务产业中层及以上管理人员各岗位中，薪酬排行前十的岗位分别为咨询总监、项目总监、广告客户总监、技术总监、运营总监、销售总监、产品总监、广告创意总监、投资总监、艺术|设计总监总监，中层及以上管理人员职业大类各岗位薪酬情况参见下表。

表 1–2.6.1　专业服务产业中层及以上管理人员各岗位薪酬状况（元/年）

职业大类	岗　位	下四分位值	中位值	上四分位值
中层及以上管理人员	人力资源总监	269914	374465	519038
	人力资源经理	198607	263474	359383
	招聘经理	158477	195719	259797
	培训经理	151012	184430	253256
	行政总监	257364	339085	448166
	行政经理	129665	166146	225012
	采购经理	182779	244273	341726
	供应商管理经理	173299	240543	327769
	公关经理	199638	256422	340574
	会务经理	128487	162362	217069
	媒介总监	228191	338127	462815
	媒介经理	165119	201486	284075
	贸易经理	190949	258481	366198
	外贸经理	181771	226330	405940
	业务跟单经理	150670	195783	271266
	进出口经理	156408	190710	258846
	咨询总监	378502	497559	659257
	咨询经理	262484	337509	469755
	咨询项目经理	225816	290678	383728
	法务经理	193812	240656	322369
	财务总监	260803	383506	516762
	财务经理	230433	290454	384536
	会计经理	173219	224694	306547
	财务分析经理	181879	247909	331453

表 1–2.6.1　专业服务产业中层及以上管理人员各岗位薪酬状况（元/年）

（续表一）

职业大类	岗　位	下四分位值	中位值	上四分位值
中层及以上管理人员	投资总监	299528	428602	570354
	投资经理	188583	241227	344567
	审计总监	263726	371256	500386
	审计经理	190332	244737	333640
	客服总监	201687	285569	365133
	客服经理（非技术）	152516	196397	260893
	呼叫中心客服经理	169709	204621	292823
	广告客户总监	356130	476276	693795
	广告客户经理	192349	260973	458353
	广告创意总监	318924	430882	604936
	广告创意|设计经理	160731	207610	293565
	平面设计总监	301731	404888	579282
	平面设计经理	181919	229860	308299
	艺术|设计总监	315854	419221	599476
	艺术|设计经理	203544	247342	361164
	物流总监	244215	336880	483674
	物流经理	161915	222058	304310
	仓库经理	111708	149889	201741
	运输经理	136674	167206	236564
	销售总监	340747	454967	677387
	销售经理	207818	256905	471456
	区域销售经理	160889	201025	349469
	销售行政经理	148920	185915	260874
	商务经理	195259	241625	323402
	技术总监	358063	475813	695980
	技术经理	255355	314745	439949

表 1-2.6.1　专业服务产业中层及以上管理人员各岗位薪酬状况（元/年）

（续表二）

职业大类	岗　位	下四分位值	中位值	上四分位值
中层及以上管理人员	信息技术经理	194963	271223	383447
	项目总监	350536	479261	728848
	项目经理	198729	248803	338261
	产品总监	298449	438835	645510
	产品经理	198212	248292	333227
	市场总监	310473	412648	568821
	市场经理	186892	245048	338268
	运营总监	316417	467098	656396
	运营经理	185238	250596	335970
	品牌经理	211807	269576	354800
	活动经理	149205	187321	256466
	招投标经理	216083	262955	362134
	业务发展经理	196614	258000	355897
	媒介采购总监	240801	326287	466453
	媒介采购经理	179883	231535	306880
	业务分析经理	197851	245691	340864
	网站营运经理	156115	205490	276269
	运维经理	171381	228203	307898

在专业技术人员职业大类中，薪酬中位值最高的岗位是云计算架构师（26.57 万元），薪酬中位值最低的岗位是技术文员（6.90 万元），专业技术人员职业大类中各岗位薪酬情况参见下表。

表 1–2.6.2　专业服务产业专业技术人员各岗位薪酬状况（元/年）

职业大类	岗　位	下四分位值	中位值	上四分位值
专业技术人员	人力资源主管	100266	129981	170884
	人力资源专员	82777	95422	138845
	招聘主管	95875	124356	166464
	招聘专员	64719	72372	102400
	培训主管	105805	128486	174578
	培训专员	73434	83992	119222
	员工关系主管	86680	112680	148928
	企业文化专员	69986	84327	117317
	HRBP	152744	201413	260687
	食品检验	93273	114374	162004
	水质检测员	68348	81947	118469
	律师|法律顾问	190465	242655	321118
	律师助理	90124	113828	167162
	法务主管	123113	155982	204326
	法务专员	103001	124534	189734
	知识产权|专利顾问	165331	202389	267295
	知识产权|专利专员	109709	137293	191809
	财务主管	116128	142532	187455
	总账主管	122351	146110	203582
	总账会计	98815	121067	177326
	会计主管	103358	125217	169321
	会计	71814	85206	128484
	出纳员	64534	73539	103859
	财务分析主管	149931	189192	260916
	财务分析员	101631	128015	183557
	投资主管	150571	190345	262790
	投资专员	117063	141262	201598

表 1-2.6.2　专业服务产业专业技术人员各岗位薪酬状况（元/年）

（续表一）

职业大类	岗　位	下四分位值	中位值	上四分位值
专业技术人员	审计主管	154543	185672	251379
	审计专员	105035	127492	186169
	广告创意|设计主管	156255	192968	260403
	广告创意|设计师	101216	125612	170895
	后期制作	94241	112238	163988
	动画|3D 设计	94953	123610	176568
	陈列设计|展览设计	97297	123250	187208
	多媒体设计	103246	126097	184686
	包装设计	108771	129226	191103
	摄影师	96570	118221	171285
	技术主管	131881	162038	229086
	信息技术主管	111222	146948	198406
	信息技术专员	89033	112675	168473
	项目主管	158714	196845	274623
	项目专员	115975	139110	190515
	软件 UI 工程师	123383	155384	214742
	UI 设计顾问	190264	238651	308007
	需求工程师	126501	151142	209094
	系统架构设计师	198640	243719	312381
	高级硬件工程师	186549	240709	327292
	硬件工程师	130797	163130	219622
	高级软件工程师	197612	258677	331811
	软件工程师	141617	171466	234684
	图像识别工程师	193138	232222	321873
	语音识别工程师	211510	264910	370239
	系统集成工程师	99763	131446	174072

表 1-2.6.2　专业服务产业专业技术人员各岗位薪酬状况（元/年）

（续表二）

职业大类	岗　位	下四分位值	中位值	上四分位值
专业技术人员	系统分析员	191798	240386	319003
	系统工程师	139281	168226	224606
	数据库工程师|管理员	108374	132623	186927
	系统测试工程师|员	87624	107838	152943
	软件测试工程师	107662	129149	181804
	硬件测试工程师	100621	123735	165362
	技术文员	58359	69008	97315
	数据分析	88254	110827	153899
	IOS 开发工程师	158706	201254	270448
	Android 开发工程师	149781	190654	266120
	标准化工程师	91802	110617	153760
	算法工程师	189644	228827	304507
	大数据工程师	151931	191675	251019
	数据库开发工程师	120050	153376	210956
	云计算架构师	202679	265675	351868
	云计算工程师	157121	198574	277220
	数据挖掘工程师	172345	221477	316970
	化验员	63636	72707	102699
	环保工程师	103532	131309	174918
	环境影响评价工程师	90495	110789	149998
	环保检测	93723	111898	165741
	市场分析|调研人员	90567	115842	169240
	多媒体开发工程师	104875	131003	170243
	网站营运主管	109087	130239	177947
	网站营运专员	70304	81683	119884
	网络工程师	109098	135107	184820

表 1-2.6.2　专业服务产业专业技术人员各岗位薪酬状况（元/年）

（续表三）

职业大类	岗　位	下四分位值	中位值	上四分位值
专业技术人员	系统管理员|网络管理员	85247	105794	152553
	网站策划	102255	129040	189708
	网站编辑|内容运营专员	92476	108345	153546
	页面设计|美工	92105	110881	167272
	电商设计|美工	119465	141839	199058
	信息安全工程师	124332	150998	213617
	网络架构设计师	160822	197144	259621
	网站维护工程师	91823	115693	156962
	搜索引擎优化工程师	107876	132246	176978
	搜索引擎营销工程师	106732	133187	184231
	运维主管	133735	161066	218093
	运维工程师	119839	142005	199920
	前端开发工程师	129249	165894	218403
	英语翻译	118564	152002	223645
	日语翻译	109576	146166	216142
	德语翻译	125036	162553	236732
	法语翻译	123722	163473	239706
	韩语翻译	104147	130705	196584
	资产评估|分析师	142282	186602	243861
	财税顾问	191610	238613	321362

在办事人员和有关人员职业大类中薪酬中位值最高的是公关主管（14.39 万元），薪酬中位值最低的岗位是行政专员（6.42 万元），办事人员和有关人员职业大类各岗位薪酬情况参见下表。

表 1-2.6.3　专业服务产业办事人员和有关人员各岗位薪酬状况（元/年）

职业大类	岗　位	下四分位值	中位值	上四分位值
办事人员和有关人员	行政主管	90240	113352	150661
	行政专员	55255	64217	96468
	办公文员	64226	72299	100059
	部门专员	66578	75475	112351
	经理助理|秘书	68744	81068	117584
	档案资料管理员	58442	64922	103923
	前台文员	58137	66456	93730
	后勤	63953	76044	119893
	公关主管	116806	143896	194650
	公关专员	95032	116293	171511
	媒介主管	101228	124714	168330
	媒介专员	82052	97382	134428

在社会生产服务和生活服务人员职业大类中，薪酬中位值排行前五的岗位分别是专业培训师、咨询顾问、产品主管、广告客户主管、贸易主管，薪酬中位值排行后五的岗位分别是销售行政专员、在线客服、仓库管理员、清洁工、绿化|养护工，各岗位薪酬情况参见下表。

表 1-2.6.4　专业服务产业社会生产服务和生活服务人员各岗位薪酬状况（元/年）

职业大类	岗　位	下四分位值	中位值	上四分位值
社会生产服务和生活服务人员	后勤主任	97712	120500	169428
	司机	74171	84229	131754
	清洁工	55183	62011	102183
	采购主管	133426	167568	220620
	采购专员	88656	114297	164856
	供应商开发	111633	132577	188408
	供应商管理主管	134507	168179	230595

表 1-2.6.4 专业服务产业社会生产服务和生活服务人员各岗位薪酬状况（元/年）（续表一）

职业大类	岗 位	下四分位值	中位值	上四分位值
社会生产服务和生活服务人员	供应商管理专员	84447	102573	147319
	会务主管	112009	138069	194488
	会务专员	77295	93827	130384
	贸易主管	146531	176638	242308
	贸易专员	115559	143619	199516
	外贸主管	117629	140870	212834
	外贸专员	96925	120821	239133
	高级业务跟单	112529	135681	183855
	业务跟单	81852	101973	143450
	货运代理	66560	77451	106000
	报关主管	140558	168183	221797
	报关员	91359	111841	157121
	单证员	71509	82530	121582
	进出口主管	114911	143712	198546
	进出口专员	99833	118432	161956
	专业培训师	187507	258145	330948
	咨询顾问	153470	196856	264460
	情报信息分析人员	105159	128740	180125
	资质专员	69292	83752	117918
	客服主管（非技术）	93000	113549	156032
	客服专员（非技术）	60032	71619	100883
	投诉专员	63593	74237	105230
	投诉处理主管	93190	112922	148547
	呼叫中心客服主管	85660	109011	153596
	在线客服主管	79353	98908	136027

表 1–2.6.4　专业服务产业社会生产服务和生活服务人员各岗位薪酬状况（元/年）（续表二）

职业大类	岗　位	下四分位值	中位值	上四分位值
社会生产服务和生活服务人员	在线客服	60826	70103	104151
	广告客户主管	142595	177927	293155
	广告客户专员	100044	128201	238323
	文案	81969	95545	139591
	平面设计	107388	137498	193109
	物流主管	111783	144336	195828
	物流专员	75879	93919	137744
	仓库主管	79253	93040	124713
	仓库管理员	61570	67594	107628
	运输主管	113111	136783	181059
	海|空运操作	77546	95022	142250
	船务人员	99780	117050	164452
	调度员	70970	80603	117835
	订单管理员	71221	80636	115303
	集装箱业务员	89225	110813	220337
	货车司机	86968	99411	169234
	销售主管	128749	169064	273669
	销售代表	98755	117768	229496
	销售助理	63485	71670	106805
	销售行政主管	114358	140898	190778
	销售行政专员	60418	70128	98746
	商务主管	112402	145029	196934
	商务专员	83730	98303	141200
	产品主管	138086	180926	240659
	产品专员	88473	102359	141704
	市场主管	117097	146854	208631

表 1–2.6.4　专业服务产业社会生产服务和生活服务人员各岗位薪酬状况（元/年）（续表三）

职业大类	岗　位	下四分位值	中位值	上四分位值
社会生产服务和生活服务人员	市场专员	96846	122739	180330
	广告投放专员	77483	91491	125770
	运营主管	134405	161441	222224
	运营专员	74826	91126	129450
	新媒体运营专员	88883	107161	153781
	品牌专员	96966	122198	168517
	活动主管	98747	120013	155868
	活动专员	81582	98374	141289
	招投标专员	108620	130935	188917
	业务发展主管	145178	175647	238336
	业务发展专员	94712	120684	170599
	媒介采购专员	97265	118574	173883
	社会责任主管	111036	142973	188913
	业务分析专员	99079	119551	170171
	短视频编导|制作	103758	131840	192950
	中控主管	89002	107472	140641
	中控员	64727	74532	111574
	环境主管	83093	99168	137831
	绿化|养护工	53320	58015	92221

7. 医药健康产业各岗位薪酬状况

近年来，北京市高度重视医药健康协同发展，明确提出要把医药健康产业打造成为助推北京创新发展的“双发动机”之一。作为关乎国计民生的战略性新兴产业，医药健康产业已经成为北京最具创新驱动特点、最有发展优势的高精尖产业。

医药健康产业中层及以上管理人员中，技术研发总监薪酬中位值最高（61.82 万元），仓库经理薪酬中位值最低（13.68 万元），见下表。

表 1–2.7.1 医药健康产业中层及以上管理人员各岗位薪酬状况（元/年）

职业大类	岗 位	下四分位值	中位值	上四分位值
中层及以上管理人员	人力资源总监	325880	439728	604402
	人力资源经理	216662	280643	386043
	招聘经理	162725	210124	279606
	薪资福利经理	191391	233716	315571
	培训经理	153120	198856	271656
	行政总监	262896	362180	488523
	行政经理	140406	178449	244744
	采购总监	389165	503713	696815
	采购经理	213695	260795	376736
	供应商管理经理	193719	249035	337697
	质量总监	253501	373329	537506
	质量管理经理	186186	241610	330265
	测试经理	195055	245862	358230
	安全|健康|环境经理	159638	195367	258870
	品控经理	181103	223838	319967
	法务经理	196639	254438	339545
	财务总监	323884	448877	613437
	财务经理	228447	297824	397187
	会计经理	175623	237343	326229
	财务分析经理	214591	276466	387646
	成本经理	203278	255506	350614
	投资总监	330602	452041	660426
	投资经理	175764	233331	310583
	审计总监	288474	405238	523045
	审计经理	209573	263694	353322
	客服总监	237222	306593	408781
	客服经理（非技术）	179481	215019	283947

表 1–2.7.1　医药健康产业中层及以上管理人员各岗位薪酬状况（元/年）

（续表一）

职业大类	岗　位	下四分位值	中位值	上四分位值
中层及以上管理人员	售前技术经理	168822	229401	311400
	呼叫中心客服经理	170807	217793	302361
	技术服务经理	191193	230721	331128
	广告创意|设计经理	176295	222293	307007
	平面设计经理	202171	244269	332897
	技术研发总监	391825	618215	793539
	技术研发经理	253544	324814	466567
	产品工艺|制程经理	215087	291394	431351
	工程|设备经理	237431	291961	407339
	药品注册总监	376324	490610	730367
	药品市场推广经理	204412	269200	479142
	医药销售经理	221274	289300	524541
	OTC 销售经理	277096	340673	566212
	试剂研发经理	200497	245369	357892
	临床总监	369171	476459	676899
	临床项目经理	224757	298182	420388
	药品注册经理	194821	238793	336601
	学术推广经理	178089	223040	304942
	药物警戒经理	171391	214287	306092
	医学数据分析经理	203949	252494	348043
	医疗设备注册经理	170120	224246	296818
	物流总监	278000	363235	496982
	物流经理	175662	235283	319361
	供应链总监	342840	463860	634096
	供应链经理	192332	232946	335086
	物料经理	175402	235165	308964

表 1-2.7.1 医药健康产业中层及以上管理人员各岗位薪酬状况（元/年）

（续表二）

职业大类	岗 位	下四分位值	中位值	上四分位值
中层及以上管理人员	仓库经理	112163	136839	193256
	运输经理	151758	180946	242582
	冷链经理	187220	249185	355352
	销售总监	364157	488823	703065
	销售经理	256038	308436	559594
	区域销售经理	175646	233325	429877
	渠道|分销总监	286700	384882	577886
	渠道|分销经理	185444	241453	427444
	销售行政经理	164984	196415	275957
	商务经理	186492	250634	335108
	平台招商经理	203913	268917	466490
	信息技术经理	217558	285815	404120
	生产技术总监	388643	503874	708076
	生产技术经理	234767	326387	468477
	生产总监	308008	448136	618337
	生产经理	171223	223656	296556
	车间主任	121959	146493	199077
	项目经理（生产）	197338	263160	353423
	生产运营总监	305086	424555	628956
	生产运营经理	265942	324377	433229
	生产计划经理	210285	265582	361176
	PMC 经理	175107	228288	327114
	工程经理	184862	234846	314903
	产品总监	364627	494048	737803
	产品经理	209384	256702	348341
	市场总监	334137	443332	623502

表 1-2.7.1　医药健康产业中层及以上管理人员各岗位薪酬状况（元/年）

（续表三）

职业大类	岗　位	下四分位值	中位值	上四分位值
中层及以上管理人员	市场经理	209108	251819	346343
	网络营销经理	189352	233039	325777
	运营总监	359291	517429	771179
	运营经理	205419	257366	344164
	品牌经理	212188	276139	368724
	市场通路经理	201126	251898	340098
	招投标经理	213634	276652	390477
	业务发展经理	205252	257627	352634
	业务分析经理	190220	247031	340865
	网站营运经理	171427	211991	289040
	运维经理	176906	244677	325310

在医药健康产业专业技术人员职业大类中，薪酬中位值排名前十的岗位分别是高级软件工程师、系统架构设计师、医药技术研发管理人员、高级硬件工程师、技术研发主管、产品工艺|制程主管、网络架构设计师、医药技术研发人员、临床研究主管、软件工程师；专业技术人员职业大类各岗位薪酬情况参见下表。

表 1-2.7.2　医药健康产业专业技术人员各岗位薪酬状况（元/年）

职业大类	岗　位	下四分位值	中位值	上四分位值
专业技术人员	人力资源主管	107073	131585	180032
	人力资源专员	81607	96616	142941
	招聘主管	100731	131305	177393
	招聘专员	65360	76725	114678
	薪资福利主管	103189	130962	181464
	薪资福利专员	72972	90769	132752
	培训主管	101927	132875	179852
	培训专员	76220	88082	131180

表 1-2.7.2 医药健康产业专业技术人员各岗位薪酬状况（元/年）

（续表一）

职业大类	岗 位	下四分位值	中位值	上四分位值
专业技术人员	员工关系主管	91861	118616	155371
	企业文化专员	70828	85180	125953
	HRBP	157858	191708	251617
	质量管理主管	129238	156746	210841
	质量管理工程师|员	96732	121755	162492
	测试主管	170571	202430	286771
	测试工程师|员	105597	129928	182236
	可靠度工程师	103136	134305	180042
	故障分析工程师	124019	151093	211684
	认证工程师	118278	144387	192949
	体系工程师	112233	136190	191686
	安全|健康|环境主管	129073	156466	202226
	安全|健康|环境工程师	90052	114344	157677
	品控主管	146645	192864	266274
	品控工程师	113046	133779	178151
	检验员	68858	80300	117120
	法务主管	124373	161863	225236
	法务专员	107638	128495	183499
	财务主管	111800	146477	193677
	总账主管	118280	151352	201237
	总账会计	94590	122182	173475
	会计主管	104709	133294	175795
	会计	74566	87983	121943
	出纳员	65267	78449	110462
	财务分析主管	151053	194135	264465
	财务分析员	111758	144560	208424

表 1–2.7.2　医药健康产业专业技术人员各岗位薪酬状况（元/年）

（续表二）

职业大类	岗　位	下四分位值	中位值	上四分位值
专业技术人员	成本主管	100952	128787	167708
	成本会计	87774	100974	150287
	投资主管	151341	195168	268501
	投资专员	114640	142589	204015
	审计主管	154825	194720	251870
	审计专员	112078	134695	200381
	技术服务主管	117942	142595	188426
	技术服务工程师	100657	121329	169663
	广告创意|设计主管	148601	197111	279417
	广告创意|设计师	119476	149666	203328
	后期制作	100917	120946	178905
	动画|3D 设计	107634	136140	207728
	多媒体设计	115411	139097	210743
	摄影师	104065	129508	185473
	技术研发主管	186519	244721	331539
	技术研发工程师	150944	189125	267125
	产品工艺|制程工程师	100398	124381	166070
	产品工艺|制程主管	171634	225046	298928
	实验室工程师	118840	148468	202940
	工程|设备主管	142427	187689	253054
	工程|设备工程师	104324	136856	186119
	工程|机械绘图员	96248	113404	169561
	机械工程师	148487	178898	248891
	结构工程师	135535	184742	258935
	模具主管	127382	163418	227630
	模具工程师	100640	124665	172654

表 1–2.7.2　医药健康产业专业技术人员各岗位薪酬状况（元/年）

（续表三）

职业大类	岗　位	下四分位值	中位值	上四分位值
专业技术人员	机电工程师	135745	164471	228062
	维修工程师	105884	134331	183624
	维修主管	135589	171568	246558
	铸造|锻造工程师	104680	128392	182096
	注塑主管	105202	130518	188769
	注塑工程师	99287	116949	163643
	焊接工程师	107944	129988	174931
	夹具工程师	83211	103768	141977
	数控机床工程师	113006	147640	202278
	锅炉工程师	100008	132239	179661
	电力工程师	99811	122565	165411
	生物工程师	121412	176055	203831
	制药工程师	119266	144175	200430
	实验员	115177	143982	211669
	医药技术研发管理人员	206662	265793	362159
	医药技术研发人员	180900	222762	310323
	临床研究员	136173	185327	276570
	化工实验室研究员	129137	156392	218321
	化学分析	153851	186084	260069
	药库主任|药剂师	141061	176225	238975
	医药学检验	106329	127493	187186
	医疗器械维修人员	94811	112244	170852
	试剂研发工程师	118007	142979	201369
	制剂研究员	122620	146998	191111
	药物分析研究员	113092	164633	180127
	药理研究员	119827	145464	202281

表 1-2.7.2 医药健康产业专业技术人员各岗位薪酬状况（元/年）

（续表四）

职业大类	岗 位	下四分位值	中位值	上四分位值
专业技术人员	病理研究员	100031	129368	178044
	药物合成研究员	108905	150985	180081
	有机合成研究员	113230	161185	186827
	细胞培养技术员	106583	127973	169463
	临床监察员	122245	155241	215709
	医学顾问	122796	148423	211130
	医学编辑	125079	161260	248065
	护理员	68586	82179	126668
	药物警戒专员	90799	116536	161256
	动物实验技术员	92063	119422	160802
	临床研究主管	170067	219996	292605
	医学数据分析专员	99550	129501	181672
	微生物检验员	94624	111327	147497
	生物信息工程师	118857	144337	200410
	蛋白纯化研究员	110200	139913	198771
	信息技术主管	108578	140294	192440
	信息技术专员	97490	121554	182952
	系统架构设计师	199991	266119	356432
	高级硬件工程师	189899	262689	348296
	硬件工程师	139717	166900	226480
	高级软件工程师	217221	270899	341758
	软件工程师	167419	206712	292856
	技术文员	64505	72713	99856
	数据分析	102939	127882	172751
	生产技术主管	146637	177144	244137
	生产主管	119494	146200	189232

表 1-2.7.2 医药健康产业专业技术人员各岗位薪酬状况（元/年）

（续表五）

职业大类	岗 位	下四分位值	中位值	上四分位值
专业技术人员	生产工程师	111086	133486	182226
	项目主管（生产）	128749	165090	228075
	项目工程师	122276	157447	210646
	生产运营主管	127673	159409	217346
	生产运营专员	81334	100168	148080
	生产计划主管	125301	163783	214609
	生产计划协调员	69796	83771	126979
	PMC 主管	137725	172975	231475
	PMC 专员	75169	92839	130146
	成本分析员	115528	135438	192616
	生产培训技师	95612	120569	159560
	工程主管	145832	177191	244376
	化验员	68324	80289	116029
	污水处理工程师	106816	124651	164604
	新产品导入主管	146898	177266	251637
	新产品导入工程师	124755	152704	212095
	市场分析|调研人员	102683	124955	186687
	多媒体开发工程师	108021	133973	185441
	网站营运主管	111373	137871	189639
	网站营运专员	72317	87321	132142
	网络工程师	111411	139487	193420
	系统管理员|网络管理员	93952	113887	162229
	网站策划	109137	133233	193920
	网站编辑|内容运营专员	96960	111617	154792
	页面设计|美工	94401	118111	180908
	电商设计|美工	116406	139271	210141

表 1-2.7.2 医药健康产业专业技术人员各岗位薪酬状况（元/年）

（续表六）

职业大类	岗 位	下四分位值	中位值	上四分位值
专业技术人员	信息安全工程师	141785	172696	226178
	网络架构设计师	178528	224961	301652
	网站维护工程师	115022	138539	184089
	搜索引擎优化工程师	130518	159089	213007
	搜索引擎营销工程师	124936	158799	216603
	运维主管	129682	169934	231516
	运维工程师	109398	143089	199105
	前端开发工程师	170075	202685	283836

在办事人员和有关人员职业大类中薪酬中位值最高的岗位是行政主管（11.94 万元），薪酬中位值最低的岗位是行政专员（6.69 万元），办事人员和有关人员职业大类各岗位薪酬情况参见下表。

表 1-2.7.3 医药健康产业办事人员和有关人员各岗位薪酬状况（元/年）

职业大类	岗 位	下四分位值	中位值	上四分位值
办事人员和有关人员	行政主管	93337	119407	163554
	行政专员	57480	66905	101217
	办公文员	63621	76867	114519
	部门专员	68068	77740	107852
	经理助理|秘书	74805	85719	120733
	档案资料管理员	60981	68277	106272
	前台文员	61512	71264	100902
	后勤	64187	78994	119971

在社会生产服务和生活服务人员各岗位中，薪酬中位值位居前十的岗位分别是 OTC 销售主管、医药销售主管、医疗器械销售代表、产品主管、医药销售代表、业务发展主管、品牌主管，OTC 销售代表、供应商管理主管、售前技术主管，该职业大类各岗位薪酬情况参见下表。

表 1-2.7.4　医药健康产业社会生产服务和生活服务人员各岗位薪酬状况（元/年）

职业大类	岗　位	下四分位值	中位值	上四分位值
社会生产服务和生活服务人员	后勤主任	100463	125270	174220
	司机	70465	85787	137358
	清洁工	57737	64311	101106
	采购主管	140641	168146	225234
	采购专员	95943	114341	159216
	供应商开发	112623	132456	190030
	供应商管理主管	135863	170743	225140
	供应商管理专员	86047	104049	145843
	客服主管（非技术）	97532	118072	159541
	客服专员（非技术）	65106	74227	103530
	投诉专员	63651	77425	113103
	售前技术主管	142231	169000	233359
	售前技术工程师	114210	139734	195696
	实施工程师	97974	126169	169634
	投诉处理主管	95270	112766	149479
	呼叫中心客服主管	88840	109441	153693
	在线客服主管	82787	102815	141059
	在线客服	64064	73562	107933
	文案	77396	97618	136987
	平面设计	104072	138207	202510
	临床协调员	109156	128860	192664
	药品注册员	125497	164814	242860
	药品市场推广	132541	163994	311435
	医疗器械市场推广	134728	168484	312128
	医疗器械销售代表	154494	192947	384134

表 1-2.7.4 医药健康产业社会生产服务和生活服务人员各岗位薪酬状况（元/年）（续表一）

职业大类	岗 位	下四分位值	中位值	上四分位值
社会生产服务和生活服务人员	医药销售主管	183797	224909	370878
	医药销售代表	148039	178110	338269
	OTC 销售主管	190562	234676	362826
	OTC 销售代表	139382	175857	345049
	医疗设备注册	123799	161682	234312
	医学联络官	133975	164164	227607
	学术推广专员	128757	155110	215454
	实验室管理员	71017	83524	117200
	物流主管	122147	147175	206228
	物流专员	74128	92718	134462
	供应链主管	118920	155724	209693
	供应链专员	73281	87037	124549
	物料主管	96554	121999	158684
	物料专员	67115	75284	105841
	仓库主管	78527	97250	128150
	仓库管理员	63009	70258	102476
	运输主管	109322	139363	183404
	调度员	70500	82258	116439
	订单管理员	67253	79705	117205
	货车司机	90225	105381	155915
	打包|配货员	58667	68935	99026
	分拣员	65136	73604	119719
	冷链专员	81044	99153	142600
	销售助理	64629	73862	107367
	销售工程师	112338	140040	195862
	渠道|分销主管	122213	154558	254532

表 1-2.7.4　医药健康产业社会生产服务和生活服务人员各岗位薪酬状况（元/年）（续表二）

职业大类	岗　位	下四分位值	中位值	上四分位值
社会生产服务和生活服务人员	渠道|分销专员	80760	93499	173138
	销售行政主管	111218	141010	186973
	销售行政专员	62548	73833	107402
	商务主管	117718	148152	209409
	商务专员	78791	99258	146013
	平台招商主管	113999	137265	218740
	平台招商专员	88127	107326	211343
	产品主管	135778	179128	252673
	产品专员	85617	104156	144087
	市场主管	118270	145586	198477
	市场专员	96430	124392	173981
	广告投放专员	74982	93660	134415
	网络营销主管	113229	146667	191523
	网络营销专员	97981	118480	165874
	运营主管	132843	167135	219860
	运营专员	73986	91831	127290
	新媒体运营专员	86741	105764	153599
	品牌主管	144831	176162	233692
	品牌专员	100176	124594	176912
	市场通路主管	119356	154851	204717
	市场通路专员	76110	89364	127160
	招投标专员	111187	131680	190080
	业务发展主管	140767	176421	234098
	业务发展专员	95613	121326	170995
	社会责任主管	123180	150272	200744
	业务分析专员	101825	124434	182409

表 1–2.7.4　医药健康产业社会生产服务和生活服务人员各岗位薪酬状况（元/年）（续表三）

职业大类	岗　位	下四分位值	中位值	上四分位值
社会生产服务和生活服务人员	直播运营专员	100036	129174	178846
	短视频编导|制作	101665	129715	192191
	中控主管	86008	107264	143984
	中控员	65391	77071	127873
	环境主管	80608	100726	140216
	绿化|养护工	52612	59067	87934

医药健康产业生产制造及有关人员各岗位中，薪酬中位值最高的岗位是生产督导（11.23 万元），中位值最低的岗位是普工（6.6 万元），该产业生产制造及有关人员职业大类各岗位薪酬情况参见下表。

表 1–2.7.5　医药健康产业生产制造及有关人员各岗位薪酬状况（元/年）

职业大类	岗　位	下四分位值	中位值	上四分位值
生产制造及有关人员	生产领班|线长	89474	112023	192804
	生产督导	93229	112344	167449
	生产文员	62074	71680	106632
	钳工|钣金工	83980	97811	153123
	机修工	73828	88562	128156
	电焊工|铆焊工	75996	91944	145973
	车工|磨工|铣工	75484	93127	148362
	模具工	79899	91430	157196
	电工	73046	89889	142763
	叉车工	76217	88024	140716
	空调工	78296	92086	134302
	电梯工	74627	87675	142895
	锅炉工	71500	81155	127956
	水工|木工|油漆工	65704	75257	121101

表 1-2.7.5　医药健康产业生产制造及有关人员各岗位薪酬状况（元/年）

（续表一）

职业大类	岗　位	下四分位值	中位值	上四分位值
生产制造及有关人员	搬运工	61239	71334	120616
	包装工	62166	69443	111158
	安装工	78413	90428	152777
	技工	73957	88101	140145
	普工	58636	65988	113853
	配料员	78056	93661	149650
	喷漆工	66168	77860	113869
	装配工	64610	78005	114387
	切割技工	74053	90966	154186
	注塑工	65410	75858	125651
	污水处理工	77439	91950	147588
	数控操机	74090	91868	153586
	电子焊接工	67550	76175	123943

8. 节能环保/绿色能源产业各岗位薪酬状况

经过多年的发展，北京绿色能源与节能环保产业呈现出以节能环保关键技术和产品研发为支撑，以节能环保工程集成服务为主的综合性新兴产业。

节能环保/绿色能源产业中层及以上管理人员中，技术研发总监薪酬中位值最高（49.07 万元），车间主任薪酬中位值最低（14.37 万元），见下表。

表 1-2.8.1 节能环保/绿色能源产业中层及以上管理人员各岗位薪酬状况

（元/年）

职业大类	岗 位	下四分位值	中位值	上四分位值
中层及以上管理人员	人力资源总监	277847	389447	499773
	人力资源经理	198076	265474	351404
	招聘经理	147782	188959	255914
	薪资福利经理	164564	222479	309392
	培训经理	146906	190643	253839
	行政总监	235802	330944	431168
	行政经理	125535	165648	220896
	总经办主任	230325	332058	473053
	办公室主任	122141	156791	205962
	采购总监	338169	450560	658542
	采购经理	188544	246221	345366
	供应商管理经理	177766	246525	325287
	质量总监	240580	340174	467662
	质量管理经理	188557	234182	329443
	测试经理	183634	232415	328511
	安全|健康|环境经理	140735	175538	237597
	品控经理	165178	219882	328105
	法务经理	172713	229426	316386
	财务总监	291477	390854	539666
	财务经理	229820	288092	381719
	会计经理	168739	221796	294034
	财务分析经理	196822	247428	325094
	成本经理	193687	233342	327706
	审计总监	287889	368050	531305
	审计经理	187589	235199	316992
	客服总监	194324	278554	365291

表 1-2.8.1　节能环保/绿色能源产业中层及以上管理人员各岗位薪酬状况（元/年）（续表一）

职业大类	岗　位	下四分位值	中位值	上四分位值
中层及以上管理人员	客服经理（非技术）	162665	200609	274180
	售前技术经理	173079	211837	291276
	呼叫中心客服经理	158651	201026	284627
	技术服务经理	165388	218059	294546
	平面设计经理	174698	233405	318069
	技术研发总监	375829	490659	731071
	技术研发经理	232969	304434	438473
	产品工艺|制程经理	231172	283086	417754
	工程|设备经理	216694	269259	367059
	物流总监	243623	338744	469114
	物流经理	167276	221280	309815
	供应链总监	313618	424479	622732
	供应链经理	174929	217681	291191
	物料经理	174677	213339	286439
	仓库经理	124029	151231	208864
	运输经理	130536	168079	224107
	销售总监	327131	455878	668497
	销售经理	189277	247303	409991
	区域销售经理	139701	182743	308135
	销售行政经理	155002	189791	268491
	商务经理	179218	223922	301908
	信息技术经理	206497	273099	373964
	项目总监	308720	430155	617667
	项目经理	181023	230165	319605
	软件测试经理	199430	256850	366170
	生产技术总监	356880	459602	635433

表 1-2.8.1　节能环保/绿色能源产业中层及以上管理人员各岗位薪酬状况（元/年）（续表二）

职业大类	岗　位	下四分位值	中位值	上四分位值
中层及以上管理人员	生产技术经理	226738	299275	412433
	生产总监	324747	413790	550476
	生产经理	158236	209556	296523
	车间主任	117768	143668	196505
	项目总监（生产）	274266	405161	584529
	项目经理（生产）	198529	239104	343783
	生产运营总监	281048	388752	516919
	生产运营经理	238847	301201	409903
	生产计划经理	186823	244887	335362
	PMC 经理	169039	207802	285525
	产品设计经理	189570	254730	372040
	工程经理	172235	224486	317685
	产品总监	309554	436432	581417
	产品经理	196502	249533	357173
	市场总监	268463	385681	583381
	市场经理	185810	246560	350034
	网络营销经理	178972	215371	293760
	运营总监	336895	437951	664177
	运营经理	186094	247257	332952
	品牌经理	196256	255071	347621
	市场通路经理	176909	241628	332387
	招投标经理	187480	253460	351339
	业务发展经理	195268	246689	343676
	业务分析经理	183157	241672	344677
	网站营运经理	165749	204800	275862
	运维经理	181175	223282	305843

节能环保/绿色能源产业专业技术人员中，薪酬中位值位居前十的岗位分别是云计算架构师、高级软件工程师、律师|法律顾问、UI 设计顾问、系统分析员、高级硬件工程师、技术研发主管、算法工程师、数据挖掘工程师、IOS 开发工程师，专业技术人员职业大类各岗位薪酬情况参见下表。

表 1–2.8.2　节能环保/绿色能源产业专业技术人员各岗位薪酬状况（元/年）

职业大类	岗　位	下四分位值	中位值	上四分位值
专业技术人员	人力资源主管	103172	129468	173228
	人力资源专员	79997	93152	135711
	招聘主管	97622	121554	159063
	招聘专员	63471	73666	108653
	薪资福利主管	108996	129004	172724
	薪资福利专员	71605	87601	123473
	培训主管	103030	126751	169586
	培训专员	72691	85237	125414
	员工关系主管	95387	111957	144966
	企业文化专员	72583	84135	121011
	HRBP	133909	179710	233822
	质量管理主管	119617	146599	200612
	质量管理工程师|员	94566	110922	153894
	测试主管	165782	203662	276939
	测试工程师|员	99791	121616	159254
	可靠度工程师	95401	123029	169630
	故障分析工程师	117122	140067	198030
	认证工程师	108452	130794	173377
	体系工程师	95577	119009	162224
	安全|健康|环境主管	120268	146682	195122
	安全|健康|环境工程师	84409	104043	137671
	品控主管	150394	184776	247014

表 1-2.8.2　节能环保/绿色能源产业专业技术人员各岗位薪酬状况（元/年）

（续表一）

职业大类	岗　位	下四分位值	中位值	上四分位值
专业技术人员	品控工程师	97939	121268	168188
	来料检验工程师|员	88140	106230	142728
	检验员	65868	78510	112465
	水质检测员	72306	83132	127371
	计量工程师	100362	118788	165417
	供应商质量工程师	90563	108889	150928
	电池|电源开发	116499	142173	198603
	现场应用工程师	106679	128104	177903
	律师|法律顾问	204153	269847	366557
	法务主管	119146	149598	204570
	法务专员	100000	125962	185769
	财务主管	109893	137555	187230
	总账主管	119815	149562	202136
	总账会计	92553	118555	172959
	会计主管	105207	124059	172870
	会计	74273	86350	119403
	出纳员	65925	75678	113353
	财务分析主管	144383	186140	256355
	财务分析员	103460	128872	169410
	成本主管	97306	120642	159938
	成本会计	79878	98081	140330
	审计主管	139950	185597	244989
	审计专员	102328	130579	192822
	技术服务主管	114937	134039	181829
	技术服务工程师	92638	110127	148023
	多媒体设计	110693	132766	197152

表 1–2.8.2　节能环保/绿色能源产业专业技术人员各岗位薪酬状况（元/年）

（续表二）

职业大类	岗　位	下四分位值	中位值	上四分位值
专业技术人员	技术研发主管	190562	236006	316533
	技术研发工程师	132066	168296	226238
	产品工艺|制程工程师	94860	120321	159881
	产品工艺|制程主管	174561	217314	308473
	产品规划工程师	104613	127801	174482
	实验室工程师	116422	140561	188853
	工程|设备主管	144752	182767	239326
	工程|设备工程师	100634	120202	159819
	工程|机械绘图员	88760	107938	162077
	工业工程师	109451	141699	190552
	机械工程师	135377	159017	217234
	结构工程师	133571	167127	225290
	模具主管	126273	156288	213037
	模具工程师	96396	118578	155376
	机电工程师	120925	152990	204760
	维修工程师	101196	128687	172319
	维修主管	112486	147724	205085
	铸造|锻造工程师	99263	119682	166902
	注塑主管	102100	128355	180321
	注塑工程师	86198	103410	140507
	焊接工程师	95278	114659	156230
	夹具工程师	78191	95007	130270
	数控机床工程师	105942	130594	179808
	冲压工程师	84004	106113	146398
	锅炉工程师	100037	118863	165855
	电力工程师	95948	114125	154231

表 1-2.8.2　节能环保/绿色能源产业专业技术人员各岗位薪酬状况（元/年）

（续表三）

职业大类	岗　位	下四分位值	中位值	上四分位值
专业技术人员	光源与照明工程师	107189	137581	183956
	装配主管	106788	132345	175954
	信息技术主管	101099	125171	166241
	信息技术专员	93004	117329	174903
	项目主管	156238	191863	260975
	项目专员	101734	127712	176816
	软件质量管理工程师	125923	152406	210561
	软件 UI 工程师	135612	178160	246929
	UI 设计顾问	198973	260404	337482
	需求工程师	133667	165657	222934
	高级硬件工程师	190924	252338	341902
	硬件工程师	128170	157818	210458
	高级软件工程师	226121	278785	360889
	软件工程师	153889	184924	260539
	系统集成工程师	112507	138859	192262
	系统分析员	194280	253750	337167
	系统工程师	136726	177512	238077
	数据库工程师|管理员	113811	144590	197299
	系统测试工程师|员	97295	116258	159779
	软件测试工程师	110349	136234	193081
	硬件测试工程师	110392	131043	175035
	技术文员	61337	70835	95522
	C++软件工程师	176172	216542	295701
	Java 软件工程师	144583	173589	235563
	Php 软件工程师	128679	161253	223778
	.net 软件工程师	136247	171202	238371

表 1–2.8.2　节能环保/绿色能源产业专业技术人员各岗位薪酬状况（元/年）

（续表四）

职业大类	岗　位	下四分位值	中位值	上四分位值
专业技术人员	软件测试主管	155284	189468	255386
	数据分析	101266	122342	166933
	IOS 开发工程师	172471	217931	304529
	Android 开发工程师	152042	203094	282529
	标准化工程师	104712	121153	166084
	算法工程师	182404	234796	310880
	大数据工程师	155001	209070	278972
	数据库开发工程师	131603	163473	224739
	云计算架构师	213226	284195	371088
	云计算工程师	157581	209951	276234
	数据挖掘工程师	190339	234072	326691
	生产技术主管	134256	173206	229322
	生产主管	113449	143283	184920
	生产工程师	95969	121751	166256
	项目主管（生产）	124337	157145	220658
	项目工程师	109799	136413	179515
	生产运营主管	118775	150436	195963
	生产运营专员	79112	92215	134394
	生产计划主管	122034	155030	202791
	生产计划协调员	70806	81713	116784
	PMC 主管	129401	161196	220616
	PMC 专员	69774	84580	120745
	成本分析员	104933	131889	187234
	产品设计工程师	91564	112665	157063
	生产培训技师	91011	114485	158246
	工程主管	131322	170999	225038

表 1–2.8.2 节能环保/绿色能源产业专业技术人员各岗位薪酬状况（元/年）

（续表五）

职业大类	岗 位	下四分位值	中位值	上四分位值
专业技术人员	化验员	66003	75724	109507
	涂料研发工程师	107172	128936	178512
	环保工程师	107296	134723	188792
	污水处理工程师	101200	120339	166200
	石油天然气技术员	124028	150557	211121
	环境影响评价工程师	103657	123432	166388
	环保检测	93488	116284	166792
	固废工程师	98917	121447	163186
	新产品导入主管	141991	171540	242566
	新产品导入工程师	121912	145157	203304
	材料工程师	104655	131144	179763
	市场分析|调研人员	94760	120755	184529
	网站营运主管	106471	130536	177314
	网站营运专员	72799	84436	119936
	网络工程师	97285	118052	158182
	系统管理员|网络管理员	92446	110999	156599
	网站编辑|内容运营专员	88408	103244	144404
	信息安全工程师	129963	159556	217267
	网站维护工程师	102671	122639	170803
	搜索引擎优化工程师	113289	144932	201197
	搜索引擎营销工程师	120791	149026	209236
	运维主管	129449	154968	207738
	运维工程师	116388	139876	208107
	前端开发工程师	152810	187103	247963
	数字能源工程师	142138	173738	238230
	能源工程师	126438	160554	224159

在办事人员和有关人员职业大类中薪酬中位值最高的是行政主管（10.91 万元），薪酬中位值最低的岗位是行政专员（6.44 万元），办事人员和有关人员职业大类各岗位薪酬情况参见下表。

表 1–2.8.3　节能环保/绿色能源产业办事人员和有关人员各岗位薪酬状况（元/年）

职业大类	岗　位	下四分位值	中位值	上四分位值
办事人员和有关人员	行政主管	88814	109140	143593
	行政专员	56098	64410	95492
	办公文员	62381	73223	100524
	部门专员	64338	75642	107677
	经理助理|秘书	69746	83405	124996
	档案资料管理员	57790	66041	94309
	前台文员	60007	68152	106717
	后勤	66309	74837	120632

在社会生产服务和生活服务人员职业大类各岗位中，薪酬中位值最高的是产品主管（17.15 万元），薪酬中位值最低的岗位是绿化|养护工（5.79 万元），商业、服务业人员职业大类各岗位薪酬情况参见下表。

表 1–2.8.4　节能环保/绿色能源产业社会生产服务和生活服务人员各岗位薪酬状况（元/年）

职业大类	岗　位	下四分位值	中位值	上四分位值
社会生产服务和生活服务人员	后勤主任	99292	117220	162403
	司机	70680	84802	120046
	清洁工	55392	60947	100767
	采购主管	132508	160066	221540
	采购专员	91846	107404	152660
	供应商开发	98116	124242	172443
	供应商管理主管	135441	165284	213263

表 1-2.8.4 节能环保/绿色能源产业社会生产服务和生活服务人员各岗位薪酬状况（元/年）（续表一）

职业大类	岗　位	下四分位值	中位值	上四分位值
社会生产服务和生活服务人员	供应商管理专员	81377	94649	131809
	客服主管（非技术）	94650	114081	157436
	客服专员（非技术）	62746	72470	109548
	售前技术主管	135387	163248	224357
	售前技术工程师	104381	133312	184496
	实施工程师	88845	113940	151580
	投诉处理主管	86630	112263	150225
	呼叫中心客服主管	81648	101551	141503
	在线客服主管	78950	100089	137211
	在线客服	62138	71593	103168
	文案	74953	89247	125104
	平面设计	106460	134229	201267
	物流主管	111237	133428	182558
	物流专员	73424	86341	125129
	供应链主管	123028	144536	192115
	供应链专员	69297	81196	117027
	物料主管	92129	116872	150561
	物料专员	65149	74070	106243
	仓库主管	78235	90085	122274
	仓库管理员	61798	69828	107036
	运输主管	100959	128851	172509
	海|空运操作	76541	88529	124543
	船务人员	94176	116574	169082
	调度员	69082	80869	130565
	订单管理员	65326	74820	106600
	货车司机	84016	102958	168761

表 1-2.8.4 节能环保/绿色能源产业社会生产服务和生活服务人员各岗位薪酬状况（元/年）（续表二）

职业大类	岗 位	下四分位值	中位值	上四分位值
社会生产服务和生活服务人员	打包|配货员	60841	67532	104875
	分拣员	64582	71392	101413
	销售主管	138604	165152	250545
	销售助理	59494	68690	95499
	销售工程师	104293	123202	169467
	销售行政主管	112758	137113	191381
	销售行政专员	59815	70343	105360
	商务主管	109635	139572	195029
	商务专员	73191	90763	130462
	产品主管	142807	171520	235871
	产品专员	79190	97160	137423
	市场主管	111663	138618	185443
	市场专员	90701	114756	169231
	广告投放专员	71134	84896	126015
	网络营销主管	108492	133426	176218
	网络营销专员	93478	112838	168971
	运营主管	123133	155207	217680
	运营专员	70092	82544	121369
	新媒体运营专员	84269	99243	144670
	品牌主管	126441	166500	231154
	品牌专员	99761	116349	159619
	市场通路主管	122005	143277	195414
	市场通路专员	69562	83643	120093
	招投标专员	97329	122642	170039
	业务发展主管	135825	167252	227296
	业务发展专员	86372	110645	155966

表 1-2.8.4 节能环保/绿色能源产业社会生产服务和生活服务人员各岗位薪酬状况（元/年）（续表三）

职业大类	岗 位	下四分位值	中位值	上四分位值
社会生产服务和生活服务人员	社会责任主管	116131	143702	186229
	业务分析专员	91355	111431	165780
	中控主管	83872	99965	132587
	中控员	62568	74558	110454
	环境主管	81249	94624	130192
	绿化|养护工	51337	57945	88195
	数字化运营专员	101014	120040	182254

节能环保/绿色能源产业生产制造及有关人员各岗位中，薪酬中位值最高的岗位是生产督导（10.89 万元），中位值最低的岗位是普工（6.33 万元），该产业生产制造及有关人员职业大类各岗位薪酬情况参见下表。

表 1-2.8.5 节能环保/绿色能源产业生产制造及有关人员各岗位薪酬状况（元/年）

职业大类	岗 位	下四分位值	中位值	上四分位值
生产制造及有关人员	生产领班|线长	91421	107470	167425
	生产督导	92942	108949	163249
	生产文员	59311	71295	98440
	钳工|钣金工	78002	93078	144460
	机修工	75303	87667	150781
	电焊工|铆焊工	75880	89752	145554
	车工|磨工|铣工|冲压工|锣工	80789	92271	159504
	模具工	75838	91482	158769
	电工	77785	87362	135503
	叉车工	72215	85718	127547
	空调工	75442	91462	148224
	电梯工	73457	85389	135765
	锅炉工	68669	78415	125772
	水工|木工|油漆工	62564	73234	126474

表 1–2.8.5　节能环保/绿色能源产业生产制造及有关人员各岗位薪酬状况（元/年）（续表一）

职业大类	岗　位	下四分位值	中位值	上四分位值
生产制造及有关人员	搬运工	60999	68102	110835
	包装工	61578	68810	103254
	安装工	76805	87812	133991
	技工	76268	85972	142594
	普工	56281	63349	104120
	配料员	76295	90763	153457
	喷漆工	68122	76312	116126
	装配工	68078	76969	111654
	切割技工	74621	87477	149089
	注塑工	65800	73195	113402
	污水处理工	79694	90048	147183
	数控操机	77709	90406	132119
	电子焊接工	64682	73261	110197

9. 文化、休闲和娱乐产业各岗位薪酬状况

2021 年，北京文化产业持续复苏，科技赋能文化产业发展，新业态发展动力强劲，文化与旅游、体育、商业、乡村振兴等领域深度融合，产业发展整体向好而行、向新而生、向深而为。

在中层及以上管理人员职业大类中，薪酬中位值排名前十的岗位分别是，总编|副总编、运营总监、采购总监、技术总监、平面设计总监、销售总监、产品总监、项目总监、艺术|设计总监。中层及以上管理人员职业大类各岗位薪酬情况参见下表。

表 1-2.9.1 文化、休闲和娱乐产业中层及以上管理人员各岗位薪酬状况（元/年）

职业大类	岗 位	下四分位值	中位值	上四分位值
中层及以上管理人员	人力资源总监	243742	343147	447416
	人力资源经理	194543	254004	340613
	招聘经理	156640	187092	247345
	行政总监	235998	317790	440711
	行政经理	134059	161090	219290
	安防经理	109067	139444	190375
	采购总监	332254	442215	628429
	采购经理	182048	239621	333413
	供应商管理经理	184684	239446	336849
	总编|副总编	332114	488875	674878
	发行总监	245648	340184	488936
	行政主厨|厨师长	166210	213542	304408
	法务经理	179442	221074	295484
	财务总监	258022	361364	474393
	财务经理	207835	262350	347069
	会计经理	182838	220319	295999
	投资总监	289911	385325	541996
	投资经理	179935	248385	355441
	客服总监	203063	277598	361946
	客服经理（非技术）	145414	181815	245774
	广告客户经理	171402	236861	415035
	广告创意总监	261351	366706	504107
	广告创意|设计经理	147262	192249	271341
	平面设计总监	310482	425909	565175
	平面设计经理	164865	212017	283642
	艺术|设计总监	297068	399209	584559
	艺术|设计经理	177685	227109	322517

表 1-2.9.1 文化、休闲和娱乐产业中层及以上管理人员各岗位薪酬状况（元/年）（续表一）

职业大类	岗 位	下四分位值	中位值	上四分位值
中层及以上管理人员	销售总监	299733	423125	565637
	销售经理	163886	200947	346459
	区域销售经理	115854	151592	281459
	销售行政经理	134803	175090	237022
	商务经理	165724	222857	303928
	平台招商经理	159566	202845	342089
	技术总监	309339	426166	622574
	技术经理	239246	295666	438344
	信息技术经理	205542	261004	377767
	项目总监	303356	399471	542366
	项目经理	178797	229321	319861
	软件测试经理	191257	241601	352973
	产品总监	285244	406041	551018
	产品经理	180782	240006	330826
	市场总监	303864	394805	567763
	市场经理	176648	229799	324375
	网络营销经理	163019	214843	285627
	运营总监	359729	459789	678931
	运营经理	189502	243216	320535
	品牌经理	201198	262340	358789
	招投标经理	205148	255675	360583
	业务发展经理	186548	236015	332073
	业务分析经理	187884	234275	320515
	网站营运经理	151940	186841	247822
	场馆运营经理	194357	237789	334221

在专业技术人员职业大类中，薪酬中位值最高的岗位是高级软件工程师（26.32 万元），薪酬中位值最低的岗位是出纳员（6.91 万元），专业技术人员职业大类中各岗位薪酬情况参见下表。

表 1-2.9.2 文化、休闲和娱乐产业专业技术人员各岗位薪酬状况（元/年）

职业大类	岗 位	下四分位值	中位值	上四分位值
专业技术人员	人力资源主管	97766	121026	166330
	人力资源专员	76608	88115	132811
	招聘主管	99133	119208	164066
	招聘专员	61006	69071	96675
	编辑	124878	159384	236515
	记者	108392	133978	200605
	出版|发行	75370	91321	135650
	印刷机械机长	82006	103728	142443
	律师|法律顾问	196228	248403	319351
	法务主管	120031	145402	195413
	法务专员	98141	116522	172480
	财务主管	102411	129419	172351
	总账主管	105105	138382	187858
	总账会计	89081	114129	163491
	会计主管	100274	123587	164287
	会计	66394	79043	116687
	出纳员	58424	69702	97252
	投资主管	145008	184233	254932
	投资专员	108060	128495	188938
	广告创意|设计主管	141072	180596	255216
	广告创意|设计师	94588	119423	165773
	后期制作	86928	109102	162423
	动画|3D 设计	99744	120436	180308
	陈列设计|展览设计	97047	115576	166363
	多媒体设计	103301	120140	182446

表 1–2.9.2　文化、休闲和娱乐产业专业技术人员各岗位薪酬状况（元/年）

（续表一）

职业大类	岗　位	下四分位值	中位值	上四分位值
专业技术人员	包装设计	101687	120362	180933
	工艺品|珠宝设计	166738	219493	333071
	摄影师	93074	113956	160034
	技术主管	116820	144774	203319
	信息技术主管	101853	119828	165503
	信息技术专员	84079	107170	149355
	项目主管	147333	186911	246001
	项目专员	98030	126720	176722
	软件 UI 工程师	116813	150508	203619
	UI 设计顾问	185931	243960	331107
	需求工程师	115527	148762	203821
	系统架构设计师	190380	231857	303332
	高级硬件工程师	185870	226784	295785
	硬件工程师	125640	150572	208707
	高级软件工程师	214117	263158	342455
	软件工程师	133160	163588	224138
	数据库工程师|管理员	101500	130080	175635
	C++软件工程师	148930	188183	249557
	Java 软件工程师	122878	147348	198455
	.net 软件工程师	113429	149528	206377
	软件测试主管	125353	168557	234808
	数据分析	92339	106825	140661
	IOS 开发工程师	146225	193149	275871
	Android 开发工程师	148546	182766	253820
	大数据工程师	145186	183903	243632
	数据库开发工程师	120692	148769	205396
	市场分析|调研人员	87018	108279	164138
	多媒体开发工程师	96757	117262	161485
	网站营运主管	110699	129748	180225

表 1-2.9.2　文化、休闲和娱乐产业专业技术人员各岗位薪酬状况（元/年）

（续表二）

职业大类	岗　位	下四分位值	中位值	上四分位值
专业技术人员	网站营运专员	65437	77938	109477
	网络工程师	96652	113283	148755
	系统管理员|网络管理员	82832	102953	151748
	网站策划	102552	121209	169743
	网站编辑|内容运营专员	81503	99072	146520
	页面设计|美工	88383	108090	159724
	信息安全工程师	120733	144233	197548
	网站维护工程师	93281	116456	155988
	搜索引擎优化工程师	111672	132858	189066
	搜索引擎营销工程师	101074	131284	183626
	前端开发工程师	130701	161974	223846
	文创产品设计师	105957	125814	187463
	旅游线路规划师	97005	120968	173742
	体育教练	99911	119056	175040

在办事人员和有关人员职业大类中，薪酬中位值最高的岗位是行政主管（10.81 万元），薪酬中位值最低的岗位是行政专员（6.20 万元），办事人员和有关人员职业大类中各岗位薪酬情况参见下表。

表 1-2.9.3　文化、休闲和娱乐产业办事人员和有关人员各岗位薪酬状况（元/年）

职业大类	岗　位	下四分位值	中位值	上四分位值
办事人员和有关人员	行政主管	86575	108114	140043
	行政专员	53863	61985	92091
	办公文员	60987	68381	96091
	部门专员	59664	70315	98817
	经理助理|秘书	68066	79241	120354
	档案资料管理员	57899	64487	92828
	前台文员	60249	67458	103520
	后勤	63155	74643	115133

在社会生产服务和生活服务人员职业大类各岗位中，薪酬中位值排名前十的岗位分别是，广告客户主管、产品主管、业务发展主管、供应商管理主管、采购主管、运营主管、商务主管、社会责任主管、销售主管，商业、服务业人员职业大类各岗位薪酬情况参见下表。

表 1–2.9.4 社会生产服务和生活服务人员各岗位薪酬状况（元/年）

职业大类	岗 位	下四分位值	中位值	上四分位值
社会生产服务和生活服务人员	后勤主任	94517	114448	157741
	保安队长	68664	80975	122139
	保安	52171	59000	90163
	司机	73252	84128	125616
	清洁工	52801	60999	104082
	采购主管	128291	154612	203040
	采购专员	91694	105644	153463
	供应商开发	101799	119424	174023
	供应商管理主管	133072	158237	207819
	供应商管理专员	80991	93067	131352
	美术指导	109346	133585	175890
	餐饮|娱乐领班	79178	90628	144378
	服务员	56543	62504	92503
	礼仪|迎宾	56937	66240	105819
	厨师	76416	90060	161208
	前厅接待	56413	65470	98169
	预定部主管	76771	94635	128021
	预定员	53622	60514	89944
	票务服务	55188	61104	88622
	客服主管（非技术）	90256	107602	141625
	投诉处理主管	86866	107574	144632
	在线客服主管	78308	92995	124678
	在线客服	60486	68057	100116
	广告客户主管	128984	167591	274111
	广告客户专员	95690	117593	215510

表 1-2.9.4　社会生产服务和生活服务人员各岗位薪酬状况（元/年）

（续表一）

职业大类	岗　位	下四分位值	中位值	上四分位值
社会生产服务和生活服务人员	文案	74464	89655	128954
	平面设计	105115	128313	180875
	销售主管	113565	137956	218987
	销售代表	78735	92226	173549
	销售助理	57911	66741	101123
	销售行政主管	111793	133565	183142
	销售行政专员	60201	67102	95269
	商务主管	114036	139282	186657
	商务专员	74920	90588	134222
	平台招商主管	94493	115562	179485
	平台招商专员	84686	104854	203510
	产品主管	135425	167004	226056
	产品专员	75258	94264	131500
	市场主管	116114	137492	183404
	市场专员	89775	111712	165355
	广告投放专员	73091	85870	124412
	网络营销主管	102296	132398	176095
	网络营销专员	86551	109270	150885
	运营主管	118933	152702	200825
	运营专员	69490	83112	122629
	新媒体运营专员	77370	94728	131602
	品牌专员	93887	113821	169504
	招投标专员	89926	115711	167103
	业务发展主管	129584	162074	223001
	业务发展专员	87957	112553	167700
	社会责任主管	115387	138183	185981
	业务分析专员	88937	110380	158830
	直播运营专员	100417	122141	171589

表 1–2.9.4　社会生产服务和生活服务人员各岗位薪酬状况（元/年）

（续表二）

职业大类	岗　位	下四分位值	中位值	上四分位值
社会生产服务和生活服务人员	短视频编导|制作	95255	121353	174854
	场馆运营主管	99509	117736	157850
	场馆运营专员	65438	76132	111603
	中控主管	87550	101611	137288
	中控员	60149	69460	114382
	消防安全员	60356	70178	100105
	环境主管	74177	90687	123218
	绿化|养护工	51686	56840	89134
	停车场管理员	46517	51092	80011
	会籍顾问	62950	73086	142254
	赛事运营专员	71343	85074	116455
	印刷工	52615	61130	97272
	晒版|拼版|装订	67192	77297	108308
	电分操作员	54470	62731	103518
	印刷排版|制版	56690	64718	99975
	数码直印|菲林输出	60543	68120	108506
	调墨技师	75487	88914	125719

10. 生活服务产业各岗位薪酬状况

“十四五”期间，北京致力推动生活性服务业品质化便利化发展，把提升生活性服务业品质作为重要民生工程，促进生活性服务业规范化、连锁化、便利化、品牌化、特色化、智能化发展。

整体而言，生活服务产业薪酬水平相对落后于其他行业，在中层及以上管理人员职业大类中，薪酬中位值最高的销售总监（39.21 万元），薪酬中位值最低的岗位是客房服务经理（10.07 万元/年），各岗位薪酬情况参见下表。

表 1–2.10.1 生活服务产业中层及以上管理人员各岗位薪酬状况（元/年）

职业大类	岗 位	下四分位值	中位值	上四分位值
中层及以上管理人员	人力资源总监	205151	304252	421162
	人力资源经理	169099	207414	284858
	招聘经理	138973	165348	224134
	行政总监	195292	273234	379999
	行政经理	114251	142931	199862
	安防经理	99982	118240	161011
	采购总监	265614	366372	535937
	采购经理	163753	209219	291294
	供应商管理经理	169130	208994	284397
	质量总监	201515	269076	368859
	质量管理经理	162980	205545	285007
	品控经理	140461	177934	254161
	行政主厨|厨师长	157058	205941	300822
	宾馆|酒店经理	133610	176943	248414
	大堂经理	85208	107885	153951
	楼面经理	91552	110380	153830
	客房服务经理	80382	100738	137475
	法务经理	163732	203986	269414
	财务总监	236174	339608	440888
	财务经理	168763	215053	299359
	会计经理	162975	194277	256549
	客服总监	184392	242916	318853
	客服经理（非技术）	123339	166339	228771
	呼叫中心客服经理	146760	174769	241835
	技术服务经理	150870	188470	266424
	广告创意|设计经理	145930	176813	242964
	平面设计经理	151183	189977	267255

表 1-2.10.1 生活服务产业中层及以上管理人员各岗位薪酬状况（元/年）

（续表一）

职业大类	岗 位	下四分位值	中位值	上四分位值
中层及以上管理人员	物流总监	205168	276712	389562
	物流经理	158144	195581	261603
	供应链总监	237000	338082	504966
	供应链经理	138477	185349	244425
	物料经理	146180	188688	259916
	仓库经理	105666	126045	167704
	冷链经理	153789	204413	272207
	销售总监	298684	392109	561811
	销售经理	170960	228298	379256
	区域销售经理	131881	159256	274323
	渠道|分销总监	224494	320650	460086
	渠道|分销经理	129978	174876	315975
	销售行政经理	132382	159305	210236
	商务经理	152484	193742	270917
	平台招商经理	163611	206126	343830
	信息技术经理	173018	223394	309774
	产品经理（IT）	202522	246261	346251
	产品总监	245956	351701	531923
	产品经理	171079	214900	302893
	市场总监	236504	328841	466120
	市场经理	166929	216932	289796
	网络营销经理	143231	188956	266829
	运营总监	272576	367804	513984
	运营经理	158820	205950	286678
	品牌经理	173570	228655	323784
	市场通路经理	162799	203208	280060

表 1–2.10.1 生活服务产业中层及以上管理人员各岗位薪酬状况（元/年）

（续表二）

职业大类	岗 位	下四分位值	中位值	上四分位值
中层及以上管理人员	活动经理	141105	179232	244011
	促销经理	129531	162287	215427
	招投标经理	180825	223119	318931
	业务发展经理	165443	220976	311801
	业务分析经理	160360	204551	273211
	加盟经理	175695	225027	309237
	选址开发经理	178389	212741	285011
	社群运营经理	139166	179681	249723
	网站营运经理	139655	175056	231673
	运维经理	151476	197295	279134
	电商运营总监	216720	311761	460360
	电商运营经理	166651	213337	303908
	4S 店经理	153745	200321	279663
	场馆运营经理	166533	201261	285774
	卖场经理	119737	152137	210402
	零售经理	118590	148200	246277
	商品经理	162512	211425	282835
	品类经理	163245	213866	293002
	商户运营经理	141815	184529	265914

在专业技术人员各岗位中，薪酬排行前十的岗位分别为高级软件工程师、系统架构设计师、UI 设计顾问、高级硬件工程师、算法工程师、IOS 开发工程师、广告创意|设计主管、数据挖掘工程师、大数据工程师，专业技术人员职业大类各岗位薪酬情况参见下表。

表 1-2.10.2　生活服务产业专业技术人员各岗位薪酬状况（元/年）

职业大类	岗　位	下四分位值	中位值	上四分位值
专业技术人员	人力资源主管	86241	106557	145044
	人力资源专员	67519	81171	113205
	招聘主管	88429	109274	141695
	招聘专员	55907	63686	94729
	质量管理主管	98410	127851	167682
	质量管理工程师|员	88600	109089	146880
	品控主管	118350	151910	211758
	品控工程师	89870	107855	145297
	来料检验工程师|员	77897	89936	121484
	检验员	64680	76944	117886
	食品检验	84926	100942	149840
	水质检测员	60855	71480	109802
	法务主管	106155	128779	175818
	法务专员	86962	108456	153235
	财务主管	96131	119267	156347
	总账主管	104503	127957	171708
	总账会计	86866	106914	157629
	会计主管	91052	108670	141687
	会计	62581	72984	103657
	出纳员	57743	66159	97703
	技术服务主管	95401	113943	150532
	技术服务工程师	88841	106121	147617
	广告创意|设计主管	145404	179097	250355
	广告创意|设计师	92768	113229	151372
	后期制作	82307	97840	148713
	动画|3D 设计	88638	109528	167461
	多媒体设计	91770	111616	158042

表 1-2.10.2　生活服务产业专业技术人员各岗位薪酬状况（元/年）

（续表一）

职业大类	岗　位	下四分位值	中位值	上四分位值
专业技术人员	包装设计	90573	114540	160370
	摄影师	88598	107499	151412
	技术主管	126073	153414	213201
	信息技术主管	102598	122288	163801
	信息技术专员	83177	99654	141928
	软件 UI 工程师	109747	139805	187220
	UI 设计顾问	161907	217745	296886
	需求工程师	100368	128712	177668
	系统架构设计师	174623	227381	312055
	高级硬件工程师	156175	210584	269491
	硬件工程师	125286	159573	223596
	高级软件工程师	193700	238275	318205
	软件工程师	114874	147974	204280
	系统工程师	113061	141040	188585
	系统测试工程师|员	79255	93673	128816
	技术文员	61305	69568	98338
	C++软件工程师	132086	164049	232056
	Java 软件工程师	111639	144951	195881
	.net 软件工程师	108974	134839	184474
	数据分析	86668	101566	133892
	IOS 开发工程师	137335	181875	257469
	Android 开发工程师	123579	156557	211581
	算法工程师	150013	189236	260190
	大数据工程师	137709	166752	227152
	数据库开发工程师	108339	130238	183816
	云计算工程师	129631	162944	216894

表 1-2.10.2　生活服务产业专业技术人员各岗位薪酬状况（元/年）

（续表二）

职业大类	岗　位	下四分位值	中位值	上四分位值
专业技术人员	数据挖掘工程师	140597	177342	233264
	产品专员（IT）	88948	105604	147663
	市场分析|调研人员	80875	103746	148954
	多媒体开发工程师	85773	110271	153070
	网站营运主管	94259	111696	150224
	网站营运专员	64453	74378	109667
	网络工程师	89745	110498	148709
	系统管理员|网络管理员	75661	91937	134169
	网站策划	89964	110879	165783
	网站编辑|内容运营专员	74497	87493	125497
	页面设计|美工	82879	98440	138752
	电商设计|美工	100669	122660	182460
	运维主管	104711	136624	186946
	运维工程师	97517	121171	179682
	前端开发工程师	110026	143956	194322
	电商运营主管	118917	146512	195602
	电商运营专员	88589	104515	147967

在办事人员和有关人员职业大类中薪酬中位值最高的岗位是行政主管（9.55 万元），薪酬中位值最低的岗位是前台文员（6.01 万元），办事人员和有关人员职业大类各岗位薪酬情况参见下表。

表 1–2.10.3 生活服务产业办事人员和有关人员各岗位薪酬状况（元/年）

职业大类	岗 位	下四分位值	中位值	上四分位值
办事人员和有关人员	行政主管	82610	95549	130817
	行政专员	60758	67462	94669
	办公文员	54338	64344	91125
	部门专员	59588	66797	101156
	经理助理|秘书	62585	71599	108222
	档案资料管理员	54117	58873	86328
	前台文员	54248	60139	87228
	后勤	61126	67222	113268

在社会生产服务和生活服务人员职业大类各岗位中，薪酬中位值最高的是产品主管（15.25 万元），薪酬中位值最低的岗位是停车场管理员（4.63 万元），社会生产服务和生活服务人员职业大类各岗位薪酬情况参见下表。

表 1–2.10.4 生活服务产业社会生产服务和生活服务人员各岗位薪酬状况（元/年）

职业大类	岗 位	下四分位值	中位值	上四分位值
社会生产服务和生活服务人员	后勤主任	89804	104265	144412
	保安队长	61738	70705	114428
	保安	49017	53393	78613
	司机	68205	76139	112403
	清洁工	48932	54489	87937
	采购主管	113570	135987	179310
	采购专员	79894	92012	135689
	供应商开发	90275	106740	155738
	供应商管理主管	119160	141075	187290
	供应商管理专员	70293	83580	124421
	餐饮|娱乐领班	70396	80369	132306

表 1–2.10.4　生活服务产业社会生产服务和生活服务人员各岗位薪酬状况（元/年）（续表一）

职业大类	岗　位	下四分位值	中位值	上四分位值
社会生产服务和生活服务人员	服务员	50875	56664	95187
	礼仪|迎宾	53317	61250	102886
	厨师	73390	83730	138775
	前厅接待	54798	60344	90909
	客房服务员|楼面服务员	52647	57623	88349
	行李员	53899	61746	93420
	清洁服务人员	51209	55868	88149
	切配	52951	59059	92582
	美容化妆顾问	71222	83336	148530
	化妆师|造型师	82717	97970	140103
	预定部主管	79593	96593	133870
	预定员	57102	65719	91133
	票务服务	58092	65215	94918
	客服主管（非技术）	77682	97960	136315
	客服专员（非技术）	55504	62201	88385
	网店客服	57154	65360	96403
	投诉专员	57607	65948	95412
	投诉处理主管	79185	94604	127355
	呼叫中心客服主管	77027	91176	127080
	在线客服主管	69589	85951	113697
	在线客服	55684	61604	89163
	文案	70307	79323	110212
	平面设计	95352	118337	180586
	物流主管	100269	117918	161638
	物流专员	66792	76082	109066
	供应链主管	108598	128626	176430

表 1-2.10.4　生活服务产业社会生产服务和生活服务人员各岗位薪酬状况（元/年）（续表二）

职业大类	岗　位	下四分位值	中位值	上四分位值
社会生产服务和生活服务人员	供应链专员	64469	74193	104301
	物料主管	80739	103423	134777
	物料专员	57879	64954	90548
	仓库主管	70894	81294	112916
	仓库管理员	56837	61821	104397
	快递员	68382	81982	139829
	调度员	64243	72438	105754
	货车司机	74936	89488	143259
	打包|配货员	54494	59088	95646
	分拣员	57115	62235	102004
	冷链专员	71314	81412	114187
	销售主管	113343	142537	234734
	销售代表	81708	96306	176057
	销售助理	54018	60956	96905
	渠道|分销主管	95229	111726	177455
	渠道|分销专员	73711	84735	164936
	销售行政主管	93199	117538	162290
	销售行政专员	54447	62833	87802
	商务主管	101268	123775	167596
	商务专员	68471	81711	119347
	平台招商主管	93835	113884	175493
	平台招商专员	90847	108659	199505
	产品主管	120817	152491	201183
	产品专员	73876	90184	125112
	市场主管	101987	120066	163370
	市场专员	84231	99525	136602

表 1-2.10.4　生活服务产业社会生产服务和生活服务人员各岗位薪酬状况（元/年）（续表三）

职业大类	岗　位	下四分位值	中位值	上四分位值
社会生产服务和生活服务人员	广告投放专员	64616	75398	110002
	网络营销主管	99189	119151	165770
	网络营销专员	82514	95741	139370
	运营主管	108052	141717	194443
	运营专员	61932	72566	98932
	新媒体运营专员	68593	85532	118439
	品牌主管	119525	148711	202613
	品牌专员	86120	101923	145045
	市场通路主管	104810	129279	174244
	市场通路专员	61134	72459	102351
	活动主管	84911	108333	149483
	活动专员	76926	89143	131214
	招投标专员	87612	111075	162389
	促销主管	82621	99037	136685
	促销督导	77376	88708	128302
	业务发展主管	115710	148089	207178
	业务发展专员	87098	99997	142400
	社会责任主管	96195	122710	162391
	业务分析专员	81069	100517	143682
	加盟专员	95403	120731	177431
	选址开发专员	87064	102641	145301
	社群运营专员	77694	95839	139055
	直播运营专员	101779	125172	180389
	短视频编导|制作	87217	105134	146449
	场馆运营主管	90286	107690	150125
	场馆运营专员	60128	67281	99563

表 1–2.10.4　生活服务产业社会生产服务和生活服务人员各岗位薪酬状况（元/年）（续表四）

职业大类	岗　位	下四分位值	中位值	上四分位值
社会生产服务和生活服务人员	中控主管	74256	89190	121432
	中控员	56199	65522	100864
	消防安全主管	80835	93199	131103
	消防安全员	54539	62048	85784
	物业维修人员（暖通）	47497	52073	86722
	物业维修人员（电气）	51988	56839	101818
	物业维修人员（弱电）	55492	62606	104731
	物业维修人员（工程）	55532	62746	108468
	环境主管	69038	82738	107612
	绿化|养护工	47987	51464	86782
	停车场管理员	43945	46343	70965
	店长	88743	104721	169317
	店员|营业员|导购	52047	57955	86399
	收银员	54085	59893	93583
	理货员|陈列员	51133	55431	87703
	督导	90452	114235	152208
	商品主管	108300	137434	189368
	商品专员	79302	99286	144200
	品类主管	106239	131760	173951
	品类专员	57924	67662	97117
	网店店长	110601	138650	189920
	商户运营主管	84892	104873	139704
	商户运营专员	62338	75843	110315
	空调工	61046	69301	112884
	电梯工	64088	74313	121346
	锅炉工	59155	66184	120200

表 1-2.10.4：生活服务产业社会生产服务和生活服务人员各岗位薪酬状况

（元/年）（续表五）

职业大类	岗 位	下四分位值	中位值	上四分位值
社会生产服务和生活服务人员	搬运工	52825	59866	106540
	安装工	58148	66498	101509
	育婴师|保育员	61473	69211	95459
	家政服务|保姆	66470	78061	121472
	护士|护理人员	68833	84045	123639

11. 房地产业各岗位薪酬状况

房地产业中层及以上管理人员各岗位中，薪酬排行前十的岗位分别为销售总监、财务总监、前期开发总监、建筑总工程师、投资总监、招商总监、运营总监、采购总监、市场总监，人力资源总监，房地产业中层及以上管理人员各岗位薪酬情况参见下表。

表 1-2.11.1　房地产业中层及以上管理人员各岗位薪酬状况（元/年）

职业大类	岗 位	下四分位值	中位值	上四分位值
中层及以上管理人员	人力资源总监	335396	469115	662092
	人力资源经理	259627	319871	430205
	招聘经理	169034	223004	320759
	绩效考核经理	167179	221549	306185
	培训经理	170066	223702	327221
	行政总监	318403	413922	572749
	行政经理	154789	190105	247543
	总经办主任	351130	468666	601185
	办公室主任	132537	176267	231449
	安防经理	112501	134165	179986
	采购总监	368253	498131	727831
	采购经理	233160	295672	405042

表 1–2.11.1　房地产业中层及以上管理人员各岗位薪酬状况（元/年）

（续表一）

职业大类	岗　位	下四分位值	中位值	上四分位值
中层及以上管理人员	供应商管理经理	210533	274622	403247
	公关经理	237697	304564	411084
	会务经理	180122	221985	304000
	法务经理	226233	277758	384121
	房地产销售经理	280778	354293	624605
	房地产项目经理	267674	369249	512023
	招商总监	240076	562066	808920
	招商经理	218244	284958	496152
	前期开发总监	477235	635127	921408
	前期开发经理	223929	312110	449667
	商场运营经理	152465	195839	275450
	财务总监	535426	745521	975462
	财务经理	292817	358565	477685
	会计经理	208193	262158	376010
	成本经理	206950	260352	363689
	投资总监	413423	576047	809600
	投资经理	247382	300079	421555
	审计总监	315713	454043	610183
	审计经理	222147	276532	391232
	资金经理	248168	305630	401681
	客服总监	292948	384253	530291
	客服经理（非技术）	182786	227009	311467
	呼叫中心客服经理	177542	228018	341794
	广告创意|设计经理	177575	228865	318915
	平面设计经理	195469	259381	350084
	工程|设备经理	233397	317960	453015

表 1–2.11.1　房地产业中层及以上管理人员各岗位薪酬状况（元/年）

（续表二）

职业大类	岗　位	下四分位值	中位值	上四分位值
中层及以上管理人员	物流经理	213362	280625	397396
	仓库经理	120306	153556	223484
	销售总监	511694	755436	1033035
	区域销售经理	177841	218869	437558
	销售行政经理	195508	243246	343617
	商务经理	193143	242032	341927
	平台招商经理	190606	253438	477119
	信息技术经理	218035	300852	443894
	建筑设计经理	326645	424130	625522
	工程造价经理	233422	292523	410259
	建筑工程管理	198952	244491	346949
	建筑工程经理	238061	331986	446354
	合约经理	167147	204297	305982
	报批报建经理	228378	288263	418572
	安全经理	198564	250252	343490
	建筑总工程师	454353	579382	812437
	项目总工	265555	357307	554005
	市场总监	369544	473044	681315
	市场经理	235799	288911	399150
	运营总监	413181	553135	763338
	运营经理	229713	310665	459981
	活动经理	192339	243344	360617
	招投标经理	246413	306484	444104
	业务分析经理	226550	307939	439775
	社群运营经理	181461	238825	353426
	网站营运经理	190310	235801	340689

表 1-2.11.1　房地产业中层及以上管理人员各岗位薪酬状况（元/年）

（续表三）

职业大类	岗　位	下四分位值	中位值	上四分位值
中层及以上管理人员	运维经理	162590	223344	315117
	物业管理经理	145950	176718	251075
	物业工程经理	153531	199467	266275
	场馆运营经理	208979	260515	355040
	商户运营经理	175812	237887	323479
	融资经理	266457	329185	442590

在专业技术人员职业大类中，薪酬中位值排行前十的岗位多为房地产专业技术岗，分别是建筑设计师、城市规划与设计师、融资主管、建筑结构工程师、景观设计师、土木|土建工程师、工程造价主管、资金主管、审计主管、工程|设备主管，专业技术人员职业大类各岗位薪酬情况参见下表。

表 1-2.11.2　房地产业专业技术人员各岗位薪酬状况（元/年）

职业大类	岗　位	下四分位值	中位值	上四分位值
专业技术人员	人力资源主管	113372	137893	177525
	人力资源专员	91187	105670	154673
	招聘主管	110189	143072	195284
	招聘专员	63728	76134	118405
	薪资福利主管	115284	137281	182632
	培训主管	132222	157283	206275
	员工关系主管	115580	142966	205580
	法务主管	172797	208809	280285
	法务专员	101791	132466	192518
	财务主管	165282	205336	296406
	总账主管	151959	191245	259355
	总账会计	99150	121618	172390

表 1–2.11.2　房地产业专业技术人员各岗位薪酬状况（元/年）（续表一）

职业大类	岗 位	下四分位值	中位值	上四分位值
专业技术人员	会计主管	111127	139010	191758
	会计	78882	92854	135645
	成本主管	113909	140844	189761
	成本会计	93906	109473	168079
	投资主管	162421	201752	263536
	投资专员	117824	142739	200363
	审计主管	185446	225841	309244
	审计专员	104004	127219	199030
	资金主管	190966	230937	318299
	资金专员	88390	103774	147863
	技术服务主管	155263	194501	279327
	技术服务工程师	116019	140960	189210
	工程|设备主管	173174	219267	283754
	工程|设备工程师	108709	139356	209162
	结构工程师	155692	207748	273215
	机电工程师	140317	174885	246102
	维修工程师	114644	141907	189784
	需求工程师	173689	210978	299355
	软件工程师	181754	218910	292160
	数据库工程师|管理员	154469	185581	264638
	数据分析	102206	124982	183643
	工程主管	174655	214565	309214
	建筑设计师	199978	266906	369390
	城市规划与设计师	202328	262729	369851
	室内外装潢设计师	167303	205270	281153
	景观设计师	184916	240514	331696
	景观工程师	115696	142260	193513

表 1-2.11.2　房地产业专业技术人员各岗位薪酬状况（元/年）（续表二）

职业大类	岗　位	下四分位值	中位值	上四分位值
专业技术人员	测绘|测量师	106869	129215	188799
	建筑制图师	116726	154065	226617
	建筑结构工程师	186340	248664	336619
	土木|土建工程师	182346	239257	350325
	电气工程师	176484	215934	314069
	给排水|暖通工程师	153084	185554	248261
	水电设计师	137318	178845	258513
	水电工程师	122335	153879	204418
	勘测工程师	177368	218377	315287
	弱电工程师	109933	139543	185278
	安装工程师	152666	186442	254796
	配套工程师	151142	187346	272823
	建筑工程验收	136250	177717	254066
	工程造价主管	177487	234609	340794
	工程造价工程师	151050	187881	271825
	工程监理	151724	201600	300022
	合同管理工程师	104405	131427	172930
	幕墙工程师	169073	204960	291672
	岩土工程师	116455	150431	201304
	安全工程师	160177	198868	262647
	设备管理工程师	120287	145669	189644
	建筑质量工程师	173696	218188	308735
	工程预决算工程师	142757	191983	265190
	土建预算主管	144698	178716	260291
	土建预算工程师	140657	173974	227786
	安装预算工程师	125272	163140	217651
	市场分析|调研人员	99090	125164	185863

表 1-2.11.2　房地产业专业技术人员各岗位薪酬状况（元/年）（续表三）

职业大类	岗　位	下四分位值	中位值	上四分位值
	多媒体开发工程师	115972	140431	198225
	网站营运专员	76532	93209	129865
	网络工程师	110191	135603	189992
	系统管理员|网络管理员	75895	93389	144204
	网站策划	99522	123447	172075
	网站编辑|内容运营专员	91440	105777	156762
	电商设计|美工	109283	133878	195134
	网站维护工程师	105773	131140	187261
	运维主管	148121	181010	238903
	运维工程师	104965	127619	187917
	电商运营专员	103846	123325	178576
	融资主管	194372	249032	334574
	融资专员	115987	147957	223213

在办事人员和有关人员职业大类中薪酬中位值最高的是行政主管（13.71 万元），薪酬中位值最低的岗位是前台文员（6.51 万元），办事人员和有关人员职业大类各岗位薪酬情况参见下表。

表 1-2.11.3　房地产业办事人员和有关人员各岗位薪酬状况（元/年）

职业大类	岗　位	下四分位值	中位值	上四分位值
办事人员和有关人员	行政主管	104219	137117	192327
	行政专员	61684	70217	101519
	办公文员	67074	76726	119305
	部门专员	66869	76715	117181
	档案资料管理员	63918	73173	115417
	前台文员	58429	65079	97791
	公关专员	92475	109670	165504

在社会生产服务和生活服务人员职业大类中，薪酬中位值排行前十的岗位分别是建筑工程主管、房地产项目主管、前期开发主管、房地产评估师、报批报建主管、运营主管、供应商管理主管、房地产销售主管、工程审计主管、采购主管，该职业大类各岗位薪酬情况参见下表。

表 1-2.11.4　房地产业社会生产服务和生活服务人员各岗位薪酬状况（元/年）

职业大类	岗　位	下四分位值	中位值	上四分位值
社会生产服务和生活服务人员	保安队长	69869	80834	123102
	保安	60910	67394	99340
	司机	83136	94341	152922
	清洁工	56552	62736	101447
	采购主管	138766	184015	268677
	采购专员	89833	110644	160752
	供应商开发	108509	137092	189105
	供应商管理主管	164372	201477	291132
	供应商管理专员	89307	106035	149787
	会务主管	104443	132426	175745
	会务专员	72613	89526	127605
	前厅接待	71839	84882	131892
	清洁服务人员	56704	62985	102254
	资质专员	75923	91578	142870
	房地产评估师	166804	211450	285991
	房地产销售主管	157168	196538	321705
	房地产销售	93768	118451	247708
	房地产销售助理	78706	88445	139520
	房地产项目主管	188872	245346	318569
	权证专员	61917	72601	106813
	招商主管	142140	174346	282318
	招商专员	98544	122910	239223
	前期开发主管	175883	218144	294222

表 1-2.11.4 房地产业社会生产服务和生活服务人员各岗位薪酬状况（元/年）

（续表一）

职业大类	岗 位	下四分位值	中位值	上四分位值
社会生产服务和生活服务人员	前期开发专员	101556	128394	183519
	商场运营主管	117358	141457	195291
	商场运营专员	76036	87583	123115
	客服主管（非技术）	110602	133082	175654
	客服专员（非技术）	69885	79582	121132
	投诉处理主管	101265	124396	163876
	呼叫中心客服主管	101764	123101	164117
	呼叫中心客服	68749	82899	122435
	在线客服主管	95153	112823	149094
	在线客服	67019	77296	108490
	文案	81323	97144	138204
	仓库管理员	61926	70286	99521
	货车司机	88134	105400	169746
	销售助理	72064	81539	120128
	电话销售主管	97388	120915	186366
	电话销售	72206	88530	253857
	销售行政主管	127210	170012	231124
	销售行政专员	63654	76894	112384
	商务主管	115046	146036	210608
	商务专员	81903	94534	129554
	平台招商主管	110117	145381	232013
	平台招商专员	89526	111594	218213
	建筑工程主管	184213	247326	339612
	工程审计主管	147170	192231	260157
	工程审计专员	95325	118447	166842
	报批报建主管	160616	206354	294809

表 1–2.11.4　房地产业社会生产服务和生活服务人员各岗位薪酬状况（元/年）

（续表二）

职业大类	岗　位	下四分位值	中位值	上四分位值
社会生产服务和生活服务人员	报批报建专员	112938	137496	203216
	市场主管	131274	170622	239115
	网络营销主管	134960	166290	223515
	网络营销专员	92767	113811	157118
	运营主管	161095	203661	274718
	运营专员	80719	92061	139803
	新媒体运营专员	89153	110392	151915
	品牌专员	90916	113848	171202
	活动主管	125575	147234	197398
	活动专员	89978	103604	148050
	招投标专员	116296	145621	208123
	社群运营专员	84463	101600	142793
	物业顾问	96491	121016	250627
	物业管理主管	106258	128400	174283
	物业设施管理人员	56701	62288	96022
	物业维修人员	64897	72503	111639
	物业工程主管	104392	129091	179776
	场馆运营主管	106073	135707	193863
	场馆运营专员	72359	90306	122604
	中控主管	100519	119880	169182
	中控员	73115	82757	120211
	消防安全主管	101662	124094	177900
	消防安全工程师	79828	92759	122793
	消防安全员	65061	76380	113325
	物业维修人员（暖通）	67803	78498	120921
	物业维修人员（电气）	69060	79228	126856

表 1-2.11.4 房地产业社会生产服务和生活服务人员各岗位薪酬状况（元/年）

（续表三）

职业大类	岗　位	下四分位值	中位值	上四分位值
社会生产服务和生活服务人员	物业维修人员（工程）	71082	78643	128000
	环境主管	87061	103804	135798
	绿化|养护工	59080	63998	104114
	停车场管理员	52463	56396	89932
	收银员	66464	73624	119258
	施工员	65157	77889	108443
	安防员	71912	79793	111968
	电工	81619	93747	146641
	空调工	73546	85647	133405
	电梯工	78069	91444	144285
	锅炉工	66706	74227	114399
	安装工	66211	75589	126836
	技工	80510	89654	138364

三、特色发展篇

根据国家和北京“十四五”规划以及产业发展，本年度报告新增了“自贸区”“城市副中心”能够反映北京建设发展的特色发展篇内容，调查分析具有北京发展特色产业的薪酬状况，引导和促进人才流动，更好推动北京经济的高质量发展。

1. 自贸区重点产业各职能岗位类型薪酬状况

《北京市国民经济和社会发展第十四个五年规划和二〇三五年远景目标纲要》明确提出，高标准高质量建设中国（北京）自由贸易试验区。突出北京科技创新、服务业开放、数字经济优势，积极探索数字贸易规则体系，抢占新一轮贸易竞争制高点。

在自贸区九大产业中，金融服务产业薪酬优势较为明显，除一线操作人员之外，在其他各岗位类型中均位居领先地位；高层管理岗位中，金融服务产业薪酬中位值最高，为73.89万元，文旅服务产业薪酬中位值最低，为42.4万元，一线操作人员中，航空服务产业、科技创新产业、健康医疗产业位居前三，薪酬中位值分别为8.47万元、8.24万元、7.99万元，见下表。

表 1–3.1　自贸区重点产业各职能岗位类型薪酬状况（元/年）

产　业	岗位类型	下四分位值	中位值	上四分位值
航空服务产业	高层管理	514310	656644	770881
	中层管理	189590	237430	323094
	初级管理	113931	134810	197394
	销售类职员	108237	128386	254464
	普通职员	75238	82582	123019
	专业/技术人员	106753	127473	203203
	一线操作人员	80831	84691	96357

表 1–3.1 自贸区重点产业各职能岗位类型薪酬状况（元/年）

（续表一）

产 业	岗位类型	下四分位值	中位值	上四分位值
健康医疗产业	高层管理	454073	628086	812933
	中层管理	204142	266752	378939
	初级管理	137172	156724	241166
	销售类职员	120866	150114	272227
	普通职员	75600	86600	123831
	专业/技术人员	106848	138922	199648
	一线操作人员	70664	79864	90002
教育服务产业	高层管理	279895	477100	555786
	中层管理	175196	226989	311596
	初级管理	104414	130652	165313
	销售类职员	107162	141159	196304
	普通职员	72316	80846	103035
	专业/技术人员	100232	130970	178740
	一线操作人员	60725	70276	88002
金融服务产业	高层管理	567806	738882	982334
	中层管理	229256	288850	458587
	初级管理	147883	175416	247920
	销售类职员	122643	161561	274741
	普通职员	89364	101873	149530
	专业/技术人员	142237	182374	255368
科技创新产业	高层管理	526097	684525	854360
	中层管理	209604	263838	395472
	初级管理	128115	151287	235315
	销售类职员	121822	157719	227184
	普通职员	84378	93488	124345
	专业/技术人员	130917	159980	222297
	一线操作人员	75947	82400	96428

表 1-3.1 自贸区重点产业各职能岗位类型薪酬状况（元/年）

（续表二）

产 业	岗位类型	下四分位值	中位值	上四分位值
商贸服务产业	高层管理	435428	559197	691522
	中层管理	183350	224801	323885
	初级管理	110498	133507	197722
	销售类职员	101910	132223	234193
	普通职员	69968	76405	104529
	专业/技术人员	94041	123053	174620
	一线操作人员	67159	72364	87166
数字经济与数字贸易产业	高层管理	536203	714153	877750
	中层管理	210043	260889	398241
	初级管理	128993	155951	242049
	销售类职员	121161	152635	280023
	普通职员	86787	97903	137206
	专业/技术人员	126616	155383	229130
	一线操作人员	68101	75657	86903
文旅服务产业	高层管理	321258	423980	565271
	中层管理	149663	180366	256097
	初级管理	87964	104661	155427
	销售类职员	83801	104330	175029
	普通职员	57277	65058	92229
	专业/技术人员	87393	113474	157625
	一线操作人员	60965	65440	73224
专业服务产业	高层管理	463111	618307	722326
	中层管理	193289	242110	339362
	初级管理	115981	141103	207006
	销售类职员	113778	146499	245606
	普通职员	70216	77751	118155
	专业/技术人员	107549	128884	192083
	一线操作人员	64435	71032	94946

2.“三城一区”薪酬状况

自2017年习近平总书记提出抓好“三城一区”建设的新要求以来，北京充分发挥创新要素集聚优势，聚焦中关村科学城，突破怀柔科学城，搞活未来科学城，提升北京经济技术开发区和顺义创新型产业集群示范区，打造优势科技创新策源地。“三城一区”以占全市31.8%的企业数量，集中了全市6成左右的研发人员和研发费用，主平台功能进一步凸显。

（1）中关村科学城主要行业各职能岗位类型薪酬状况

北京十四五规划明确提出“聚焦中关村科学城”，着力强化基础前沿布局，持续提升创新生态效能，统筹优化空间功能布局，充分发挥一流院所高校、顶尖人才集聚优势，打造充满活力与创造力的创新生态，建设科技创新出发地、原始创新策源地和自主创新主阵地，率先建成国际一流科学城。

在中关村科学城中，互联网与金融行业的高层管理、中层管理岗位薪酬中位值均位居前两位；专业/技术人员岗位中排名前三位的行业依次为金融（20.2万元）、互联网（19.12万元）、通讯/电信（18.45万元）；销售类职员薪酬中位值位居前三的行业分别是互联网（18.42万元）、专业服务（17.64万元）、电子/半导体/集成电路（17.2万元），见下表。

表1–3.2.1　中关村科学城主要行业各职能岗位类型薪酬状况（元/年）

行　业	岗位类型	下四分位值	中位值	上四分位值
电子/半导体/集成电路	高层管理	559906	700401	885218
	中层管理	221292	271979	410926
	初级管理	134930	163797	236133
	销售类职员	125603	172038	279033
	普通职员	89549	99776	142835
	专业/技术人员	139264	176892	251679
	一线操作人员	78089	84642	106508

表 1–3.2.1　中关村科学城主要行业各职能岗位类型薪酬状况（元/年）

（续表一）

行　业	岗位类型	下四分位值	中位值	上四分位值
电子商务	高层管理	618072	751359	910191
	中层管理	225414	269814	396601
	初级管理	143012	162975	246178
	销售类职员	127805	161183	303476
	普通职员	90199	99879	133541
	专业/技术人员	138284	167299	232279
	一线操作人员	71866	80163	106249
互联网	高层管理	608401	800783	1008493
	中层管理	263489	325881	455923
	初级管理	153980	163093	271687
	销售类职员	139020	184156	342205
	普通职员	94674	103761	152534
	专业/技术人员	139678	191179	262465
	一线操作人员	73638	82831	92508
计算机	高层管理	553750	672156	880856
	中层管理	191123	245523	378984
	初级管理	131154	156637	232335
	销售类职员	127355	163023	273701
	普通职员	87211	98225	141430
	专业/技术人员	125753	159793	233162
	一线操作人员	76565	81376	106315
教育/培训	高层管理	446538	621472	701665
	中层管理	195405	241315	341140
	初级管理	108251	129870	194513
	销售类职员	117200	151788	214062
	普通职员	77766	82246	114726
	专业/技术人员	114135	139193	192661
	一线操作人员	68847	74491	84082

表 1–3.2.1 中关村科学城主要行业各职能岗位类型薪酬状况（元/年）

（续表二）

行　业	岗位类型	下四分位值	中位值	上四分位值
金融	高层管理	550900	770671	1075551
	中层管理	237326	301649	511120
	初级管理	160801	180614	259680
	销售类职员	140637	170847	306935
	普通职员	96253	102569	155134
	专业/技术人员	147098	201999	266804
贸易/进出口	高层管理	454577	594054	720619
	中层管理	187005	236661	336784
	初级管理	116468	138026	219369
	销售类职员	108598	143898	233951
	普通职员	70583	80220	125035
	专业/技术人员	98119	128431	187632
	一线操作人员	68812	74295	95988
软件外包	高层管理	513591	657277	867186
	中层管理	218881	275585	425515
	初级管理	129450	159211	234492
	销售类职员	119425	153095	265760
	普通职员	85510	93990	134271
	专业/技术人员	133204	164465	242473
	一线操作人员	78789	85887	109032
商业房地产	高层管理	518480	636463	820608
	中层管理	226040	274702	390453
	初级管理	135481	158010	235669
	销售类职员	118022	149213	257963
	普通职员	78286	89419	126996
	专业/技术人员	130803	165175	215385
	一线操作人员	76228	80753	98057

表 1–3.2.1　中关村科学城主要行业各职能岗位类型薪酬状况（元/年）

（续表三）

行　业	岗位类型	下四分位值	中位值	上四分位值
生物/医药	高层管理	582865	734011	941333
	中层管理	216457	283453	413682
	初级管理	139117	159679	253028
	销售类职员	130312	169044	307525
	普通职员	88580	96905	148394
	专业/技术人员	130848	172958	229727
	一线操作人员	78650	85169	111209
通讯/电信	高层管理	623342	716220	873625
	中层管理	238090	294634	433386
	初级管理	136672	159775	254326
	销售类职员	144598	169381	327029
	普通职员	86567	103832	139690
	专业/技术人员	142653	184527	230265
	一线操作人员	73218	82875	102054
物业管理	高层管理	398898	495197	660537
	中层管理	166564	208253	296800
	初级管理	112965	130739	185778
	销售类职员	108528	131615	226706
	普通职员	72790	80131	110611
	专业/技术人员	103586	132448	179940
	一线操作人员	68212	75673	96208
医疗设备/器械	高层管理	413213	595918	733596
	中层管理	183566	228193	373391
	初级管理	124037	147271	212206
	销售类职员	103671	141760	256239
	普通职员	87737	97201	129298
	专业/技术人员	116813	141533	204259
	一线操作人员	72966	83101	103359

表 1–3.2.1　中关村科学城主要行业各职能岗位类型薪酬状况（元/年）

（续表四）

行　业	岗位类型	下四分位值	中位值	上四分位值
专业服务	高层管理	498198	672316	796898
	中层管理	203177	237176	372968
	初级管理	132839	158596	215840
	销售类职员	119653	176375	254704
	普通职员	74157	81917	122930
	专业/技术人员	116572	148684	217104
	一线操作人员	66900	74876	100883

（2）怀柔科学城主要行业各职能岗位类型薪酬状况

北京“十四五”规划明确提出，突破怀柔科学城，以支撑北京怀柔综合性国家科学中心建设为核心，体系化布局一批设施平台、创新主体，加快形成战略性创新突破，培育创新创业生态，建成与国家战略需要相匹配的世界级原始创新承载区。

在怀柔科学城十个主要行业中，高层管理岗位中电子/半导体/集成电路行业薪酬中位值最高（57.19 万元），建筑工程行业最低（35.87 万元）；中层管理与初级管理、专业/技术人员及销售类职员中，生物/医药行业及电子/半导体/集成电路行业薪酬中位值均位居前两位；一线操作人员中，各行业薪酬差距不大，交通/运输/物流行业薪酬中位值最高，为 6.65 万元，见下表。

表 1–3.2.2　怀柔科学城主要行业各职能岗位类型薪酬状况（元/年）

行　业	岗位类型	下四分位值	中位值	上四分位值
电子/半导体/集成电路	高层管理	455925	571930	747870
	中层管理	163490	207897	331614
	初级管理	101644	121492	187592
	专业/技术人员	90164	110808	192907
	普通职员	66292	74054	108280
	销售类职员	102549	118676	226130
	一线操作人员	57870	63895	83893

表 1–3.2.2 怀柔科学城主要行业各职能岗位类型薪酬状况（元/年）

（续表一）

行 业	岗位类型	下四分位值	中位值	上四分位值
机械设备制造	高层管理	335720	427673	568407
	中层管理	142015	172599	259418
	初级管理	90441	110666	183362
	专业/技术人员	79369	101399	170056
	普通职员	61656	68653	114091
	销售类职员	89664	115909	204554
	一线操作人员	60205	65039	79757
计算机	高层管理	391198	527738	760122
	中层管理	155626	202252	333516
	初级管理	92702	115964	195000
	专业/技术人员	85886	107197	185930
	普通职员	58842	68242	106660
	销售类职员	90789	117756	207237
	一线操作人员	54007	62407	78479
建筑工程	高层管理	252427	358706	476505
	中层管理	122362	148638	232892
	初级管理	78506	90543	154142
	专业/技术人员	71943	91255	144287
	普通职员	60632	62822	92117
	销售类职员	76307	99995	181139
	一线操作人员	50676	57156	68493
交通/运输/物流	高层管理	426313	527658	665939
	中层管理	152270	192363	329225
	初级管理	90161	107631	183114
	专业/技术人员	80177	99834	154092
	普通职员	66275	71001	103323
	销售类职员	88210	110292	216169
	一线操作人员	58972	66487	91735

表 1–3.2.2　怀柔科学城主要行业各职能岗位类型薪酬状况（元/年）

（续表二）

行　业	岗位类型	下四分位值	中位值	上四分位值
快速消费品	高层管理	331460	400115	564706
	中层管理	130390	173148	270436
	初级管理	88759	103051	168607
	专业/技术人员	72817	93321	153000
	普通职员	65006	69428	103977
	销售类职员	83856	108217	205344
	一线操作人员	55646	58825	80047
汽车及零配件	高层管理	299679	397284	505710
	中层管理	123689	166180	276670
	初级管理	79182	94105	165139
	专业/技术人员	67478	90439	144212
	普通职员	62134	65084	94014
	销售类职员	77325	97463	188187
	一线操作人员	57952	63276	79699
生物/医药	高层管理	416409	571582	773183
	中层管理	179200	221189	358776
	初级管理	109679	123372	194066
	专业/技术人员	94630	118270	181850
	普通职员	67942	74189	116588
	销售类职员	107747	135997	245850
	一线操作人员	57253	63341	88168
医疗设备/器械	高层管理	338317	445154	633415
	中层管理	140292	170404	283957
	初级管理	89040	109714	171957
	专业/技术人员	78179	99412	156034
	普通职员	66451	76744	107247
	销售类职员	91418	112773	202296
	一线操作人员	52150	61017	77838

表 1-3.2.2 怀柔科学城主要行业各职能岗位类型薪酬状况（元/年）

（续表三）

行 业	岗位类型	下四分位值	中位值	上四分位值
仪器仪表/自动化	高层管理	334474	435106	578495
	中层管理	133755	170085	297687
	初级管理	86511	100837	159401
	专业/技术人员	80110	100823	159680
	普通职员	63878	71782	101372
	销售类职员	89721	111189	196934
	一线操作人员	60202	63987	86101

（3）未来科学城主要行业各职能岗位类型薪酬状况

北京“十四五”规划明确提出“搞活未来科学城”，加快重点领域技术创新突破，全面深化与央企央校联动合作依托“两谷一园”，积极营造“龙头企业+中小创新企业+公共服务平台+高校”的创新生态，建成全球领先的技术创新高地、协同创新先行区、创新创业示范城。

在未来科学城重点发展的七个主要行业中，互联网、电子/半导体/集成电路、通讯/电信三个行业管理岗位薪酬具明显优势，高层管理、中层管理、初级管理岗位薪酬中位值均位居前三；专业/技术人员中，通讯/电信行业薪酬中位值最高（14.82 万元），其次是互联网及计算机行业；销售类职员及普通职员中，互联网行业薪酬中位值均排名第一，薪酬中位值分别为 13.54 万元、9.56 万元；一线操作人员中，各行业之间薪酬差距不大，见下表。

表 1-3.2.3 未来科学城主要行业各职能岗位类型薪酬状况（元/年）

行 业	岗位类型	下四分位值	中位值	上四分位值
仪器仪表/自动化	高层管理	402506	535604	616327
	中层管理	158333	204294	296413
	初级管理	98725	117206	183108
	专业/技术人员	84107	109564	187266
	普通职员	69786	79756	113060
	销售类职员	96143	121751	207619
	一线操作人员	70689	75566	94196

表 1-3.2.3　未来科学城主要行业各职能岗位类型薪酬状况（元/年）

（续表一）

行　业	岗位类型	下四分位值	中位值	上四分位值
通讯/电信	高层管理	507196	643255	799574
	中层管理	212701	258020	370687
	初级管理	116063	139356	206339
	专业/技术人员	116567	148270	218716
	普通职员	82166	90362	125442
	销售类职员	114047	133783	270590
	一线操作人员	76633	80554	97143
生物/医药	高层管理	435415	585518	649426
	中层管理	168027	216825	341916
	初级管理	91864	122254	196959
	专业/技术人员	89960	111873	202934
	普通职员	76915	85007	123914
	销售类职员	95342	124430	210519
	一线操作人员	61458	65650	88779
能源/化工/矿产	高层管理	448172	585973	650526
	中层管理	182458	227542	351792
	初级管理	101005	126345	189040
	专业/技术人员	94844	121929	197370
	普通职员	66440	77486	115491
	销售类职员	99157	119348	223914
	一线操作人员	63632	73565	84915
计算机	高层管理	528138	620608	765481
	中层管理	184091	246182	360592
	初级管理	109609	131147	205994
	专业/技术人员	98800	123171	213404
	普通职员	71578	79959	118533
	销售类职员	111661	132268	239046
	一线操作人员	66600	71478	95115

表 1–3.2.3　未来科学城主要行业各职能岗位类型薪酬状况（元/年）

（续表二）

行　业	岗位类型	下四分位值	中位值	上四分位值
互联网	高层管理	575286	694853	867584
	中层管理	219316	275381	394178
	初级管理	125263	158058	224301
	专业/技术人员	103322	134926	244155
	普通职员	84559	95598	139598
	销售类职员	112816	135430	251699
	一线操作人员	70064	77422	106748
电子/半导体/集成电路	高层管理	497833	648854	795467
	中层管理	198217	246277	365508
	初级管理	121362	142917	211174
	专业/技术人员	97445	122851	219474
	普通职员	76318	87168	120438
	销售类职员	103626	131091	231431
	一线操作人员	68259	76631	98308

（4）经济技术开发区主要行业各职能岗位类型薪酬状况

北京经济技术开发区作为北京市唯一一个国家级经济技术开发区，也是“三城一区”中最早成立的经济产业片区，历经多年发展，已形成新一代信息技术、高端汽车和新能源智能汽车、生物技术和大健康、机器人和智能制造四大主导产业。

在经济技术开发区主要行业中，互联网、通讯/电信、电子商务、电子/半导体/集成电路等高科技行业薪酬具备较强竞争力，在各岗位类型中均处于第一梯队；销售类职员中生物/医药行业位居第一，为 15.17 万元；一线操作人员中电子/半导体/集成电路行业薪酬中位值最高（8.38 万元），教育/培训行业最低（6.98 万元），下见表。

表 1–3.2.4 经济技术开发区主要行业各职能岗位类型薪酬状况（元/年）

行 业	岗位类型	下四分位值	中位值	上四分位值
电子/半导体/集成电路	高层管理	511398	666048	789782
	中层管理	205020	262632	367696
	初级管理	127665	149299	205813
	专业/技术人员	100690	137601	208468
	普通职员	74742	88047	111886
	销售类职员	120876	145672	241118
	一线操作人员	80394	83766	100306
电子商务	高层管理	495972	665732	845642
	中层管理	214492	278519	370560
	初级管理	135493	151500	220932
	专业/技术人员	101197	149276	207167
	普通职员	77646	96900	126281
	销售类职员	115216	145080	266003
	一线操作人员	79959	83169	98979
互联网	高层管理	541264	714707	861319
	中层管理	219145	275082	362956
	初级管理	129918	163287	231896
	专业/技术人员	114637	163080	224138
	普通职员	85509	96231	128197
	销售类职员	126323	150239	258867
	一线操作人员	67339	81047	88119
机械设备制造	高层管理	422915	523406	657449
	中层管理	165481	210246	287378
	初级管理	114955	129336	173460
	专业/技术人员	96896	121902	195452
	普通职员	75269	85511	107957
	销售类职员	101561	126163	213296
	一线操作人员	72890	77198	89919

表 1-3.2.4　经济技术开发区主要行业各职能岗位类型薪酬状况（元/年）

（续表一）

行　业	岗位类型	下四分位值	中位值	上四分位值
计算机	高层管理	541823	649979	801848
	中层管理	198107	249610	366550
	初级管理	123592	137618	206533
	专业/技术人员	103357	141812	197525
	普通职员	79853	87655	112733
	销售类职员	117467	142440	250344
	一线操作人员	74026	81280	100720
交通/运输/物流	高层管理	456321	515502	634114
	中层管理	162361	174698	315724
	初级管理	93503	111968	176518
	专业/技术人员	94110	121323	195980
	普通职员	74861	88763	124973
	销售类职员	73238	99058	156681
	一线操作人员	72386	82295	96287
教育/培训	高层管理	436659	570358	644962
	中层管理	154843	200007	296696
	初级管理	98555	119713	158440
	专业/技术人员	82754	112667	173573
	普通职员	75331	82365	102000
	销售类职员	103134	129031	199052
	一线操作人员	63511	69837	71197
快速消费品	高层管理	369787	496688	613496
	中层管理	171576	212736	286789
	初级管理	107898	128552	172779
	专业/技术人员	90188	111783	176836
	普通职员	74818	84196	108367
	销售类职员	103484	122069	233620
	一线操作人员	74756	80012	85690

表 1-3.2.4　经济技术开发区主要行业各职能岗位类型薪酬状况（元/年）

（续表二）

行　业	岗位类型	下四分位值	中位值	上四分位值
贸易/进出口	高层管理	387742	525450	695592
	中层管理	173970	216896	325353
	初级管理	99350	123523	168166
	专业/技术人员	82710	109015	165272
	普通职员	72375	79961	107508
	销售类职员	97359	124800	211911
	一线操作人员	69291	76377	85760
汽车及零配件	高层管理	355179	494433	627819
	中层管理	159194	196573	296789
	初级管理	100146	119740	151104
	专业/技术人员	85707	114525	180608
	普通职员	62781	71866	100488
	销售类职员	99366	121062	215231
	一线操作人员	67333	77259	91046
生物/医药	高层管理	496096	675276	899685
	中层管理	199227	255496	383744
	初级管理	127558	143897	199496
	专业/技术人员	106057	132870	208948
	普通职员	81424	90082	116861
	销售类职员	118472	151654	259985
	一线操作人员	73301	83638	100475
通讯/电信	高层管理	547959	697542	917040
	中层管理	233680	286303	435171
	初级管理	131003	154689	220421
	专业/技术人员	109376	140840	218347
	普通职员	79201	91096	128810
	销售类职员	121275	147373	253423
	一线操作人员	81674	81838	102950

表 1-3.2.4　经济技术开发区主要行业各职能岗位类型薪酬状况（元/年）

（续表三）

行业	岗位类型	下四分位值	中位值	上四分位值
医疗设备/器械	高层管理	465802	584871	656134
	中层管理	176999	211982	300137
	初级管理	103499	126391	188058
	专业/技术人员	92862	114024	183129
	普通职员	82567	89482	110759
	销售类职员	104089	130756	227505
	一线操作人员	71846	77260	85977
仪器仪表/自动化	高层管理	410783	527965	665387
	中层管理	172419	204242	307404
	初级管理	97675	116979	177504
	专业/技术人员	97899	125794	180638
	普通职员	77842	87397	114903
	销售类职员	101014	120744	206224
	一线操作人员	71389	80972	92566
专业服务	高层管理	486638	628290	758799
	中层管理	189648	231993	343496
	初级管理	119804	140237	193157
	专业/技术人员	97053	125886	203372
	普通职员	72384	80472	108767
	销售类职员	107040	134496	231418
	一线操作人员	68967	74657	80067

3. 城市副中心重点行业各职能岗位类型薪酬状况

北京“十四五”规划提出高水平建设城市副中心，坚持世界眼光、国际标准、中国特色、高点定位，努力创造经得住历史检验的“城市副中心质量”，形成绿色发展新优势，成为北京发展新高地，打造融入新发展格局的重要支点、京津冀协同发展桥头堡和国家绿色发展示范区。

在城市副中心重点行业中，金融、电子商务、专业服务行业薪酬优势较为明显，在各岗位类型中均具备较强竞争力；在专业/技术人员中，金融、电子商务、文化创意行业薪酬中位值位居前三；一线操作人员中，电子商务行业薪酬中位值最高，为7.55万元，见下表。

表1-3.3 城市副中心重点行业各职能岗位类型薪酬状况（元/年）

行业	岗位类型	下四分位值	中位值	上四分位值
金融	高层管理	557523	704224	942152
	中层管理	225002	271634	455449
	初级管理	148823	166641	227249
	销售类职员	108271	155079	211934
	普通职员	89643	101827	142582
	专业/技术人员	142627	180135	236010
	一线操作人员	70598	73503	95347
专业服务	高层管理	467675	606543	722785
	中层管理	193114	226771	338657
	初级管理	111550	149559	201439
	销售类职员	112861	141531	193506
	普通职员	69852	76656	103144
	专业/技术人员	106595	138855	191160
	一线操作人员	66599	69347	93595
电子商务	高层管理	526859	662393	846024
	中层管理	201331	258972	386048
	初级管理	127602	148737	203472
	销售类职员	118712	143895	204571
	普通职员	86432	97997	125982
	专业/技术人员	122715	148144	216358
	一线操作人员	70860	75512	98075

表 1–3.3　城市副中心重点行业各职能岗位类型薪酬状况（元/年）

（续表一）

行　业	岗位类型	下四分位值	中位值	上四分位值
文化创意	高层管理	412001	499689	662094
	中层管理	202449	228274	294162
	初级管理	114490	134315	180555
	销售类职员	100549	113819	151625
	普通职员	68784	76515	100373
	专业/技术人员	119681	149888	202004
	一线操作人员	63303	68759	91185
餐饮/酒店/旅游	高层管理	303913	394494	509997
	中层管理	117314	173152	226521
	初级管理	92248	102847	138100
	销售类职员	87946	96804	125880
	普通职员	55618	67968	89477
	专业/技术人员	91075	109940	146285
	一线操作人员	57544	64891	84900

四、区域篇

1. 不同功能区域主要行业薪酬状况

随着北京的城市发展从集聚资源求增长向疏解功能谋发展转变，首都各区域向质量型和内涵型转变，不同区域承载功能不一，区内行业也各具特点，各行业薪酬水平存在一定差异，通过横向对比各功能区行业薪酬水平状况，可以优化资源配置，引导人员合理流动。

（1）首都功能核心区主要行业薪酬状况

首都功能核心区包括东城区和西城区两个行政区是全国政治中心、文化中心和国际交往中心的核心承载区，是历史文化名城保护的重点地区，是展示国家首都形象的重要窗口地区，见下表。

表 1–4.1.1　首都功能核心区主要行业薪酬价位概况（元/年）

行　业	下四分位值	中位值	上四分位值
批发和零售业	80600	102731	170621
交通运输、仓储和邮政业	74547	97690	128991
住宿和餐饮业	57942	85401	101700
信息传输、软件和信息技术服务业	119415	192994	271381
金融业	198495	306748	475863
房地产业	85534	132906	195313
租赁和商务服务业	75209	98175	128638
科学研究和技术服务业	92109	149306	217531
居民服务、修理和其他服务业	68791	100109	122855
教育	93667	126973	201224
文化、体育和娱乐业	89644	129157	186431
电力、热力、燃气及水生产和供应业	137092	168207	181297

（2）城市功能拓展区主要行业薪酬状况

城市功能拓展区包括朝阳、海淀、丰台、石景山四个行政区，是面向全国和世界的外向型经济服务功能，推进生产者创新的重要基地，是国家高新技术产业基地，国内外知名的高等教育和科研机构聚集区，著名的旅游、文化、体育活动区，也是中国与世界联系的重要节点，见下表。

表 1–4.1.2　城市功能拓展区主要行业薪酬价位概况（元/年）

行　业	下四分位值	中位值	上四分位值
制造业	78609	117335	176889
电力、热力、燃气及水生产和供应业	121245	183292	206563
建筑业	87543	129792	169581
批发和零售业	77989	101303	159635
交通运输、仓储和邮政业	69314	100037	121518
住宿和餐饮业	53063	78286	98111
信息传输、软件和信息技术服务业	111152	197107	283912
金融业	210375	327539	519726
房地产业	80287	128239	190375
租赁和商务服务业	72011	93577	123392
科学研究和技术服务业	83735	155401	232978
水利、环境和公共设施管理业	108859	148756	174152
居民服务、修理和其他服务业	62713	91603	113623
教育	87199	113714	182944
文化、体育和娱乐业	87857	119295	187695

（3）城市发展新区主要行业薪酬状况

城市发展新区包括通州、顺义、大兴、昌平、房山五个行政区和亦庄开发区，是北京发展高新技术产业、现代制造业和现代农业的主要载体，是北京疏散城市中心区产业与人口的重要区域，也是未来北京城市发展的重心所在，见下表。

表 1–4.1.3 城市发展新区主要行业薪酬价位概况（元/年）

行 业	下四分位值	中位值	上四分位值
制造业	73138	109592	161044
电力、热力、燃气及水生产和供应业	103481	117833	137144
建筑业	84798	120930	155545
批发和零售业	67199	84982	129736
交通运输、仓储和邮政业	63430	84558	108310
住宿和餐饮业	48721	72687	87301
租赁和商务服务业	63039	84844	113998
科学研究和技术服务业	79003	139925	199194
居民服务、修理和其他服务业	58958	77820	101677
教育	67725	101476	161802
文化、体育和娱乐业	62984	99697	142990
信息传输、软件和信息技术服务业	107835	161938	237771
金融业	181552	289413	430062
房地产业	71695	111104	173211
农、林、牧、渔业	60391	84054	110588

（4）生态涵养发展区主要行业薪酬状况

北京市生态涵养发展区包括门头沟、平谷、怀柔、密云、延庆五个行政区，是首都生态屏障和重要资源保证地，是构建全市城乡一体化发展的重点地区，也是产业结构优化调整的重要区域，见下表。

表 1–4.1.4 生态涵养发展区主要行业薪酬价位概况（元/年）

行 业	下四分位值	中位值	上四分位值
制造业	62885	85637	140937
建筑业	69412	111570	141560
批发和零售业	55436	72310	109937
交通运输、仓储和邮政业	58244	74224	100173
住宿和餐饮业	44638	62700	67783

表 1–4.1.4　生态涵养发展区主要行业薪酬价位概况（元/年）（续表一）

行　业	下四分位值	中位值	上四分位值
科学研究和技术服务业	64932	124874	178029
居民服务、修理和其他服务业	50228	68143	81571
教育	62369	84503	124241
文化、体育和娱乐业	58065	80198	123767
租赁和商务服务业	58150	74764	100896
农、林、牧、渔业	51203	55164	86214
电力、热力、燃气及水生产和供应业	107895	118872	153105

2. 不同行政区域主要行业分职业大类薪酬状况

（1）东城区主要行业职业大类薪酬状况

在东城区中层及以上管理人员职业大类中，薪酬中位值排名前五的行业分别是金融业、文化、体育和娱乐业、信息传输、软件和信息技术服务业、教育、房地产；在专业技术人员职业大类中，信息传输、软件和信息技术服务业、金融业、房地产业薪酬中位值位居前三，主要行业不同职业大类的薪酬情况参见下表。

表 1–4.2.1　东城区主要行业职业大类薪酬状况（元/年）

行　业	职业大类	下四分位值	中位值	上分位值
批发和零售业	中层及以上管理人员	158928	226827	441757
	专业技术人员	86952	133792	191278
	办事人员和有关人员	63873	98372	143859
	社会生产服务和生活服务人员	83532	108463	148558
	生产制造及有关人员	56561	65361	99562
交通运输、仓储和邮政业	中层及以上管理人员	156416	241255	417098
	专业技术人员	99197	139809	234400
	办事人员和有关人员	60801	73628	123330
	社会生产服务和生活服务人员	76059	105007	161412
	生产制造及有关人员	53588	60257	97421

表 1–4.2.1　东城区主要行业职业大类薪酬状况（元/年）（续表一）

行　业	职业大类	下四分位值	中位值	上分位值
住宿和餐饮业	中层及以上管理人员	147927	200828	338075
	专业技术人员	92094	103738	149780
	办事人员和有关人员	52359	82620	114497
	社会生产服务和生活服务人员	73149	91120	142098
信息传输、软件和信息技术服务业	中层及以上管理人员	185963	302400	521870
	专业技术人员	124051	170925	289200
	办事人员和有关人员	69590	101477	147819
	社会生产服务和生活服务人员	96538	137312	237725
金融业	中层及以上管理人员	201497	344724	558324
	专业技术人员	120805	166694	257460
	办事人员和有关人员	74612	106636	188916
	社会生产服务和生活服务人员	94944	139599	258815
房地产业	中层及以上管理人员	177082	291663	494473
	专业技术人员	113334	158424	272274
	办事人员和有关人员	60860	84413	126200
	社会生产服务和生活服务人员	84242	112809	189907
	生产制造及有关人员	64696	82629	139138
租赁和商务服务业	中层及以上管理人员	136709	231746	456394
	专业技术人员	92776	112860	176081
	办事人员和有关人员	56924	82459	120195
	社会生产服务和生活服务人员	75459	93589	150712
科学研究和技术服务业	中层及以上管理人员	196874	282828	533037
	专业技术人员	105404	148023	270080
	办事人员和有关人员	63199	83013	144846
	社会生产服务和生活服务人员	95088	126127	195126

表 1-4.2.1　东城区主要行业职业大类薪酬状况（元/年）（续表二）

行　业	职业大类	下四分位值	中位值	上分位值
居民服务、修理和其他服务业	中层及以上管理人员	161459	268265	439641
	专业技术人员	95628	126418	181202
	办事人员和有关人员	61200	78705	121088
	社会生产服务和生活服务人员	87303	108939	171273
教育	中层及以上管理人员	186054	298623	596722
	专业技术人员	103514	149643	244338
	办事人员和有关人员	71248	107195	179725
	社会生产服务和生活服务人员	96786	140496	227815
文化、体育和娱乐业	中层及以上管理人员	230808	324906	496927
	专业技术人员	116859	146246	199972
	办事人员和有关人员	78290	107338	147033
	社会生产服务和生活服务人员	98600	125033	186340
	生产制造及有关人员	47904	64350	90322

（2）西城区主要行业职业大类薪酬状况

西城区企业中，中层及以上管理人员、生产制造及有关人员及办事人员和有关人员职业大类中，电力、热力、燃气及水生产和供应业的薪酬中位值位居第一；专业技术人员职业大类中，信息传输、软件和信息技术服务业的薪酬中位值最高；社会生产服务和生活职业大类中，金融业最高。主要行业不同职业大类的薪酬情况参见下表。

表 1-4.2.2　西城区主要行业职业大类薪酬状况（元/年）

行　业	职业大类	下四分位值	中位值	上分位值
电力、热力、燃气及水生产和供应业	中层及以上管理人员	258680	377221	493449
	专业技术人员	150700	167469	195368
	办事人员和有关人员	145714	160511	202244
	社会生产服务和生活服务人员	86277	97825	141612
	生产制造及有关人员	138551	141725	162100

表 1-4.2.2　西城区主要行业职业大类薪酬状况（元/年）（续表一）

行业	职业大类	下四分位值	中位值	上分位值
批发和零售业	中层及以上管理人员	136085	219089	414901
	专业技术人员	86161	135949	192857
	办事人员和有关人员	67313	91901	124150
	社会生产服务和生活服务人员	72324	115065	167300
	生产制造及有关人员	52880	63594	103992
交通运输、仓储和邮政业	中层及以上管理人员	137120	238863	427114
	专业技术人员	93396	131341	222278
	办事人员和有关人员	58008	75113	105808
	社会生产服务和生活服务人员	69674	98031	153746
	生产制造及有关人员	54637	61998	107160
住宿和餐饮业	中层及以上管理人员	148259	188079	336322
	专业技术人员	84357	106132	136045
	办事人员和有关人员	58066	79200	124629
	社会生产服务和生活服务人员	73645	90299	144681
信息传输、软件和信息技术服务业	中层及以上管理人员	203481	330346	546337
	专业技术人员	119482	173088	272723
	办事人员和有关人员	69185	100258	163407
	社会生产服务和生活服务人员	105065	139156	218609
金融业	中层及以上管理人员	209906	375770	651495
	专业技术人员	116539	155357	266462
	办事人员和有关人员	77497	105225	175478
	社会生产服务和生活服务人员	95092	139351	253202
房地产业	中层及以上管理人员	175918	304932	572035
	专业技术人员	112817	146742	237068
	办事人员和有关人员	72960	92851	142790
	社会生产服务和生活服务人员	87941	113112	177881
	生产制造及有关人员	60546	80954	130637

表 1–4.2.2　西城区主要行业职业大类薪酬状况（元/年）（续表二）

行　业	职业大类	下四分位值	中位值	上分位值
租赁和商务服务业	中层及以上管理人员	155732	248456	453318
	专业技术人员	99301	120723	195696
	办事人员和有关人员	60732	79990	131592
	社会生产服务和生活服务人员	75471	96846	160905
科学研究和技术服务业	中层及以上管理人员	166488	266645	492671
	专业技术人员	101306	147419	267279
	办事人员和有关人员	58395	86991	134880
	社会生产服务和生活服务人员	81660	123866	171714
居民服务、修理和其他服务业	中层及以上管理人员	161783	256109	412219
	专业技术人员	86148	118255	164434
	办事人员和有关人员	73421	82936	121314
	社会生产服务和生活服务人员	76560	102972	152549
教育	中层及以上管理人员	155330	266378	513173
	专业技术人员	92434	157541	249080
	办事人员和有关人员	63619	97426	155530
	社会生产服务和生活服务人员	93785	118789	191470
文化、体育和娱乐业	中层及以上管理人员	179697	289547	452626
	专业技术人员	109159	141790	185162
	办事人员和有关人员	60928	94014	127500
	社会生产服务和生活服务人员	92889	117962	179122
	生产制造及有关人员	55562	66550	93004

（3）朝阳区主要行业职业大类薪酬状况

在朝阳区企业中，中层及以上管理人员职业大类的薪酬中位值整体最高，其中金融业薪酬中位值为 37.66 万元，专业技术人员大类中薪酬中位值排名前五的行业分别是电力、热力、燃气及水生产和供应业、金融业、信息传输、软件和信息技术服务业、科学研究和技术服务业、房地产业。主要行业不同职业大类的薪酬情况参见下表。

表 1–4.2.3　朝阳区主要行业职业大类薪酬状况（元/年）

行　业	职业大类	下四分位值	中位值	上分位值
制造业	中层及以上管理人员	180225	296354	506504
	专业技术人员	112993	147195	250200
	办事人员和有关人员	71035	95290	130656
	社会生产服务和生活服务人员	85346	119701	196032
	生产制造及有关人员	73481	91936	144272
电力、热力、燃气及水生产和供应业	中层及以上管理人员	246462	333100	521099
	专业技术人员	166436	187924	252011
	办事人员和有关人员	155342	168643	230275
	社会生产服务和生活服务人员	123495	142866	157030
	生产制造及有关人员	137488	140321	154207
建筑业	中层及以上管理人员	170040	260701	485223
	专业技术人员	96000	133295	247183
	办事人员和有关人员	64874	89205	145684
	社会生产服务和生活服务人员	74270	115951	176891
	生产制造及有关人员	56529	75173	126094
批发和零售业	中层及以上管理人员	156460	232135	450230
	专业技术人员	100200	129488	205869
	办事人员和有关人员	74275	100444	154437
	社会生产服务和生活服务人员	85349	105146	166467
	生产制造及有关人员	53911	68825	108885
交通运输、仓储和邮政业	中层及以上管理人员	144000	249699	442809
	专业技术人员	104500	132569	225831
	办事人员和有关人员	63920	79261	116242
	社会生产服务和生活服务人员	72230	104140	167233
	生产制造及有关人员	55975	61066	111482
住宿和餐饮业	中层及以上管理人员	164508	205272	338252
	专业技术人员	98146	109191	152407
	办事人员和有关人员	60883	90009	139354
	社会生产服务和生活服务人员	75973	95091	160288

表 1-4.2.3　朝阳区主要行业职业大类薪酬状况（元/年）（续表一）

行　业	职业大类	下四分位值	中位值	上分位值
信息传输、软件和信息技术服务业	中层及以上管理人员	192991	323730	575504
	专业技术人员	123944	182078	326708
	办事人员和有关人员	65213	101400	172908
	社会生产服务和生活服务人员	114046	157020	256143
金融业	中层及以上管理人员	226430	376564	672084
	专业技术人员	119749	186390	280930
	办事人员和有关人员	82423	115921	197184
	社会生产服务和生活服务人员	106477	144362	271517
房地产业	中层及以上管理人员	180641	317775	616025
	专业技术人员	110802	160496	259911
	办事人员和有关人员	62178	84116	127089
	社会生产服务和生活服务人员	80853	119070	190752
	生产制造及有关人员	65110	84069	114373
租赁和商务服务业	中层及以上管理人员	155523	276941	535310
	专业技术人员	94329	127687	215727
	办事人员和有关人员	59343	88120	142398
	社会生产服务和生活服务人员	79050	105492	165043
科学研究和技术服务业	中层及以上管理人员	180712	280927	474468
	专业技术人员	113795	170033	255779
	办事人员和有关人员	62959	82202	137980
	社会生产服务和生活服务人员	99749	126067	205223
水利、环境和公共设施管理业	中层及以上管理人员	203336	315147	431671
	专业技术人员	111500	132631	171371
	办事人员和有关人员	89938	124944	179034
	社会生产服务和生活服务人员	76150	79124	87713
	生产制造及有关人员	105029	140165	154417

表 1-4.2.3　朝阳区主要行业职业大类薪酬状况（元/年）（续表二）

行　业	职业大类	下四分位值	中位值	上分位值
居民服务、修理和其他服务业	中层及以上管理人员	166581	247847	465561
	专业技术人员	91684	120664	186891
	办事人员和有关人员	62390	81227	116085
	社会生产服务和生活服务人员	81435	104985	148177
教育	中层及以上管理人员	180000	270798	537106
	专业技术人员	101254	154371	246339
	办事人员和有关人员	69663	97803	162361
	社会生产服务和生活服务人员	93200	129253	206845
文化、体育和娱乐业	中层及以上管理人员	185980	301885	472843
	专业技术人员	120000	158134	221448
	办事人员和有关人员	74837	95766	145533
	社会生产服务和生活服务人员	98101	133130	210324
	生产制造及有关人员	60014	70145	100858

（4）海淀区主要行业职业大类薪酬状况

海淀区信息传输、软件和信息技术服务业薪酬中位值相对突出，该行业的中层及以上管理人员，社会生产服务和生活服务人员两个职业大类薪酬中位值均高于区域内其他行业，分别为 36.32 万元、15.36 万元 。在生产制造及有关人员职能大类中，排名前三的行业是水利、环境和公共设施管理业，电力、热力、燃气及水生产和供应业，以及制造业。主要行业不同职业大类的薪酬情况参见下表。

表 1-4.2.4　海淀区主要行业职业大类薪酬状况（元/年）

行业	职业大类	下四分位值	中位值	上分位值
制造业	中层及以上管理人员	173111	275820	528180
	专业技术人员	107340	153451	269783
	办事人员和有关人员	68122	99140	138454
	社会生产服务和生活服务人员	85544	109789	185712
	生产制造及有关人员	66659	89385	134386

表 1–4.2.4 海淀区主要行业职业大类薪酬状况（元/年）（续表一）

行 业	职业大类	下四分位值	中位值	上分位值
电力、热力、燃气及水生产和供应业	中层及以上管理人员	178274	305889	432020
	专业技术人员	178258	225720	257184
	办事人员和有关人员	113923	163828	211551
	社会生产服务和生活服务人员	80935	134703	160594
	生产制造及有关人员	83813	128319	169621
建筑业	中层及以上管理人员	168894	254493	504361
	专业技术人员	103760	130521	220036
	办事人员和有关人员	68309	92947	160250
	社会生产服务和生活服务人员	81140	104555	180209
	生产制造及有关人员	53712	73965	113920
批发和零售业	中层及以上管理人员	135379	217299	412852
	专业技术人员	91917	133467	185324
	办事人员和有关人员	62436	89416	132648
	社会生产服务和生活服务人员	76523	110051	151756
	生产制造及有关人员	55498	65356	115118
交通运输、仓储和邮政业	中层及以上管理人员	167747	247345	472127
	专业技术人员	94109	141690	253037
	办事人员和有关人员	62910	73599	112262
	社会生产服务和生活服务人员	70589	106491	140882
	生产制造及有关人员	53254	58310	97944
住宿和餐饮业	中层及以上管理人员	145480	192319	339617
	专业技术人员	89259	108119	136616
	办事人员和有关人员	53671	78037	135251
	社会生产服务和生活服务人员	74270	89098	123135
信息传输、软件和信息技术服务业	中层及以上管理人员	212229	363221	608265
	专业技术人员	145263	200572	325634
	办事人员和有关人员	67797	108000	172908
	社会生产服务和生活服务人员	114244	153586	269456

表 1-4.2.4　海淀区主要行业职业大类薪酬状况（元/年）（续表二）

行　业	职业大类	下四分位值	中位值	上分位值
金融业	中层及以上管理人员	200102	350421	623907
	专业技术人员	121317	174982	262295
	办事人员和有关人员	77010	102825	152179
	社会生产服务和生活服务人员	100514	134014	247687
房地产业	中层及以上管理人员	174731	299458	571501
	专业技术人员	97120	152594	220704
	办事人员和有关人员	56125	83358	130868
	社会生产服务和生活服务人员	79061	125044	185568
	生产制造及有关人员	67584	86542	123972
租赁和商务服务业	中层及以上管理人员	204779	302416	613547
	专业技术人员	106821	149428	235207
	办事人员和有关人员	72182	98946	162936
	社会生产服务和生活服务人员	87128	113179	193840
科学研究和技术服务业	中层及以上管理人员	195065	304940	558998
	专业技术人员	118802	167845	315663
	办事人员和有关人员	64401	87878	142901
	社会生产服务和生活服务人员	82630	138709	211507
水利、环境和公共设施管理业	中层及以上管理人员	180000	281711	393812
	专业技术人员	115037	158416	205869
	办事人员和有关人员	110241	155850	164571
	社会生产服务和生活服务人员	76066	94852	129954
	生产制造及有关人员	119345	133507	137858
居民服务、修理和其他服务业	中层及以上管理人员	151171	239394	421435
	专业技术人员	82636	111439	165789
	办事人员和有关人员	66519	80128	125976
	社会生产服务和生活服务人员	77438	100738	161690

表 1–4.2.4　海淀区主要行业职业大类薪酬状况（元/年）（续表三）

行　业	职业大类	下四分位值	中位值	上分位值
教育	中层及以上管理人员	184933	285254	502782
	专业技术人员	108412	178404	268675
	办事人员和有关人员	68633	102093	176575
	社会生产服务和生活服务人员	96638	133297	217409
文化、体育和娱乐业	中层及以上管理人员	261120	364001	572705
	专业技术人员	119363	153145	215141
	办事人员和有关人员	77836	101682	148233
	社会生产服务和生活服务人员	90205	111321	198771
	生产制造及有关人员	55807	64945	101617

（5）丰台区主要行业职业大类薪酬状况

丰台区主要行业中，电力、热力、燃气及水生产和供应业薪酬中位值明显领先于其他行业，“中层及以上管理人员职业大类”“专业技术人员”“办事人员和有关人员”“社会生产服务和生活服务人员”“生产制造及有关人员”职业大类中薪酬中位值分别为 41.96 万元、25.98 万元、14.06 万元、14.83 万元、20.42 万元。主要行业不同职业大类的薪酬情况参见下表。

表 1–4.2.5　丰台区主要行业职业大类薪酬状况（元/年）

行　业	职业大类	下四分位值	中位值	上分位值
制造业	中层及以上管理人员	149271	268726	443592
	专业技术人员	90492	123845	204233
	办事人员和有关人员	65939	85200	127616
	社会生产服务和生活服务人员	73642	102853	156958
	生产制造及有关人员	64349	77757	118436

表 1-4.2.5 丰台区主要行业职业大类薪酬状况（元/年）（续表一）

行 业	职业大类	下四分位值	中位值	上分位值
电力、热力、燃气及水生产和供应业	中层及以上管理人员	301300	419600	471178
	专业技术人员	155540	259722	304812
	办事人员和有关人员	93100	140649	190566
	社会生产服务和生活服务人员	76177	148360	173420
	生产制造及有关人员	140489	204156	233167
建筑业	中层及以上管理人员	178304	255040	435245
	专业技术人员	82193	113379	178994
	办事人员和有关人员	59810	84114	142695
	社会生产服务和生活服务人员	69907	100419	154999
	生产制造及有关人员	47891	64063	101032
批发和零售业	中层及以上管理人员	146438	193896	400533
	专业技术人员	86609	115649	150763
	办事人员和有关人员	58578	77504	128926
	社会生产服务和生活服务人员	73681	94942	128212
	生产制造及有关人员	51559	61804	91929
交通运输、仓储和邮政业	中层及以上管理人员	131177	223554	447248
	专业技术人员	85789	122658	185916
	办事人员和有关人员	57631	66487	113418
	社会生产服务和生活服务人员	68748	89749	152808
	生产制造及有关人员	48117	56040	89172
住宿和餐饮业	中层及以上管理人员	133788	161157	332953
	专业技术人员	77170	93923	129929
	办事人员和有关人员	54230	70196	99700
	社会生产服务和生活服务人员	66147	78538	130958
信息传输、软件和信息技术服务业	中层及以上管理人员	174268	263841	510930
	专业技术人员	103048	144928	249040
	办事人员和有关人员	60919	92640	142355
	社会生产服务和生活服务人员	89705	120630	187640

表 1-4.2.5　丰台区主要行业职业大类薪酬状况（元/年）（续表二）

行 业	职业大类	下四分位值	中位值	上分位值
金融业	中层及以上管理人员	183293	315718	521399
	专业技术人员	104578	146204	253223
	办事人员和有关人员	65965	87661	135979
	社会生产服务和生活服务人员	81378	122635	218409
房地产业	中层及以上管理人员	166092	272156	504324
	专业技术人员	97273	134746	236359
	办事人员和有关人员	53399	77953	115797
	社会生产服务和生活服务人员	74735	99785	165858
	生产制造及有关人员	60210	74080	128700
租赁和商务服务业	中层及以上管理人员	130954	200456	413960
	专业技术人员	87808	100239	195186
	办事人员和有关人员	51906	73176	119899
	社会生产服务和生活服务人员	63006	86091	142074
科学研究和技术服务业	中层及以上管理人员	152976	247073	476591
	专业技术人员	96703	136210	217325
	办事人员和有关人员	54735	74303	118059
	社会生产服务和生活服务人员	78563	105843	176841
水利、环境和公共设施管理业	中层及以上管理人员	307684	370801	452166
	专业技术人员	110702	142555	313156
	办事人员和有关人员	116605	158214	182997
	社会生产服务和生活服务人员	97827	118334	147988
	生产制造及有关人员	103617	126170	141624
居民服务、修理和其他服务业	中层及以上管理人员	143117	210571	434536
	专业技术人员	75501	110963	158427
	办事人员和有关人员	54868	66000	101165
	社会生产服务和生活服务人员	71627	91462	135404

表 1-4.2.5　丰台区主要行业职业大类薪酬状况（元/年）（续表三）

行　业	职业大类	下四分位值	中位值	上分位值
教育	中层及以上管理人员	145414	248664	425065
	专业技术人员	86234	121999	202679
	办事人员和有关人员	58394	82828	144112
	社会生产服务和生活服务人员	84007	104972	183155
文化、体育和娱乐业	中层及以上管理人员	163754	267880	412208
	专业技术人员	93618	120280	180899
	办事人员和有关人员	61572	82540	112550
	社会生产服务和生活服务人员	81205	109534	178629
	生产制造及有关人员	51819	62179	98065

（6）石景山区主要行业职业大类薪酬状况

在石景山区中层及以上管理人员职业大类中，金融业，房地产，文化、体育及娱乐业薪酬中位值位居前三。在专业技术人员职业大类中，金融业依然领先。主要行业不同职业大类的薪酬情况参见下表。

表 1-4.2.6　石景山区主要行业职业大类薪酬状况（元/年）

行　业	职业大类	下四分位值	中位值	上分位值
金融业	中层及以上管理人员	182569	287924	460516
	专业技术人员	103344	142916	242451
	办事人员和有关人员	56447	88270	128755
	社会生产服务和生活服务人员	81875	118484	189772
房地产业	中层及以上管理人员	134359	259928	474170
	专业技术人员	92175	134219	231436
	办事人员和有关人员	50420	66621	102201
	社会生产服务和生活服务人员	65245	92073	128517
	生产制造及有关人员	56430	66654	101650

表 1–4.2.6　石景山区主要行业职业大类薪酬状况（元/年）（续表一）

行　业	职业大类	下四分位值	中位值	上分位值
租赁和商务服务业	中层及以上管理人员	122007	212126	397923
	专业技术人员	80830	99553	152085
	办事人员和有关人员	50333	75101	110976
	社会生产服务和生活服务人员	65893	88652	135757
科学研究和技术服务业	中层及以上管理人员	127879	237712	427307
	专业技术人员	90708	122031	221467
	办事人员和有关人员	54672	74705	121271
	社会生产服务和生活服务人员	78670	105147	170253
居民服务、修理和其他服务业	中层及以上管理人员	136159	207963	369316
	专业技术人员	75062	103870	148499
	办事人员和有关人员	52135	63059	95783
	社会生产服务和生活服务人员	67912	92516	133740
教育	中层及以上管理人员	143116	244778	475732
	专业技术人员	88335	123508	210200
	办事人员和有关人员	59870	78497	132064
	社会生产服务和生活服务人员	78427	104656	167970
文化、体育和娱乐业	中层及以上管理人员	160405	246780	417702
	专业技术人员	89502	120887	154798
	办事人员和有关人员	62339	80420	124287
	社会生产服务和生活服务人员	68848	104843	148891
	生产制造及有关人员	50383	59477	83022

（7）门头沟区主要行业职业大类薪酬状况

在门头沟区中层及以上管理人员职业大类中，排名前三的行业分别是制造业、科学研究和技术服务业、建筑业。在专业技术人员职业大类中，科学研究和技术服务业的薪酬中位值最高（11.62 万元）。主要行业不同职业大类的薪酬情况参见下表。

表 1-4.2.7 门头沟区主要行业职业大类薪酬状况（元/年）

行 业	职业大类	下四分位值	中位值	上分位值
制造业	中层及以上管理人员	119045	203293	380227
	专业技术人员	69409	101130	137879
	办事人员和有关人员	76065	85083	100074
	社会生产服务和生活服务人员	41436	52161	64095
	生产制造及有关人员	62532	66467	83327
建筑业	中层及以上管理人员	114624	184785	325773
	专业技术人员	69566	91030	167810
	办事人员和有关人员	45763	68933	117960
	社会生产服务和生活服务人员	57972	83336	110982
	生产制造及有关人员	48629	63336	92426
批发和零售业	中层及以上管理人员	93988	140389	270355
	专业技术人员	56485	79171	117110
	办事人员和有关人员	42279	58967	97111
	社会生产服务和生活服务人员	50141	64692	112488
	生产制造及有关人员	43580	57064	85158
交通运输、仓储和邮政业	中层及以上管理人员	111636	169273	333009
	专业技术人员	69994	91697	144044
	办事人员和有关人员	42729	50532	92119
	社会生产服务和生活服务人员	51626	69830	114589
	生产制造及有关人员	47378	56416	94228
住宿和餐饮业	中层及以上管理人员	98110	120000	244233
	专业技术人员	60525	71998	114515
	办事人员和有关人员	38250	54538	84630
	社会生产服务和生活服务人员	47589	59026	91937
科学研究和技术服务业	中层及以上管理人员	115856	198780	336211
	专业技术人员	73762	116205	195965
	办事人员和有关人员	43749	60946	95015
	社会生产服务和生活服务人员	54339	79812	134994

表 1-4.2.7　门头沟区主要行业职业大类薪酬状况（元/年）（续表一）

行　业	职业大类	下四分位值	中位值	上分位值
居民服务、修理和其他服务业	中层及以上管理人员	96753	158435	257806
	专业技术人员	57232	73724	102114
	办事人员和有关人员	38102	48497	70111
	社会生产服务和生活服务人员	49196	65032	98178
教育	中层及以上管理人员	95632	162633	295257
	专业技术人员	55194	83723	133725
	办事人员和有关人员	36821	50122	84933
	社会生产服务和生活服务人员	48071	64416	122144
文化、体育和娱乐业	中层及以上管理人员	95174	151651	273507
	专业技术人员	54392	68248	100490
	办事人员和有关人员	41615	60852	75533
	社会生产服务和生活服务人员	44935	58810	90038
	生产制造及有关人员	50682	56600	77505

（8）房山区主要行业职业大类薪酬状况

房山区中层及以上管理人员职业大类中，科学研究和技术服务业薪酬中位值（24.56万元）最高，在专业技术人员职业大类中，位居前三的行业分别是电力、热力、燃气及水生产和供应业，科学研究和技术服务业以及制造业。主要行业不同职业大类的薪酬情况参见下表。

表 1-4.2.8　房山区主要行业职业大类薪酬状况（元/年）

行　业	职业大类	下四分位值	中位值	上分位值
制造业	中层及以上管理人员	156174	231102	371892
	专业技术人员	79568	117760	176539
	办事人员和有关人员	63556	85162	120406
	社会生产服务和生活服务人员	64350	98558	179351
	生产制造及有关人员	62134	79751	126020

表 1-4.2.8　房山区主要行业职业大类薪酬状况（元/年）（续表一）

行　业	职业大类	下四分位值	中位值	上分位值
电力、热力、燃气及水生产和供应业	中层及以上管理人员	183879	210204	302320
	专业技术人员	125769	137993	149216
	办事人员和有关人员	106849	107424	119284
	社会生产服务和生活服务人员	95061	111004	128156
	生产制造及有关人员	107850	108880	118494
建筑业	中层及以上管理人员	154301	201324	433383
	专业技术人员	79978	103515	179109
	办事人员和有关人员	52000	84052	131614
	社会生产服务和生活服务人员	67060	97273	137843
	生产制造及有关人员	52285	63866	102686
批发和零售业	中层及以上管理人员	118104	174906	350675
	专业技术人员	66960	96192	151230
	办事人员和有关人员	54179	76467	97415
	社会生产服务和生活服务人员	68218	84101	117035
	生产制造及有关人员	47708	56134	95258
交通运输、仓储和邮政业	中层及以上管理人员	122613	205182	350672
	专业技术人员	72000	103448	175798
	办事人员和有关人员	48847	62147	102903
	社会生产服务和生活服务人员	65518	86880	140007
	生产制造及有关人员	50311	52208	93415
住宿和餐饮业	中层及以上管理人员	128492	155721	287531
	专业技术人员	72209	84796	127690
	办事人员和有关人员	49240	69635	96040
	社会生产服务和生活服务人员	57040	74067	108960
租赁和商务服务业	中层及以上管理人员	97480	192085	324851
	专业技术人员	71149	100624	168570
	办事人员和有关人员	46665	75927	96316
	社会生产服务和生活服务人员	59773	87097	114180

表 1-4.2.8　房山区主要行业职业大类薪酬状况（元/年）（续表二）

行　业	职业大类	下四分位值	中位值	上分位值
科学研究和技术服务业	中层及以上管理人员	143332	245622	393858
	专业技术人员	91617	122800	210004
	办事人员和有关人员	54244	70161	102052
	社会生产服务和生活服务人员	68523	95124	155762
居民服务、修理和其他服务业	中层及以上管理人员	128838	198392	336216
	专业技术人员	67315	92659	119740
	办事人员和有关人员	43000	62331	88858
	社会生产服务和生活服务人员	60522	79549	104398
教育	中层及以上管理人员	129284	200667	417393
	专业技术人员	74608	92330	177142
	办事人员和有关人员	56400	70879	134736
	社会生产服务和生活服务人员	68499	89959	147972
文化、体育和娱乐业	中层及以上管理人员	101730	192709	368446
	专业技术人员	77184	103485	116185
	办事人员和有关人员	47290	69256	93029
	社会生产服务和生活服务人员	58191	72794	122326
	生产制造及有关人员	49349	57941	73955

（9）通州区主要行业职业大类薪酬状况

在通州区中层及以上管理人员职业大类中，薪酬中位值排名前五的行业分别是金融业、房地产、信息传输、软件和信息技术服务业、科学研究和技术服务业、教育。在专业技术人员职业大类中，排名前五的行业为信息传输、软件和信息技术服务业、金融业、科学研究和技术服务业、房地产业及制造业。主要行业不同职业大类的薪酬情况参见下表。

表 1-4.2.9　通州区主要行业职业大类薪酬状况（元/年）

行　业	职业大类	下四分位值	中位值	上分位值
制造业	中层及以上管理人员	146455	227432	392712
	专业技术人员	93660	120952	219670
	办事人员和有关人员	63699	83998	123083
	社会生产服务和生活服务人员	79484	101804	164653
	生产制造及有关人员	64639	81557	136416
建筑业	中层及以上管理人员	140256	229806	380568
	专业技术人员	88193	111412	196073
	办事人员和有关人员	56795	86789	120337
	社会生产服务和生活服务人员	64320	103842	150563
	生产制造及有关人员	54925	67200	96000
批发和零售业	中层及以上管理人员	129434	190314	358871
	专业技术人员	80315	100700	156892
	办事人员和有关人员	56619	76948	122893
	社会生产服务和生活服务人员	67406	87654	140895
	生产制造及有关人员	48717	62205	96674
交通运输、仓储和邮政业	中层及以上管理人员	135915	219213	406931
	专业技术人员	84287	110790	178238
	办事人员和有关人员	52838	67525	96851
	社会生产服务和生活服务人员	66571	91045	147897
	生产制造及有关人员	50866	54620	100549
住宿和餐饮业	中层及以上管理人员	128555	162444	313683
	专业技术人员	74491	94410	130723
	办事人员和有关人员	48079	67742	105344
	社会生产服务和生活服务人员	59244	79850	108054
信息传输、软件和信息技术服务业	中层及以上管理人员	174565	246410	472484
	专业技术人员	105333	151215	230666
	办事人员和有关人员	60417	93432	131894
	社会生产服务和生活服务人员	89623	119901	196689

表 1–4.2.9　通州区主要行业职业大类薪酬状况（元/年）（续表一）

行　业	职业大类	下四分位值	中位值	上分位值
金融业	中层及以上管理人员	175207	307678	478032
	专业技术人员	100658	136329	233916
	办事人员和有关人员	62923	92281	150117
	社会生产服务和生活服务人员	82642	120743	191732
房地产业	中层及以上管理人员	145385	271687	516517
	专业技术人员	88093	130052	241629
	办事人员和有关人员	56226	73063	117070
	社会生产服务和生活服务人员	77437	114042	167775
	生产制造及有关人员	59796	75498	111058
租赁和商务服务业	中层及以上管理人员	134981	218441	400008
	专业技术人员	75175	105300	156143
	办事人员和有关人员	53476	78611	114179
	社会生产服务和生活服务人员	70824	91982	128202
科学研究和技术服务业	中层及以上管理人员	149893	240907	424826
	专业技术人员	92159	135092	225265
	办事人员和有关人员	63600	79722	120244
	社会生产服务和生活服务人员	69010	100314	166289
居民服务、修理和其他服务业	中层及以上管理人员	137783	226530	361660
	专业技术人员	78276	97965	138040
	办事人员和有关人员	50400	66456	108304
	社会生产服务和生活服务人员	64013	87270	126307
教育	中层及以上管理人员	138086	234442	414949
	专业技术人员	82164	109014	189158
	办事人员和有关人员	55285	74300	118108
	社会生产服务和生活服务人员	73923	95622	172818
文化、体育和娱乐业	中层及以上管理人员	138088	233357	408664
	专业技术人员	82185	114772	176140
	办事人员和有关人员	52832	71311	102553
	社会生产服务和生活服务人员	66840	91353	153915
	生产制造及有关人员	53883	62100	82756

（10）顺义区主要行业职业大类薪酬状况

在顺义区中层及以上管理人员职业大类中，薪酬中位值位居前五的行业分别是房地产、制造业、租赁和商务服务业、信息传输、软件和信息技术服务业、科学研究和技术服务业，薪酬中位值最低的行业为批发和零售业。在办事人员和有关人员职业大类中，信息传输、软件和信息技术服务业薪酬中位值最高，为 8.27 万元。主要行业不同职业大类的薪酬情况参见下表。

表 1–4.2.10　顺义区主要行业职业大类薪酬状况（元/年）

行　业	职业大类	下四分位值	中位值	上分位值
制造业	中层及以上管理人员	142630	258795	436287
	专业技术人员	80621	110509	198842
	办事人员和有关人员	57703	76496	124500
	社会生产服务和生活服务人员	74781	101768	152965
	生产制造及有关人员	61840	75818	126715
建筑业	中层及以上管理人员	134400	218007	442133
	专业技术人员	84168	109240	186917
	办事人员和有关人员	65770	84728	140124
	社会生产服务和生活服务人员	70133	98683	159789
	生产制造及有关人员	48144	63684	95736
批发和零售业	中层及以上管理人员	123831	173950	321709
	专业技术人员	78391	106590	161566
	办事人员和有关人员	55039	75776	114425
	社会生产服务和生活服务人员	71623	94001	148954
	生产制造及有关人员	49431	56491	86932
交通运输、仓储和邮政业	中层及以上管理人员	127175	229519	386854
	专业技术人员	77402	119153	192696
	办事人员和有关人员	48960	60185	96719
	社会生产服务和生活服务人员	66707	94089	121332
	生产制造及有关人员	49603	55190	91085

表 1–4.2.10 顺义区主要行业职业大类薪酬状况（元/年）（续表一）

行 业	职业大类	下四分位值	中位值	上分位值
住宿和餐饮业	中层及以上管理人员	125092	158656	303023
	专业技术人员	77801	91062	126383
	办事人员和有关人员	50383	69416	107140
	社会生产服务和生活服务人员	63823	77976	131046
信息传输、软件和信息技术服务业	中层及以上管理人员	170083	246485	499749
	专业技术人员	115476	145380	243819
	办事人员和有关人员	59000	82668	130865
	社会生产服务和生活服务人员	82635	117590	173113
房地产业	中层及以上管理人员	143481	276301	448890
	专业技术人员	99722	134769	226218
	办事人员和有关人员	57771	81460	134803
	社会生产服务和生活服务人员	80567	106194	160319
	生产制造及有关人员	61879	71825	115996
租赁和商务服务业	中层及以上管理人员	146394	251572	367006
	专业技术人员	78821	121672	149818
	办事人员和有关人员	61616	81895	106402
	社会生产服务和生活服务人员	66729	95850	142512
科学研究和技术服务业	中层及以上管理人员	143851	231472	412425
	专业技术人员	86400	124180	216631
	办事人员和有关人员	55967	66450	115198
	社会生产服务和生活服务人员	75271	100048	157650
居民服务、修理和其他服务业	中层及以上管理人员	120418	204311	347795
	专业技术人员	73808	92376	133555
	办事人员和有关人员	47129	59868	81864
	社会生产服务和生活服务人员	66824	86508	115373
教育	中层及以上管理人员	122875	210568	364023
	专业技术人员	67374	99324	145031
	办事人员和有关人员	47197	66710	110659
	社会生产服务和生活服务人员	60735	84832	145382

表 1-4.2.10　顺义区主要行业职业大类薪酬状况（元/年）（续表二）

行　业	职业大类	下四分位值	中位值	上分位值
文化、体育和娱乐业	中层及以上管理人员	139170	192000	338193
	专业技术人员	67500	106207	131868
	办事人员和有关人员	50099	60052	84000
	社会生产服务和生活服务人员	67379	96709	130178
	生产制造及有关人员	54983	60726	80792

（11）昌平区主要行业职业大类薪酬状况

在昌平区中层及以上管理人员职业大类中，薪酬中位值排名前五的行业分别是金融业，农、林、牧、渔业，信息传输、软件和信息技术服务业，房地产以及科学研究和技术服务业。在社会生产服务和生活服务人员职业大类中，薪酬中位值最高的行业是金融业（12.24 万元），最低的是农、林、牧、渔业（6.47 万元）。主要行业不同职业大类的薪酬情况参见下表。

表 1-4.2.11　昌平区主要行业职业大类薪酬状况（元/年）

行　业	职业大类	下四分位值	中位值	上分位值
农、林、牧、渔业	中层及以上管理人员	200663	281545	406441
	专业技术人员	109489	142478	174923
	办事人员和有关人员	63202	115764	157105
	社会生产服务和生活服务人员	55465	64727	84801
	生产制造及有关人员	54128	70407	79083
	农、林、牧、渔业生产及辅助人员	61942	70507	75808
制造业	中层及以上管理人员	138933	246740	397214
	专业技术人员	83449	117298	205938
	办事人员和有关人员	67051	79334	132406
	社会生产服务和生活服务人员	75371	108255	173839
	生产制造及有关人员	65053	75116	122817

表 1-4.2.11 昌平区主要行业职业大类薪酬状况（元/年）（续表一）

行 业	职业大类	下四分位值	中位值	上分位值
建筑业	中层及以上管理人员	147313	222878	476907
	专业技术人员	81200	118190	180670
	办事人员和有关人员	54922	81928	138406
	社会生产服务和生活服务人员	67673	96532	145623
	生产制造及有关人员	53021	65105	96199
批发和零售业	中层及以上管理人员	127262	193136	381073
	专业技术人员	85478	107746	173410
	办事人员和有关人员	55628	77089	107791
	社会生产服务和生活服务人员	71010	93739	125678
	生产制造及有关人员	48303	62170	97487
交通运输、仓储和邮政业	中层及以上管理人员	163000	206494	373959
	专业技术人员	81604	120894	185173
	办事人员和有关人员	50060	67997	91590
	社会生产服务和生活服务人员	62941	85775	124412
	生产制造及有关人员	47383	56227	93033
住宿和餐饮业	中层及以上管理人员	130451	167393	327776
	专业技术人员	78668	98955	113971
	办事人员和有关人员	49200	65400	104569
	社会生产服务和生活服务人员	63182	75630	128588
信息传输、软件和信息技术服务业	中层及以上管理人员	175902	276258	465958
	专业技术人员	113870	160041	281698
	办事人员和有关人员	60280	89585	126788
	社会生产服务和生活服务人员	85772	116833	197107
金融业	中层及以上管理人员	206532	289922	452545
	专业技术人员	107137	137280	226445
	办事人员和有关人员	63960	84707	134549
	社会生产服务和生活服务人员	80378	122452	218247

表 1-4.2.11 昌平区主要行业职业大类薪酬状况（元/年）（续表二）

行 业	职业大类	下四分位值	中位值	上分位值
房地产业	中层及以上管理人员	153037	263453	487946
	专业技术人员	96933	133571	222230
	办事人员和有关人员	62136	78637	131033
	社会生产服务和生活服务人员	79179	101007	152490
	生产制造及有关人员	56384	70800	101381
租赁和商务服务业	中层及以上管理人员	130643	228269	404504
	专业技术人员	88808	115255	153638
	办事人员和有关人员	54116	75401	128894
	社会生产服务和生活服务人员	69060	94172	134010
科学研究和技术服务业	中层及以上管理人员	180551	252217	454052
	专业技术人员	90640	139041	228808
	办事人员和有关人员	54154	75713	103263
	社会生产服务和生活服务人员	76480	113671	183799
居民服务、修理和、其他服务业	中层及以上管理人员	142340	209534	326917
	专业技术人员	77038	102856	154130
	办事人员和有关人员	48000	63375	95287
	社会生产服务和生活服务人员	63062	79708	110310
教育	中层及以上管理人员	118909	203028	420577
	专业技术人员	75702	114643	172320
	办事人员和有关人员	45052	71835	122475
	社会生产服务和生活服务人员	70357	96012	164043
文化、体育和娱乐业	中层及以上管理人员	139922	231257	415696
	专业技术人员	83150	109850	144577
	办事人员和有关人员	55478	72538	86374
	社会生产服务和生活服务人员	68445	91430	138453
	生产制造及有关人员	52463	62755	77447

（12）大兴区主要行业职业大类薪酬状况

在大兴区中层及以上管理人员职业大类中，金融业薪酬中位值最高，为 30.6 万元，信息传输、软件和信息技术服务业及科学研究和技术服务业分别位居第二及第三位，薪酬中位值分别为 27.55 万元和 27.25 万元。在专业技术人员职业大类中，信息传输、软件和信息技术服务业薪酬中位值最高，居民服务、修理和其他服务业薪酬中位值最低。各行业不同职业大类的薪酬情况参见下表。

表 1–4.2.12　大兴区主要行业职业大类薪酬状况（元/年）

行　业	职业大类	下四分位值	中位值	上分位值
农、林、牧、渔业	中层及以上管理人员	177241	231345	332549
	专业技术人员	88132	105969	135939
	办事人员和有关人员	64990	94253	149515
	社会生产服务和生活服务人员	49764	57852	80699
	生产制造及有关人员	39023	48740	102568
	农、林、牧、渔业生产及辅助人员	52308	68713	81701
制造业	中层及以上管理人员	145856	250690	413227
	专业技术人员	89918	135886	210736
	办事人员和有关人员	65578	82872	124133
	社会生产服务和生活服务人员	76814	116264	161338
	生产制造及有关人员	61724	81021	128603
电力、热力、燃气及水生产和供应业	中层及以上管理人员	141506	262203	374208
	专业技术人员	114892	155664	185664
	办事人员和有关人员	104624	119386	130421
	社会生产服务和生活服务人员	71342	94178	106345
	生产制造及有关人员	90168	90783	94350
建筑业	中层及以上管理人员	124683	213041	413180
	专业技术人员	82076	112948	179837
	办事人员和有关人员	63600	86951	152145
	社会生产服务和生活服务人员	72101	102349	151660
	生产制造及有关人员	51986	67809	102448

表 1-4.2.12 大兴区主要行业职业大类薪酬状况（元/年）（续表一）

行 业	职业大类	下四分位值	中位值	上分位值
批发和零售业	中层及以上管理人员	127544	183511	347076
	专业技术人员	71551	111796	155390
	办事人员和有关人员	54919	77041	115619
	社会生产服务和生活服务人员	69642	92742	152636
	生产制造及有关人员	48300	62816	97976
交通运输、仓储和邮政业	中层及以上管理人员	163116	220246	379103
	专业技术人员	86237	120807	199331
	办事人员和有关人员	54779	63329	101757
	社会生产服务和生活服务人员	65603	89708	132459
	生产制造及有关人员	46248	56120	81573
住宿和餐饮业	中层及以上管理人员	131542	168368	315133
	专业技术人员	65363	91530	114317
	办事人员和有关人员	52100	72052	103343
	社会生产服务和生活服务人员	59351	74255	125766
信息传输、软件和信息技术服务业	中层及以上管理人员	178063	275536	449753
	专业技术人员	114448	158395	281595
	办事人员和有关人员	59372	96267	125056
	社会生产服务和生活服务人员	81780	117448	205145
金融业	中层及以上管理人员	198214	305970	511523
	专业技术人员	105704	144742	250411
	办事人员和有关人员	57047	88216	141473
	社会生产服务和生活服务人员	82499	127306	193331
房地产业	中层及以上管理人员	151808	252191	436901
	专业技术人员	96362	127557	216867
	办事人员和有关人员	49311	70116	106146
	社会生产服务和生活服务人员	64581	91113	147846
	生产制造及有关人员	57389	76769	111845

表 1–4.2.12　大兴区主要行业职业大类薪酬状况（元/年）（续表二）

行　业	职业大类	下四分位值	中位值	上分位值
租赁和商务服务业	中层及以上管理人员	149180	243890	396178
	专业技术人员	86103	124524	160405
	办事人员和有关人员	60474	88252	137927
	社会生产服务和生活服务人员	71213	95335	144442
科学研究和技术服务业	中层及以上管理人员	213860	272518	476143
	专业技术人员	97445	142136	214724
	办事人员和有关人员	53972	75423	110265
	社会生产服务和生活服务人员	77846	108009	177925
居民服务、修理和其他服务业	中层及以上管理人员	126776	210977	377753
	专业技术人员	69114	91135	137382
	办事人员和有关人员	50154	60210	91530
	社会生产服务和生活服务人员	66682	90763	134460
教育	中层及以上管理人员	133242	224609	451469
	专业技术人员	70222	120389	188669
	办事人员和有关人员	53056	77946	141351
	社会生产服务和生活服务人员	73107	98911	147304
文化、体育和娱乐业	中层及以上管理人员	116405	211763	370626
	专业技术人员	64699	95804	131594
	办事人员和有关人员	62047	68965	87589
	社会生产服务和生活服务人员	61000	82932	133650
	生产制造及有关人员	44400	63885	75886

（13）平谷区主要行业职业大类薪酬状况

在平谷区中层及以上管理人员职业大类中，薪酬中位值位居前三位的行业是科学研究和技术服务业、制造业及教育。在专业技术人员职业大类中，科学研究和技术服务业薪酬中位值最高，住宿和餐饮业薪酬中位值最低。主要行业不同职业大类的薪酬情况参见下表。

表 1–4.2.13　平谷区主要行业职业大类薪酬状况（元/年）

行　业	职业大类	下四分位值	中位值	上分位值
制造业	中层及以上管理人员	121858	201515	389955
	专业技术人员	60000	103796	168120
	办事人员和有关人员	49812	68655	106127
	社会生产服务和生活服务人员	63980	86839	150070
	生产制造及有关人员	56444	77162	131359
建筑业	中层及以上管理人员	108000	191081	383377
	专业技术人员	63096	89679	141924
	办事人员和有关人员	48456	73932	113587
	社会生产服务和生活服务人员	58778	80939	129559
	生产制造及有关人员	48455	65003	89594
批发和零售业	中层及以上管理人员	90000	149397	265985
	专业技术人员	62802	87145	127150
	办事人员和有关人员	46621	59794	86285
	社会生产服务和生活服务人员	60063	72367	112243
	生产制造及有关人员	50134	60233	85491
交通运输、仓储和邮政业	中层及以上管理人员	103027	164850	318486
	专业技术人员	68945	93372	150448
	办事人员和有关人员	41538	49754	84833
	社会生产服务和生活服务人员	53715	73680	109655
	生产制造及有关人员	46948	56742	90046
住宿和餐饮业	中层及以上管理人员	109624	132765	241783
	专业技术人员	62597	75410	100820
	办事人员和有关人员	51148	58727	86896
	社会生产服务和生活服务人员	51811	67594	92096
科学研究和技术服务业	中层及以上管理人员	114960	210264	374214
	专业技术人员	80672	116347	164946
	办事人员和有关人员	49083	65385	94974
	社会生产服务和生活服务人员	61476	93466	138023

表 1-4.2.13　平谷区主要行业职业大类薪酬状况（元/年）（续表一）

行　业	职业大类	下四分位值	中位值	上分位值
居民服务、修理和其他服务业	中层及以上管理人员	108112	170529	294871
	专业技术人员	62131	88802	125505
	办事人员和有关人员	49164	58355	77766
	社会生产服务和生活服务人员	58830	73439	93952
教育	中层及以上管理人员	120089	192691	372061
	专业技术人员	70445	92460	158167
	办事人员和有关人员	46126	66617	107433
	社会生产服务和生活服务人员	62120	88621	135456
文化、体育和娱乐业	中层及以上管理人员	97856	189088	364986
	专业技术人员	72514	90785	141572
	办事人员和有关人员	50826	65693	78202
	社会生产服务和生活服务人员	68362	76484	124755
	生产制造及有关人员	53383	58942	74222

（14）怀柔区主要行业职业大类薪酬状况

在怀柔区中层及以上管理人员职业大类中，薪酬中位值最高的行业是科学研究与技术服务业（20.01 万元）。在专业技术人员职业大类中，薪酬中位值最高的行业是科学研究和技术服务业（11.08 万元）。主要行业不同职业大类的薪酬情况参见下表。

表 1-4.2.14　怀柔区主要行业职业大类薪酬状况（元/年）

行　业	职业大类	下四分位值	中位值	上分位值
制造业	中层及以上管理人员	144200	199746	379260
	专业技术人员	73359	105998	154040
	办事人员和有关人员	59192	72836	111685
	社会生产服务和生活服务人员	66926	89351	132381
	生产制造及有关人员	68394	79364	119901

表 1-4.2.14　怀柔区主要行业职业大类薪酬状况（元/年）（续表一）

行　业	职业大类	下四分位值	中位值	上分位值
建筑业	中层及以上管理人员	126834	192394	329400
	专业技术人员	72611	95046	158947
	办事人员和有关人员	54585	76766	119413
	社会生产服务和生活服务人员	58150	88826	132836
	生产制造及有关人员	55666	65658	88761
批发和零售业	中层及以上管理人员	103260	154685	276066
	专业技术人员	66986	91336	125855
	办事人员和有关人员	45000	62734	104335
	社会生产服务和生活服务人员	59465	77079	106017
	生产制造及有关人员	49074	58562	90941
交通运输、仓储和邮政业	中层及以上管理人员	105804	176839	323366
	专业技术人员	73879	92871	153488
	办事人员和有关人员	44558	56142	83439
	社会生产服务和生活服务人员	57736	71082	98869
	生产制造及有关人员	52123	60016	88470
住宿和餐饮业	中层及以上管理人员	109063	136244	230409
	专业技术人员	66458	76403	93353
	办事人员和有关人员	50870	58315	86615
	社会生产服务和生活服务人员	55475	62257	106630
租赁和商务服务业	中层及以上管理人员	101651	166837	298075
	专业技术人员	64364	93155	149338
	办事人员和有关人员	48600	65774	97277
	社会生产服务和生活服务人员	58510	75121	110446
科学研究和技术服务业	中层及以上管理人员	126664	200091	368274
	专业技术人员	79936	110787	169539
	办事人员和有关人员	46974	62563	92127
	社会生产服务和生活服务人员	63767	88534	119508

表 1–4.2.14　怀柔区主要行业职业大类薪酬状况（元/年）（续表二）

行　业	职业大类	下四分位值	中位值	上分位值
居民服务、修理和其他服务业	中层及以上管理人员	115069	179231	309180
	专业技术人员	62011	79206	118171
	办事人员和有关人员	43609	56082	75284
	社会生产服务和生活服务人员	54158	72000	92017
教育	中层及以上管理人员	118271	192564	374274
	专业技术人员	65171	90407	131345
	办事人员和有关人员	45690	65228	99897
	社会生产服务和生活服务人员	58903	83645	136073
文化、体育和娱乐业	中层及以上管理人员	100043	188227	328797
	专业技术人员	64335	86828	129124
	办事人员和有关人员	48024	63440	85866
	社会生产服务和生活服务人员	57951	77731	116946
	生产制造及有关人员	52703	65486	84420

（15）密云区主要行业职业大类薪酬状况

在密云区中层及以上管理人员职业大类中，薪酬中位值排名前三的行业分别是制造业、建筑业、科学研究和技术服务业。在专业技术人员职业大类中，薪酬中位值位居前三的行业分别是电力、热力、燃气及水生产和供应业，科学研究和技术服务业及制造业。主要行业不同职业大类的薪酬情况参见下表。

表 1-4.2.15 密云区主要行业职业大类薪酬状况（元/年）

行 业	职业大类	下四分位值	中位值	上分位值
农、林、牧、渔业	中层及以上管理人员	98208	151816	260496
	专业技术人员	49512	59483	70093
	办事人员和有关人员	49614	54691	59027
	社会生产服务和生活服务人员	34785	66759	71678
	生产制造及有关人员	59430	58551	60542
	农、林、牧、渔业生产及辅助人员	53894	59251	68455
制造业	中层及以上管理人员	122330	207838	337100
	专业技术人员	77324	104025	166634
	办事人员和有关人员	54211	70383	103118
	社会生产服务和生活服务人员	65239	87386	127624
	生产制造及有关人员	58500	79109	136022
电力、热力、燃气及水生产和供应业	中层及以上管理人员	164967	177442	265255
	专业技术人员	145637	162236	178866
	办事人员和有关人员	71230	139607	146572
	社会生产服务和生活服务人员	85373	142574	139159
	生产制造及有关人员	87142	126683	137654
建筑业	中层及以上管理人员	127045	203626	364665
	专业技术人员	67129	97025	132689
	办事人员和有关人员	49740	69612	108361
	社会生产服务和生活服务人员	56352	83981	120244
	生产制造及有关人员	51733	65065	99419
批发和零售业	中层及以上管理人员	113349	148825	255451
	专业技术人员	69969	92237	123800
	办事人员和有关人员	50413	65047	91908
	社会生产服务和生活服务人员	59641	77325	103249
	生产制造及有关人员	49217	60242	90571

表 1–4.2.15　密云区主要行业职业大类薪酬状况（元/年）（续表一）

行　业	职业大类	下四分位值	中位值	上分位值
交通运输、仓储和邮政业	中层及以上管理人员	113118	162396	314062
	专业技术人员	71661	95494	174165
	办事人员和有关人员	44200	57830	85261
	社会生产服务和生活服务人员	57340	76405	109680
	生产制造及有关人员	47881	56455	79790
住宿和餐饮业	中层及以上管理人员	107225	132039	235163
	专业技术人员	68084	76923	96390
	办事人员和有关人员	51663	59187	83902
	社会生产服务和生活服务人员	52730	61779	90345
租赁和商务服务业	中层及以上管理人员	97600	151773	313508
	专业技术人员	61625	95975	131446
	办事人员和有关人员	48133	66132	89953
	社会生产服务和生活服务人员	57152	79664	101060
科学研究和技术服务业	中层及以上管理人员	115120	188441	344076
	专业技术人员	75540	111320	151097
	办事人员和有关人员	49033	65104	89280
	社会生产服务和生活服务人员	66425	91489	131851
居民服务、修理和其他服务业	中层及以上管理人员	112043	174715	280399
	专业技术人员	61851	83639	112892
	办事人员和有关人员	41630	55884	83627
	社会生产服务和生活服务人员	56241	70801	90305
教育	中层及以上管理人员	109615	183969	308139
	专业技术人员	70081	93340	144937
	办事人员和有关人员	46011	62299	100581
	社会生产服务和生活服务人员	61699	85122	123813
文化、体育和娱乐业	中层及以上管理人员	111759	179872	307729
	专业技术人员	61453	86462	111228
	办事人员和有关人员	45889	61913	72868
	社会生产服务和生活服务人员	61310	77825	105868
	生产制造及有关人员	49048	62492	77172

（16）延庆区主要行业职业大类薪酬状况

在延庆区各职业大类中，电力、热力、燃气及水生产和供应业、制造业、建筑业的薪酬中位值均位居前三位，中层及以上管理人员职业大类中，电力、热力、燃气及水生产和供应业的薪酬中位值最高（20.30 万元），主要行业不同职业大类的薪酬情况参见下表。

表 1–4.2.16　延庆区主要行业职业大类薪酬状况（元/年）

行　业	职业大类	下四分位值	中位值	上分位值
制造业	中层及以上管理人员	126197	193341	327911
	专业技术人员	72739	97517	161903
	办事人员和有关人员	55553	70287	108479
	社会生产服务和生活服务人员	63183	82156	147456
	生产制造及有关人员	61130	80936	119521
电力、热力、燃气及水生产和供应业	中层及以上管理人员	153970	203024	337020
	专业技术人员	141896	136640	148890
	办事人员和有关人员	107540	137790	143568
	社会生产服务和生活服务人员	88240	118770	124692
	生产制造及有关人员	131989	133991	141741
建筑业	中层及以上管理人员	122047	181274	359728
	专业技术人员	65080	91379	151468
	办事人员和有关人员	48427	69849	108304
	社会生产服务和生活服务人员	60155	86087	117808
	生产制造及有关人员	52225	67530	84643
批发和零售业	中层及以上管理人员	103982	151273	267870
	专业技术人员	67442	87966	117947
	办事人员和有关人员	48559	65438	99780
	社会生产服务和生活服务人员	60289	72914	104025
	生产制造及有关人员	46079	53953	90300

表 1–4.2.16　延庆区主要行业职业大类薪酬状况（元/年）（续表一）

行　业	职业大类	下四分位值	中位值	上分位值
交通运输、仓储和邮政业	中层及以上管理人员	118770	172561	283061
	专业技术人员	72210	88710	142347
	办事人员和有关人员	46348	51840	83329
	社会生产服务和生活服务人员	55433	73241	97710
	生产制造及有关人员	52999	58172	79698
住宿和餐饮业	中层及以上管理人员	109439	132985	253299
	专业技术人员	68843	76345	94881
	办事人员和有关人员	50457	57092	85499
	社会生产服务和生活服务人员	51122	58851	99635
居民服务、修理和其他服务业	中层及以上管理人员	109348	176384	268000
	专业技术人员	60965	76874	106718
	办事人员和有关人员	43559	52408	77832
	社会生产服务和生活服务人员	55071	72033	96963
教育	中层及以上管理人员	140244	175719	344959
	专业技术人员	68229	92957	142371
	办事人员和有关人员	44333	65418	112146
	社会生产服务和生活服务人员	62370	78566	135962
文化、体育和娱乐业	中层及以上管理人员	99886	169409	287116
	专业技术人员	74572	94984	130897
	办事人员和有关人员	49082	62811	84343
	社会生产服务和生活服务人员	51994	72765	117236
	生产制造及有关人员	50193	55678	84736

（17）经济技术开发区主要行业职业大类薪酬状况

在经济技术开发区中层及以上管理人员职业大类中，薪酬中位值排名前五的行业为金融业、信息传输、软件和信息技术服务业、房地产、制造业、租赁和商务服务业。在办事人员和有关人员职业大类中，薪酬中位值最高的行业是电力、热力、燃气及水生产和供应业（12.95 万元），薪酬中位值最低的行业为交通运输、仓储和邮政业（6.89 万元）。主要行业不同职业大类的薪酬情况参见下表。

表 1-4.2.17　经济技术开发区主要行业职业大类薪酬状况（元/年）

行　业	职业大类	下四分位值	中位值	上分位值
制造业	中层及以上管理人员	166153	270168	480319
	专业技术人员	100440	137728	235649
	办事人员和有关人员	75630	94696	128256
	社会生产服务和生活服务人员	81068	108961	208825
	生产制造及有关人员	70212	91985	153768
电力、热力、燃气及水生产和供应业	中层及以上管理人员	258524	263241	300185
	专业技术人员	131322	141045	170591
	办事人员和有关人员	100225	129501	135264
	社会生产服务和生活服务人员	65166	68446	82435
	生产制造及有关人员	78486	90558	113292
建筑业	中层及以上管理人员	151766	250885	478187
	专业技术人员	91187	121416	225480
	办事人员和有关人员	64908	87255	157732
	社会生产服务和生活服务人员	73835	107197	147890
	生产制造及有关人员	54053	69585	107828
批发和零售业	中层及以上管理人员	157971	216230	393147
	专业技术人员	85630	120995	168674
	办事人员和有关人员	61694	86320	122963
	社会生产服务和生活服务人员	80337	99900	131794
	生产制造及有关人员	52270	62617	108564
交通运输、仓储和邮政业	中层及以上管理人员	153417	225285	454277
	专业技术人员	87634	122222	193717
	办事人员和有关人员	57583	68880	121332
	社会生产服务和生活服务人员	62640	99191	136075
	生产制造及有关人员	52776	60918	95673
住宿和餐饮业	中层及以上管理人员	145887	177460	297777
	专业技术人员	87345	97476	125112
	办事人员和有关人员	56772	72288	106077
	社会生产服务和生活服务人员	73207	85523	120440

表 1-4.2.17　经济技术开发区主要行业职业大类薪酬状况（元/年）（续表一）

行　业	职业大类	下四分位值	中位值	上分位值
信息传输、软件和信息技术服务业	中层及以上管理人员	166788	306297	518540
	专业技术人员	124463	172292	302248
	办事人员和有关人员	79658	107954	153399
	社会生产服务和生活服务人员	99211	127796	219952
金融业	中层及以上管理人员	211414	333736	603427
	专业技术人员	109350	162339	249466
	办事人员和有关人员	67116	99022	152897
	社会生产服务和生活服务人员	94944	128897	203745
房地产业	中层及以上管理人员	158595	275987	545974
	专业技术人员	101139	149847	227266
	办事人员和有关人员	55096	77605	132640
	社会生产服务和生活服务人员	73131	105147	160534
	生产制造及有关人员	62000	83567	133411
租赁和商务服务业	中层及以上管理人员	164676	265942	465427
	专业技术人员	92520	128060	195765
	办事人员和有关人员	60000	84334	131083
	社会生产服务和生活服务人员	74105	107948	159469
科学研究和技术服务业	中层及以上管理人员	173021	254359	509557
	专业技术人员	115565	147133	236484
	办事人员和有关人员	62320	80172	127962
	社会生产服务和生活服务人员	82497	117107	173219
居民服务、修理和其他服务业	中层及以上管理人员	137271	213478	417771
	专业技术人员	79445	111353	148199
	办事人员和有关人员	58800	75524	108927
	社会生产服务和生活服务人员	70431	96577	137490
教育	中层及以上管理人员	146469	239082	439018
	专业技术人员	77947	142078	208383
	办事人员和有关人员	59921	79126	137978
	社会生产服务和生活服务人员	72492	123502	194418

表 1-4.2.17　经济技术开发区主要行业职业大类薪酬状况（元/年）（续表二）

行　业	职业大类	下四分位值	中位值	上分位值
文化、体育和娱乐业	中层及以上管理人员	143122	236556	390484
	专业技术人员	81421	115704	176001
	办事人员和有关人员	53882	78820	108524
	社会生产服务和生活服务人员	67443	93258	145457
	生产制造及有关人员	54270	64698	79867

五、职业篇

由于行业特点、工作责任、劳动强度、工作条件和价值贡献等差异，不同职业间薪酬水平存在着一定差距；通过分析不同职业的薪酬水平状况，可以进一步引导劳动力有序流动、优化人力资源配置。

注：本职业篇职业划分标准均按照中华人民共和国职业分类大典（2015 版）标准，采用线下企业薪酬调查数据进行汇总统计。

1. 特别关注

（1）疫情防控人员薪酬状况

北京“十四五”规划明确提出：坚持人民至上、生命至上，构筑坚强有力的公共卫生体系，适应疫情防控常态化要求，全面提升首都应对突发公共卫生事件的能力，筑牢公共卫生安全屏障。

随着北京疫情防控常态化，疫情防控人员需求增加，疫情防控人员薪酬中位值位居前三的岗位为：疫苗研发技术员、核酸检测研发工程师、核酸检测实验员，薪酬中位值分别为 12968 元/月、12149 元/月、11621 元/月，见下表。

表 1–5.1.1　疫情防控人员薪酬状况（元/月）

职　位	下四分位值	中位值	上四分位值
核酸检测实验员	9537	11621	16355
核酸检测数据处理员	7326	9132	12723
核酸检测员	6095	8194	11627
核酸检测研发工程师	10626	12149	17981
疫苗研发技术员	9784	12968	20684

（2）新业态从业人员薪酬状况

随着数字经济新业态新模式快速发展，特殊的市场环境带来了新的就业方式和就业机会。新业态从业人员中，网络主播和直播运营专员薪酬中位值均超万元，分别为13115元/月和10279元/月；配送员、外卖送餐员及网约车司机（货车/客车司机）薪酬中位值均超7000元/月，见下表。

表1–5.1.2　新业态下从业人员薪酬状况（元/月）

职　位	下四分位值	中位值	上四分位值
网络主播	9247	13115	27429
直播运营专员	8624	10279	14228
配送员	5621	7246	10262
外卖送餐员	5714	7573	11016
网约车司机（货车/客车司机）	5762	7615	10869
护工护理员	4265	5267	7028
网约家政服务员	4024	5321	7242
商场信息员/促销员	3869	5018	7029
家电维修员	4368	5542	7357
保安员	3529	4526	5783

2. 新职业从业人员工资价位（2021）

为充分适应和反映人力资源开发管理需求，促进劳动者就业创业，人力资源和社会保障部建立了新职业发布制度，实施职业分类动态调整。在本年度调研中，继续针对《中华人民共和国职业分类大典（2015年版）》颁布以来发布的四批新职业（截至2021年12月）进行了工资价位调查。

数据显示，新职业从业人员整体薪酬水平较高，超六成新职业薪酬中位值超过20万元，位居前三位的新职业分别是集成电路工程技术人员（36.52万元）、信息安全测试员（33.44万元）、云计算工程技术人员（30.53万元），见下表。

表 1–5.2　新职业从业人员工资价位（元/年）

新　职　业	下四分位值	中位值	上四分位值
云计算工程技术人员	170774	305343	371083
人工智能工程技术人员	190453	290773	361464
大数据工程技术人员	143711	273987	303539
物联网工程技术人员	138384	240564	287294
数字化管理师	152182	240964	277273
建筑信息模型技术员	115063	204447	227748
电子竞技运营师	142563	195482	226301
物联网安装调试员	117789	155717	175265
工业机器人系统操作员	102351	135125	147048
无人机驾驶员	84577	130560	151622
工业机器人系统运维员	82151	107576	122295
智能制造工程技术人员	156499	283143	322933
工业互联网工程技术人员	138710	269779	330697
虚拟现实工程技术人员	163665	246212	289925
连锁经营管理师	131452	189747	210306
供应链管理师	128756	184155	197530
人工智能训练师	120434	162824	201907
康复辅助技术咨询师	103223	138374	149821
全媒体运营师	100105	129582	137408
出生缺陷防控咨询师	92234	117211	127347
呼吸治疗师	79311	113676	125145
无人机装调检修工	85506	112440	128934
电气电子产品环保检测员	77965	103533	125496
健康照护师	87779	102149	121797
装配式建筑施工员	75889	92969	103105
信息安全测试员	185032	334386	368775
在线学习服务师	114713	172289	194557

表 1–5.2　新职业从业人员工资价位（元/年）（续表一）

新　职　业	下四分位值	中位值	上四分位值
互联网营销师	110063	159278	197375
增材制造设备操作员	100110	122284	152252
集成电路工程技术人员	209411	365156	424366
电子数据取证分析师	154135	272572	316638
密码技术应用员	159382	284103	334010

3. 企业从业人员分职业中类工资价位（2021）

调查数据显示，薪酬中位值排名前十位的岗位分别是飞机和船舶技术人员、企事业单位负责人、金融服务人员、法律、社会和宗教专业人员、信息传输、软件和信息技术服务人员、电力、燃气及水供应服务人员、科学研究人员、工程技术人员、经济和金融专业人员、新闻出版、文化专业人员。

排名后十位的分别是纺织、针织、印染人员，纺织品、服装和皮革、毛皮制品加工制作人员，租赁和商务服务人员，健康服务人员，农副产品加工人员，木材加工、家具与木制品制作人员，文化、体育和娱乐服务人员，农、林、牧、渔业生产辅助人员，水利、环境和公共设施管理服务人员，畜牧业生产人员，见下表。

表 1–5.3　企业从业人员分职业中类工资价位（元/年）

职业中类名称	下四分位值	中位值	上四分位值
企事业单位负责人	153025	234323	374494
科学研究人员	109780	155411	245086
工程技术人员	101499	144376	193185
农业技术人员	78315	106113	140196
飞机和船舶技术人员	220742	382262	555557
卫生专业技术人员	88347	134789	181684
经济和金融专业人员	95036	138719	206366
法律、社会和宗教专业人员	110347	167497	257002

表 1–5.3　企业从业人员分职业中类工资价位（元/年）（续表一）

职业中类名称	下四分位值	中位值	上四分位值
教学人员	60027	75188	120652
文学艺术、体育专业人员	55865	109356	159688
新闻出版、文化专业人员	92277	134904	183112
办事人员	78301	111572	161958
安全和消防人员	57143	75406	98641
批发与零售服务人员	66597	90096	133569
交通运输、仓储和邮政业服务人员	61824	88279	106041
住宿和餐饮服务人员	52816	67315	84478
信息传输、软件和信息技术服务人员	105942	166290	249662
金融服务人员	105189	184751	265515
房地产服务人员	57326	79128	103194
租赁和商务服务人员	51018	65980	85029
技术辅助服务人员	75091	98612	120143
水利、环境和公共设施管理服务人员	48067	59704	91161
居民服务人员	49615	68782	90531
电力、燃气及水供应服务人员	122104	160448	176632
修理及制作服务人员	80207	90243	130283
文化、体育和娱乐服务人员	51313	61652	96744
健康服务人员	39348	65927	90894
农业生产人员	54529	67951	109109
畜牧业生产人员	42351	55465	79145
农、林、牧、渔业生产辅助人员	51853	60397	68870
农副产品加工人员	54446	65368	76946
食品、饮料生产加工人员	66761	80331	106388
纺织、针织、印染人员	50693	67163	91103
纺织品、服装和皮革、毛皮制品加工制作人员	54720	66132	78484
木材加工、家具与木制品制作人员	53808	64112	72483

表 1–5.3　企业从业人员分职业中类工资价位（元/年）（续表二）

职业中类名称	下四分位值	中位值	上四分位值
纸及纸制品生产加工人员	64038	92114	102778
印刷和记录媒介复制人员	67931	86114	104672
文教、工美、体育和娱乐用品制造人员	58834	67597	85257
化学原料和化学制品制造人员	98384	126008	164008
医药制造人员	72329	98948	123076
橡胶和塑料制品制造人员	63423	77158	90589
非金属矿物制品制造人员	84839	102785	115539
金属冶炼和压延加工人员	80303	94953	107035
机械制造基础加工人员	73741	90972	114279
通用设备制造人员	74118	90945	109179
专用设备制造人员	59196	74243	94998
汽车制造人员	66638	78947	98127
铁路、船舶、航空设备制造人员	109782	118791	137184
电气机械和器材制造人员	64079	74543	86558
计算机、通信和其他电子设备制造人员	72000	85764	100500
仪器仪表制造人员	78639	100200	123410
电力、热力、气体、水生产和输配人员	98427	128188	142848
建筑施工人员	70287	96319	114871
运输设备和通用工程机械操作人员及有关人员	74692	87291	109477
生产辅助人员	79880	107422	137145

4. 企业从业人员分职业细类工资价位

线下企业薪酬调查数据表明，在“中层及以上管理人员”职业细类中，薪酬中位值排名前十位的职业分别是总会计师、研究和开发部门经理、销售总监、财务总监、投资经理、企业监事、战略发展经理、工会主席、党委（支部）书记、总编辑；排名后十位的分别是采购部门经理、办公室主任、总监理工程师、区域市场主管、车间主任（工段长）、物流经理、客房部门经理、超市店长、餐厅部门经理。各职业具体薪酬情况参见下表。

表 1-5.4.1　中层及以上管理人员分职业细类工资价位（元/年）

中层及以上管理人员职业细类	下四分位值	中位值	上四分位值
党委（支部）书记	218140	321959	472200
生产经营部门经理	150997	223312	353291
财务部门经理	135650	205424	316820
行政部门经理	122376	195612	309184
人事部门经理	123712	193966	305018
销售和营销部门经理	121392	216900	387844
广告和公关部门经理	140378	229469	391339
采购部门经理	118931	174072	270949
计算机服务部门经理	187720	311030	522010
研究和开发部门经理	238819	353593	530863
餐厅部门经理	65625	81300	116485
客房部门经理	91224	125607	172635
办公室主任	116793	173665	269381
策划经理	125800	200928	260187
产品规划经理	216000	284619	359050
超市店长	71805	100039	157025
车间主任（工段长）	102729	144755	223574
出版部主任	183096	254697	365700
党群工作部经理	191580	268765	379408
法务部经理	186554	293142	485358
工程部经理	131883	200650	337514
建筑工程项目经理	148610	211401	294275
区域市场主管	94972	152322	249639
投资经理	216480	331900	481218

表 1-5.4.1　中层及以上管理人员分职业细类工资价位（元/年）（续表一）

中层及以上管理人员职业细类	下四分位值	中位值	上四分位值
外贸经理	160680	241260	383540
网络，软件项目经理	146355	203712	328800
物流经理	99761	130586	179705
战略发展经理	226810	330427	508338
资产运营管理部经理	173913	259090	389266
总编室主任	172717	223600	285027
财务总监	205774	332282	502217
策划总监	214264	310000	364621
工会主席	193950	324000	455132
技术总监	132942	210174	450768
企业监事	214000	331819	470754
人力资源总监	171613	289098	490284
市场总监	171061	273834	469441
销售总监	190500	349262	643750
总编辑	198651	319816	452385
总工程师	179780	237758	381350
总会计师	214684	382600	655601
总监理工程师	131110	164000	221771
总经济师	192140	241950	382251
总经理助理	179422	302540	459349

在专业技术人员职业细类中，薪酬中位值排名前十位的职业是拍卖专业人员、飞行驾驶员、民航通用航空工程技术人员、保险资金运用专业人员、铁道运输工程技术人员、民用航空器维修与适航工程技术人员、发电工程技术人员、银行清算专业人员、动画设计人员、电影电视制片人。各职业具体薪酬情况参见下表。

表 1-5.4.2 专业技术人员分职业细类工资价位（元/年）

专业技术人员职业细类	下四分位值	中位值	上四分位值
经济学研究人员	84784	130184	245086
法学研究人员	111802	137855	217233
教育学研究人员	76000	155745	252863
自然科学和地球科学研究人员	160059	215617	328231
农业科学研究人员	66342	129208	160960
医学研究人员	109849	149783	239022
管理学研究人员	133467	173888	260212
文学、艺术研究人员	84870	103377	188347
地质实验测试工程技术人员	137990	168156	226899
水工环地质工程技术人员	152937	213494	265558
钻探工程技术人员	203266	245608	271237
大地测量工程技术人员	99878	120916	154553
工程测量工程技术人员	96210	138731	201130
摄影测量与遥感工程技术人员	109080	142396	182628
地图制图工程技术人员	134255	149412	171190
地理信息系统工程技术人员	97884	139697	177557
地质测绘工程技术人员	54309	79322	101562
石油天然气储运工程技术人员	112844	161933	195107
冶炼工程技术人员	191903	226431	288013
金属材料工程技术人员	159210	205872	275695
耐火材料工程技术人员	161376	248747	306032
冶金热能工程技术人员	109139	257812	298921
化工实验工程技术人员	94635	122417	170212
化工设计工程技术人员	118999	160829	239358
化工生产工程技术人员	119930	164472	212170
机械设计工程技术人员	110720	192034	270833
机械制造工程技术人员	92260	128925	204068

表 1-5.4.2 专业技术人员分职业细类工资价位（元/年）（续表一）

专业技术人员职业细类	下四分位值	中位值	上四分位值
仪器仪表工程技术人员	46997	72551	136053
设备工程技术人员	95603	150689	221248
医学设备管理工程技术人员	77340	116031	207603
模具设计工程技术人员	90319	118438	172275
自动控制工程技术人员	89030	109347	158850
材料成形与改性工程技术人员	136722	176226	210342
焊接工程技术人员	72859	84240	124675
特种设备管理和应用工程技术人员	105385	119300	139572
汽车工程技术人员	101165	174629	275776
智能制造工程技术人员	102991	148066	224208
电子材料工程技术人员	143846	202540	279927
电子元器件工程技术人员	97479	117102	159278
电子仪器与电子测量工程技术人员	99581	113128	153621
广播视听设备工程技术人员	65204	99270	135501
通信工程技术人员	106462	163305	264034
计算机硬件工程技术人员	112769	153720	217260
计算机软件工程技术人员	120692	198618	295489
计算机网络工程技术人员	116410	178658	279123
信息系统分析工程技术人员	140975	209100	303498
嵌入式系统设计工程技术人员	132977	173457	237457
信息安全工程技术人员	62604	134045	211567
信息系统运行维护工程技术人员	105566	147956	198521
电工电器工程技术人员	62112	106668	188546
电缆光缆工程技术人员	65410	91400	114423
光源与照明工程技术人员	77452	87033	96799
发电工程技术人员	229237	307005	485435
供用电工程技术人员	81814	122832	217135

表 1–5.4.2 专业技术人员分职业细类工资价位（元/年）（续表二）

专业技术人员职业细类	下四分位值	中位值	上四分位值
变电工程技术人员	110000	207429	262298
输电工程技术人员	181174	189529	212317
电力工程安装工程技术人员	80383	114254	161276
广播电视制播工程技术人员	147488	192193	239073
广播电视传输覆盖工程技术人员	109922	150335	187499
电影工程技术人员	62065	99768	120476
汽车运用工程技术人员	177381	240000	312000
道路交通工程技术人员	165646	198681	269708
民用航空器维修与适航工程技术人员	280798	335985	505301
民航通用航空工程技术人员	285844	381222	497434
铁道运输工程技术人员	219607	342822	493434
铁道车辆工程技术人员	134853	167321	196862
铁道工务工程技术人员	109559	146822	163835
城乡规划工程技术人员	176842	256119	366900
建筑和市政设计工程技术人员	113186	187600	279598
土木建筑工程技术人员	90684	127516	181678
风景园林工程技术人员	129060	176757	262699
供水排水工程技术人员	133817	163306	209447
工程勘察与岩土工程技术人员	108470	150718	231191
城镇燃气供热工程技术人员	170988	205532	313376
环境卫生工程技术人员	143704	183739	242366
道路与桥梁工程技术人员	108578	142170	190957
港口与航道工程技术人员	112600	145286	217191
铁路建筑工程技术人员	83666	93079	111091
水利水电建筑工程技术人员	90724	137942	201596
爆破工程技术人员	135446	147272	158391
非金属矿及制品工程技术人员	107606	121938	162496

表 1-5.4.2 专业技术人员分职业细类工资价位（元/年）（续表三）

专业技术人员职业细类	下四分位值	中位值	上四分位值
无机非金属材料工程技术人员	66388	104474	181125
园林绿化工程技术人员	80664	121814	165043
园林植物保护工程技术人员	87015	141293	187974
水资源工程技术人员	113520	146022	174268
水生态和江河治理工程技术人员	84164	106479	128935
水利工程管理工程技术人员	174475	222867	274751
染整工程技术人员	75582	117798	147773
非织造工程技术人员	82335	101566	174157
服装工程技术人员	65025	80205	113447
食品工程技术人员	101297	124264	158391
环境监测工程技术人员	126256	153867	183444
环境污染防治工程技术人员	110543	162866	226132
环境影响评价工程技术人员	94740	176208	309183
核与辐射监测工程技术人员	65943	74865	89385
健康安全环境工程技术人员	93068	137237	168489
安全防范设计评估工程技术人员	83267	119993	198000
消防工程技术人员	56830	62677	85515
安全生产管理工程技术人员	99281	136200	175835
安全评价工程技术人员	116633	143467	172734
房屋安全鉴定工程技术人员	145557	202614	247881
标准化工程技术人员	111370	140383	200276
计量工程技术人员	101490	132158	191768
质量管理工程技术人员	99712	138800	194353
质量认证认可工程技术人员	85003	113840	155400
可靠性工程技术人员	74518	100002	198212
工业工程技术人员	99326	131890	209825
物流工程技术人员	77828	108627	146041

表 1–5.4.2　专业技术人员分职业细类工资价位（元/年）（续表四）

专业技术人员职业细类	下四分位值	中位值	上四分位值
战略规划与管理工程技术人员	141415	201780	288683
项目管理工程技术人员	100133	146140	211016
能源管理工程技术人员	136398	158593	182678
监理工程技术人员	66993	86400	115797
信息管理工程技术人员	100417	145890	221869
数据分析处理工程技术人员	83089	97158	160168
工程造价工程技术人员	99455	132689	181817
产品质量检验工程技术人员	77446	106654	152507
特种设备检验检测工程技术人员	109729	133876	178830
卫生检疫人员	53863	76968	117484
制药工程技术人员	129071	147672	184936
印刷复制工程技术人员	79305	136056	157861
产品设计工程技术人员	119611	177773	287898
工业设计工程技术人员	116153	176095	243265
塑料加工工程技术人员	89915	111740	154095
生物工程技术人员	116560	148763	198590
兽医	91214	106535	125297
畜牧技术人员	74082	105692	153896
农业工程技术人员	98031	176477	216850
飞行驾驶员	245068	426291	659482
内科医师	182175	229659	290751
外科医师	139240	220229	308475
儿科医师	160844	220776	496991
妇产科医师	180378	228368	293589
眼科医师	177150	218547	335519
耳鼻咽喉科医师	199965	217476	319876
口腔科医师	107740	204447	267701

表 1-5.4.2 专业技术人员分职业细类工资价位（元/年）（续表五）

专业技术人员职业细类	下四分位值	中位值	上四分位值
精神科医师	207279	260114	306494
急诊科医师	188483	229190	303319
康复科医师	94817	165845	182467
麻醉科医师	163145	251238	432654
放射科医师	215494	255956	305854
超声科医师	170869	225537	266774
肿瘤科医师	164096	221395	250176
全科医师	131285	166228	237708
临床检验科医师	86186	133318	177106
职业病科医师	181648	232745	259885
中医内科医师	92396	128205	229468
针灸医师	93752	117778	135208
中西医结合皮肤与性病科医师	101854	133200	173992
药师	68434	92172	148414
中药师	44858	81798	152257
影像技师	110799	134789	145046
病理技师	107239	139524	229045
临床检验技师	101311	138562	191488
康复技师	86680	114364	127839
病案信息技师	63822	91831	131959
中医技师	67990	82973	105805
内科护士	83435	122130	137276
儿科护士	55840	79114	114429
急诊护士	91715	125631	143624
外科护士	69138	112671	145542
社区护士	94842	126540	149096
助产士	115706	180084	249185

表 1-5.4.2　专业技术人员分职业细类工资价位（元/年）（续表六）

专业技术人员职业细类	下四分位值	中位值	上四分位值
口腔科护士	56530	72207	101343
妇产科护士	75593	81693	129161
中医护士	62755	72091	84232
门诊护士	74703	129481	195996
手术室护士	95786	122669	143998
供应室护士	62659	106503	156102
经济规划专业人员	143796	219773	358454
价格专业人员	87752	140713	207574
调查分析师	125252	156000	201967
统计数据分析员	76315	111314	155818
出纳	72000	95328	126564
会计	80748	117689	165427
车间会计	68749	87208	108938
核算会计	88272	119003	176160
总帐会计	96539	123943	170205
财务分析师	120524	173023	290016
基建财务专员	100023	144312	210985
财务文员	76691	107273	155366
审计专业人员	100338	153575	260428
税务专业人员	56122	115500	195065
资产评估人员	84278	118800	168207
房地产估价专业人员	46584	64200	192223
国际商务专业人员	100263	150328	228621
市场营销专业人员	89120	141343	228991
商务策划专业人员	102393	158496	223894
品牌专业人员	108334	160974	262830
会展策划专业人员	68515	105956	163199

表 1–5.4.2　专业技术人员分职业细类工资价位（元/年）（续表七）

专业技术人员职业细类	下四分位值	中位值	上四分位值
房地产开发专业人员	174443	247667	347037
医药代表	166961	218288	282573
管理咨询专业人员	98376	176234	268904
拍卖专业人员	481053	583404	712219
物业经营管理专业人员	103344	136904	186662
经纪与代理专业人员	82442	122400	189237
报关专业人员	75600	96188	125249
人力资源管理专业人员	97146	138038	192324
人力资源服务专业人员	67214	103258	146451
职业信息分析专业人员	66573	72841	81828
银行清算专业人员	272918	305546	339019
信贷审核专业人员	188299	263053	420989
精算专业人员	118575	233100	255701
保险核保专业人员	89762	138334	232221
保险理赔专业人员	106530	154006	222327
证券发行专业人员	164589	268207	358859
证券交易专业人员	104018	136774	221640
证券投资专业人员	157956	228353	303376
专利代理专业人员	96057	125060	173677
专利管理专业人员	102179	164926	199868
版权专业人员	157366	191432	238512
商标代理专业人员	79259	109702	122733
资产运营管理经济师	143205	183765	288301
律师	96328	143617	215179
法律顾问	139098	198316	307883
高等教育教师	86405	159840	198240
中等职业教育教师	156516	194030	217306

表 1-5.4.2　专业技术人员分职业细类工资价位（元/年）（续表八）

专业技术人员职业细类	下四分位值	中位值	上四分位值
中学教育教师	148824	192424	221564
小学教育教师	100251	143819	193263
幼儿教育教师	49582	62222	82999
导演	130027	178332	225389
电影电视制片人	173575	276562	364465
电影电视摄影师	122521	153768	192925
剪辑师	76964	95820	156000
音像师	79765	102169	121858
美工师	70632	98437	127162
视觉传达设计人员	95547	126933	173415
服装设计人员	75879	111778	152301
动画设计人员	240000	297600	362400
环境设计人员	120133	194161	280118
工艺美术专业人员	106480	148849	192657
数字媒体艺术专业人员	126572	170464	196419
陈列展览设计人员	66412	116940	157575
教练员	67260	98508	193538
文字记者	126838	163584	212956
摄影记者	151767	211123	259439
文字编辑	114427	168560	253675
美术编辑	116521	185160	256214
技术编辑	80512	132804	240600
音像电子出版物编辑	74442	110060	120939
网络编辑	77100	112052	175389
校对员	80118	109778	128517
播音员	70736	79064	102006
节目主持人	125399	184206	236504

表 1–5.4.2 专业技术人员分职业细类工资价位（元/年）（续表九）

专业技术人员职业细类	下四分位值	中位值	上四分位值
翻译	108521	134904	177157
图书资料专业人员	53810	104352	151488
档案专业人员	81740	107057	179115
保险资金运用专业人员	108836	378930	587775
哲学研究人员	234789	251734	309538
重症医学科医师	210615	245644	275171
合作经济专业人员	184092	239354	265479
民航空中交通管理工程技术人员	120000	232600	256692
机载设备设计制造工程技术人员	198257	227456	264092
地震监测预测工程技术人员	192791	219734	243371
铁道供电工程技术人员	173407	192258	199089
公共卫生医师	143050	191906	347860
民航机场工程技术人员	81242	185780	204358
铁道电务工程技术人员	179770	182639	187785
航空动力装置制造工程技术人员	96264	176640	311220
再生资源工程技术人员	138094	176110	221508
公共艺术专业人员	153923	171200	171200
服装道具师	77660	170138	170138
演艺设备工程技术人员	114271	163574	205679
演出制作人	130911	161671	193200
炭素材料工程技术人员	125932	155095	266968
中医推拿医师	86928	141783	198712
电视导播	131179	141200	148011
肿瘤放射治疗技师	111749	132963	145199
纺织工程技术人员	111273	128802	135226
防伪工程技术人员	60000	125412	128280
船舶运用工程技术人员	109820	123100	173220

表 1-5.4.2　专业技术人员分职业细类工资价位（元/年）（续表十）

专业技术人员职业细类	下四分位值	中位值	上四分位值
临床营养技师	115954	122505	135322
专利信息分析专业人员	108625	118270	150397
植物保护技术人员	77329	117950	151566
灯光师	97515	116777	139079
装置师	41955	98971	117989
工业互联网工程技术人员	81600	98208	187140
硅酸盐工程技术人员	91646	95958	146819
心电学技师	78819	93848	100420
生物发酵工程技术人员	83724	89092	142131
公卫检验技师	79743	82894	87902
兽药技术人员	76379	80421	158966

在办事人员和有关人员职业大类中，薪酬中位值最高的是投资及资产管理业务人员（19.07 万元），薪酬中位值最低的岗位是收发员（5.19 万元），各职业具体薪酬情况参见下表。

表 1-5.4.3　办事人员和有关人员分职业细类工资价位（元/年）

办事人员和有关人员职业细类	下四分位值	中位值	上四分位值
行政办事员	81323	122580	188291
统计调查员	66861	108949	151565
机要员	107768	117691	174391
秘书	73008	108066	170500
公关员	74268	128035	245589
收发员	43859	51870	77326
打字员	58471	71014	90467
速录师	67720	77352	86803
制图员	78913	109540	128653
后勤管理员	54874	75222	103314

表 1-5.4.3　办事人员和有关人员分职业细类工资价位（元/年）（续表一）

办事人员和有关人员职业细类	下四分位值	中位值	上四分位值
产品规划专员	101438	138831	216110
工会干事	104574	143122	193126
合同管理专员	86569	117424	170228
活动策划员	98021	118581	162960
计算机操作员	62603	86257	114092
企划管理师	110461	136265	196620
企业宣传及品牌管理专员	97289	140205	237203
企业医务人员	90373	136126	155733
投资及资产管理业务人员	133342	190680	282290
文案策划员	87356	116212	155432
文员	60000	82958	120242
保卫管理员	58057	77660	106312
消防员	67073	108534	121459
消防指挥员	61083	73152	95471
消防装备管理员	50051	61252	72131
消防安全管理员	59774	82061	100193
消防监督检查员	46053	79409	128495
政工业务人员	132333	186394	251181
科技管理专员	104584	151172	223296
社团会员管理员	65998	95158	98760
外事办专员	59940	74566	122844
社区事务员	61460	72380	85967

在社会生产服务和生活服务人员职业大类中，薪酬中位值排行前十的职业分别为首饰设计师、银行信贷员、风险管理师、银行客户业务员、全媒体运营师、计算机程序设计员、银行信用卡业务员、证券交易员、房地产策划师、文化经纪人。薪酬中位值排行后十的职业分别是理货员、康乐服务员、园林绿化工、交通管理员、洗衣工、停车管理员、洗碗工、家政服务员、客房服务员、保洁员。各职业具体薪酬情况参见下表。

表 1–5.4.4 社会生产服务和生活服务人员分职业细类工资价位（元/年）

社会生产服务和生活服务人员职业细类	下四分位值	中位值	上四分位值
采购人员	78442	104715	150917
营销员	66455	102556	163691
电子商务师	86207	145065	345221
商品营业员	51365	64166	83432
收银员	51569	65135	82683
互联网营销师	90090	104693	143357
医药商品购销员	104887	118675	141765
出版物发行员	58927	86384	106259
轨道交通调度员	127631	146809	243998
城市轨道交通服务员	95436	117647	161664
道路货运汽车驾驶员	68328	77935	87366
道路客运服务员	70872	104844	127182
道路货运业务员	66288	72928	88974
道路运输调度员	73717	92717	119062
机动车驾驶教练员	87973	104106	123345
油气电站操作员	83551	100517	109321
加油站站长	94984	103657	187142
公共汽车客运驾驶员	78179	106110	127170
航空运输地面服务员	87186	119686	132197
机场运行指挥员	62823	79678	85506
装卸搬运工	55381	72504	83139
运输代理服务员	86723	116203	136872
危险货物运输作业员	76781	117545	151208
（粮油）仓储管理员	66864	82135	101361
理货员	43704	55652	74315
物流服务师	69276	89810	117059

表 1-5.4.4　社会生产服务和生活服务人员分职业细类工资价位（元/年）

（续表一）

社会生产服务和生活服务人员职业细类	下四分位值	中位值	上四分位值
冷藏工	65805	90255	99234
供应链管理师	75900	119216	208866
邮政营业员	79303	110197	152817
邮政投递员	78796	112186	156730
邮政市场业务员	108068	137066	184001
快递员	65000	75514	103317
快件处理员	58357	70559	92488
商品储运员	52473	63204	87839
医药商品储运员	64161	75799	109171
交通管理员	41597	52427	99202
停车场收费管理员	52600	78128	90982
前厅服务员	48724	68383	93696
客房服务员	42490	47712	72637
旅店服务员	54000	73026	90533
前台主管	63262	88316	127406
大堂副理	83005	100581	122334
前台接待员	52568	66565	85770
前台结算员	49960	69630	99563
行李员	47294	64957	77608
门童	60370	87905	161841
客房主管	59604	73625	92402
客房中心管理员	48294	59231	71828
客衣收发员	49000	64775	72574
洗衣工	42199	50446	63008
日审	65511	73046	89120
夜审	61310	80471	90122

表 1-5.4.4　社会生产服务和生活服务人员分职业细类工资价位（元/年）

（续表二）

社会生产服务和生活服务人员职业细类	下四分位值	中位值	上四分位值
庶务	74702	89697	108740
总机话务员	53065	64650	75301
总机主管	65844	86841	101749
中式烹调师	45586	61572	90696
中式面点师	50400	62178	75391
西式烹调师	63825	79264	95077
西式面点师	58560	65447	90061
餐厅服务员	47959	57716	70600
咖啡师	60810	66671	84789
调酒师	58337	73998	90275
酒吧服务员	51910	77498	88553
烤鸭师	63170	69396	78388
配菜员（打荷）	49709	59800	73092
行政总厨	125779	172709	233981
厨师长	84163	109459	144099
厨房领班	58920	73303	93420
餐厅领班	60692	78369	96866
餐厅迎宾员	49966	57178	72452
餐厅领位员	53768	59462	79487
职工食堂厨师	58199	75080	94068
职工食堂伙工	51950	56349	71355
职工食堂管理员	72876	90461	119209
职工宿舍管理员	44034	62774	73528
工服布巾管理员	46097	69294	88037
信息通信网络机务员	75368	108280	117276
信息通信网络线务员	69318	91448	121772

表 1–5.4.4　社会生产服务和生活服务人员分职业细类工资价位（元/年）

（续表三）

社会生产服务和生活服务人员职业细类	下四分位值	中位值	上四分位值
无线电监测与设备运维员	76729	99535	110652
广播电视天线工	54827	73325	80361
信息通信网络运行管理员	85800	108800	143596
网络与信息安全管理员	71934	101442	127056
信息通信信息化系统管理员	98537	119548	203554
计算机程序设计员	135683	225821	326406
计算机软件测试员	122400	170466	251017
呼叫中心服务员	64342	84915	111437
银行综合柜员	112412	144471	204570
银行信贷员	238243	428440	753088
银行客户业务员	164560	250568	337673
银行信用卡业务员	127409	223403	357775
期货服务人员	108673	146847	165807
保险代理人	76798	110033	243389
典当业务员	51731	66845	90726
物业管理员	55577	77621	108905
中央空调系统运行操作员	48000	64603	87902
停车管理员	47264	50164	68657
物业综合维修人员	57574	67568	87937
维修电工	62186	80400	107698
楼宇空调运行保障工	61792	75991	105653
纯水运行工	60674	88620	102626
电梯工	97732	125713	146850
写字楼服务员	65863	79128	108843
房地产经纪人	54574	88504	150964
房地产策划师	136465	192452	222511

表 1-5.4.4　社会生产服务和生活服务人员分职业细类工资价位（元/年）

（续表四）

社会生产服务和生活服务人员职业细类	下四分位值	中位值	上四分位值
租赁业务人员	83198	123502	189513
风险管理师	181525	278451	391583
科技咨询师	119880	165000	245036
客户服务管理员	63000	88793	133235
劳动关系协调员	66363	105651	195304
创业指导师	110662	124239	141831
企业人力资源管理师	82772	115018	169671
公共游览场所服务员	54665	66117	77687
保安员	45924	56141	68940
智能楼宇管理员	78764	99980	119595
消防设施操作员	56007	65599	88046
安全防范系统安装维护员	65406	95000	103842
押运员	63651	68674	74793
商品监督员	79430	123081	137711
商品防损员	48007	55841	93155
市场管理员	64693	86036	117885
会展设计师	80138	107919	133075
装饰美工	73494	105503	125414
会议服务员	45181	60586	81236
工程测量员	90262	127016	154793
农产品食品检验员	61326	75529	92371
贵金属首饰与宝玉石检测员	93507	112824	120143
药物检验员	61745	83929	111751
机动车检测工	92349	117832	139723
计量员	84576	104364	140998
电气电子产品环保检测员	48836	75200	103575

表 1–5.4.4　社会生产服务和生活服务人员分职业细类工资价位（元/年）

（续表五）

社会生产服务和生活服务人员职业细类	下四分位值	中位值	上四分位值
环境监测服务人员	55683	91266	147813
地质实验员	58693	108275	124099
纺织面料设计师	85255	111270	127112
工艺美术品设计师	104400	127780	142606
室内装饰设计师	76967	102558	114974
广告设计师	88254	102933	134413
包装设计师	95360	169436	218838
家具设计师	60655	86568	119859
水工混凝土维修工	61031	79826	93836
水工土石维修工	58324	63247	70287
污水处理工	75357	86375	98638
危险废物处理工	106534	110735	119684
保洁员	40395	45777	59316
生活垃圾清运工	87161	107363	140874
生活垃圾处理工	69454	82051	108522
草坪园艺师	53020	66820	71020
养老护理员	50275	73368	99702
家政服务员	44400	48000	54902
裁缝	50780	66055	93921
洗衣师	54333	65346	77415
美容师	100368	115778	135393
美发师	56073	62370	84519
电力供应服务人员	105689	146084	172612
水供应服务员	135754	150006	174425
汽车维修工	81727	103799	130522
计算机维修工	61877	68750	82501

表 1–5.4.4　社会生产服务和生活服务人员分职业细类工资价位（元/年）

（续表六）

社会生产服务和生活服务人员职业细类	下四分位值	中位值	上四分位值
办公设备维修工	61467	84829	109377
信息通信网络终端维修员	83315	100522	118715
讲解员	51664	67768	101525
影视置景制作员	53851	58923	92501
动画制作员	91064	130025	175909
影视烟火特效员	59209	71580	80549
音响调音员	69359	98892	110301
电视摄像员	109838	135512	221116
游泳救生员	46356	61474	71435
康乐服务员	47376	55651	74669
健身教练	55166	68942	92997
全媒体运营师	186323	237409	278073
药房辅助员	45146	59040	121110
医疗临床辅助服务员	73982	100911	195230
健康管理师	48050	68912	82981
眼镜验光员	82247	92299	104353
公共卫生辅助服务人员	52610	71976	81348
首饰设计师	438695	483091	1070391
证券交易员	150058	193442	294572
文化经纪人	124789	184846	197768
燃气具安装维修工	164331	178101	190933
殡仪服务员	114339	171169	189621
燃气供应服务人员	122104	160448	176632
冲印师	95697	157275	157275
商业摄影师	80485	132000	154778
花艺环境设计师	84750	119741	158025

表 1-5.4.4　社会生产服务和生活服务人员分职业细类工资价位（元/年）

（续表七）

社会生产服务和生活服务人员职业细类	下四分位值	中位值	上四分位值
铁路车站客运服务员	106322	119386	134851
家用电器产品维修工	102440	117681	126608
公共场所卫生管理员	66416	112403	168340
连锁经营管理师	78043	112275	136734
眼镜定配工	90153	111355	147058
信息安全测试员	79801	111147	150538
邮件分拣员	47102	105920	105920
地理信息采集员	83920	104200	109700
不动产测绘员	93903	104120	104380
信息通信营业员	80339	101940	121854
工业固体废物处理处置工	95054	100624	110397
照明工	46949	98277	124932
出版物储运员	86748	96396	106827
公路收费及监控员	88788	96167	105762
公共营养师	87120	95760	121433
乐器维修工	78396	93996	93996
再生物资回收人员	86283	91448	96258
旅游团队领队	65900	89800	128400
有害生物防制员	74840	89520	91520
公墓管理员	78024	86246	100466
织补师	75347	84966	84966
纤维检验员	42000	78487	94075
体育场馆管理员	65824	77894	83805
地图绘制员	45290	74405	90885
道路客运汽车驾驶员	49224	72656	100700
茶艺师	55958	72642	84799

表 1-5.4.4　社会生产服务和生活服务人员分职业细类工资价位（元/年）

（续表八）

社会生产服务和生活服务人员职业细类	下四分位值	中位值	上四分位值
保健按摩师	62364	71695	84578
河道修防工	59934	70306	71958
商品部服务员	51268	64800	84489
群众文化指导员	62527	64120	90120
展出动物保育员	56350	64042	69762
安检员	50737	60000	68006
水工监测工	43564	59979	61845
营养配餐员	50648	58217	70565
园林绿化工	37360	55455	74297
洗碗工	41280	48484	57432

在农、林、牧、渔业生产及辅助人员职业大类中，薪酬中位值最高的是园艺工（14.35万元），薪酬中位值最低的岗位是农作物植保员（6.05万元），各职业具体薪酬情况参见下表。

表 1-5.4.5　农、林、牧、渔业生产及辅助人员分职业细类工资价位（元/年）

农、林、牧、渔业生产及辅助职业细类	下四分位值	中位值	上四分位值
园艺工	58408	143453	180755
家畜繁殖员	104368	115849	142497
家畜饲养员	60056	76998	84792
实验动物养殖员	54932	66183	79497
农业技术员	83491	95983	119072
农作物植保员	55806	60544	68228
动物疫病防治员	51819	66967	74187
农机驾驶操作员	51334	65376	72165

在生产、运输设备操作人员及有关人员职业大类中，薪酬中位值排名前十位的职业是汽轮机运行值班员、油品储运工、玻璃及玻璃制品成型工、焊接材料制造工、白酒酿造工、

泵装配调试工、有机合成工、铁路车辆制修工、耐火制品加工工、化工单元操作工。薪酬中位值排名后十位的职业是饲料加工人员、果蔬和坚果加工人员、酱油酱类制作工、缝纫工、纺织服装和皮革加工专用设备制造人员、米面主食制作工、高低压电器及成套设备装配工、机械木工、畜禽屠宰加工工、下料工，各职业具体薪酬情况参见下表。

表 1–5.4.6　生产制造及有关人员分职业细类工资价位（元/年）

生产制造及有关人员职业细类	下四分位值	中位值	上四分位值
制粉工	55111	72243	84965
制油工	76005	117236	125968
饲料加工人员	54643	64326	76067
畜禽屠宰加工工	45247	55755	74337
肉制品加工工	57369	77342	89262
水产品加工工	52521	67761	76206
果蔬和坚果加工人员	53565	63591	71787
糕点面包烘焙工	75535	89213	100945
米面主食制作工	47568	60861	78838
冷冻食品制作工	69889	92819	124934
罐头食品加工工	82504	89716	102324
乳品加工工	68666	80564	93713
酱油酱类制作工	52746	62816	77807
食醋制作工	53603	65850	77982
白酒酿造工	116000	152416	165770
非织造布制造人员	65651	73816	84879
服装制版师	66018	87205	137874
裁剪工	52432	66132	79477
缝纫工	48848	62514	72620
仪器仪表元器件装调工	67182	86171	97847
手工木工	55067	80172	130601
机械木工	51133	57575	77263

表 1–5.4.6 生产制造及有关人员分职业细类工资价位（元/年）（续表一）

生产制造及有关人员职业细类	下四分位值	中位值	上四分位值
家具制造人员	54948	65774	79382
印前处理和制作员	75573	92126	110013
印刷操作员	70836	98875	143038
印后制作员	55793	80102	96748
贵金属首饰制作工	97972	122470	146913
油品储运工	149080	169937	181453
化工单元操作工	87727	131078	193448
制冷工	65205	94462	149329
有机合成工	116019	147018	196523
口腔清洁剂制造工	91631	108713	123674
化学药品原料药制造人员	80696	113645	183355
药物制剂工	75777	124511	167760
生化药品制造工	67521	80088	97985
疫苗制品工	83713	97971	123650
橡胶制品生产工	66095	79443	94077
塑料制品加工人员	63832	78779	90433
预拌混凝土生产工	61248	88497	104373
玻璃及玻璃制品成型工	107491	169722	186747
玻璃加工工	60472	77989	88848
玻璃钢制品工	93529	113216	125635
陶瓷原料准备工	83231	103313	115213
耐火制品加工工	86913	140974	154536
半导体辅料制备工	68826	105057	146812
金属轧制工	86867	106905	131929
金属材热处理工	78403	87989	111546
金属材精整工	73240	108549	127994
金属材丝拉拔工	72612	78475	95473

表 1–5.4.6　生产制造及有关人员分职业细类工资价位（元/年）（续表二）

生产制造及有关人员职业细类	下四分位值	中位值	上四分位值
车工	76149	89925	108948
铣工	65488	99826	189186
磨工	73605	89033	108146
镗工	58092	84755	131789
钻床工	57961	81964	117401
多工序数控机床操作调整工	70875	79228	100944
电切削工	74402	94412	107883
下料工	47523	54310	76273
铆工	66281	110153	136501
冲压工	70256	91881	106480
铸造工	88453	102964	140500
金属热处理工	73157	88289	113790
焊工	62166	74441	95589
机械加工材料切割工	54179	68942	99825
涂装工	67819	86215	105328
喷涂喷焊工	68515	91744	122515
模具工	72713	98956	123007
工具钳工	82950	91446	113031
装配钳工	76748	99193	118791
机床装调维修工	72068	99407	153899
焊接设备装配调试工	78000	94620	128119
焊接材料制造工	80005	163587	196392
泵装配调试工	135806	152352	166870
真空设备装配调试工	83319	99237	108631
工程机械装配调试工	69794	96254	118078
纺织服装和皮革加工专用设备制造人员	50996	61138	73683
电子专用设备装调工	82300	108549	156978

表 1-5.4.6 生产制造及有关人员分职业细类工资价位（元/年）（续表三）

生产制造及有关人员职业细类	下四分位值	中位值	上四分位值
医疗器械装配工	79632	94532	106766
假肢装配工	95262	113022	133127
汽车生产线操作工	76897	102540	117540
汽车饰件制造工	71296	83477	100266
汽车零部件再制造工	57085	69855	98127
汽车装调工	60012	71546	84170
汽车回收拆解工	99519	114032	124140
铁路车辆制修工	118748	141306	160619
电机制造人员	54340	88097	109758
高低压电器及成套设备装配工	53092	59749	77229
电力电容器及其装置制造工	54408	68100	76730
电线电缆制造工	60144	68698	81066
光纤光缆制造工	57802	81946	93035
电池制造人员	73286	85513	94475
电光源制造工	62404	78893	86763
电容器制造工	65751	69510	76618
电阻器制造工	68247	77795	85984
石英晶体生长设备操作工	57194	70972	92350
石英晶体元器件制造工	92985	120967	147882
电子产品制版工	59884	73536	84005
真空电子器件零件制造及装调工	79546	85764	95257
半导体芯片制造工	70065	79636	109144
半导体分立器件和集成电路装调工	82940	96068	122047
计算机及外部设备装配调试员	67344	92530	114532
通信系统设备制造工	56840	64626	73983
通信终端设备制造工	66228	78167	90449
广电和通信设备电子装接工	80051	97079	125762

表 1–5.4.6　生产制造及有关人员分职业细类工资价位（元/年）（续表四）

生产制造及有关人员职业细类	下四分位值	中位值	上四分位值
广电和通信设备调试工	81132	103030	122259
仪器仪表制造工	82762	100200	123410
锅炉运行值班员	85754	112023	135041
汽轮机运行值班员	120240	179964	241879
电气值班员	59293	88651	134539

六、群体篇

1. 技能人才薪酬状况

技能人才是支撑“北京智造”的重要基础。随着北京市产业结构调整步伐的加快，社会对高技能人才的需求也在快速增长。2021 年 12 月，北京市发布《关于做好技能人才薪酬激励相关工作的意见》（试行），明确提出“企业自主决定技能人才薪酬分配”“施行‘新八级’岗位绩效工资制”“提高高技能人才薪酬待遇”“完善国有企业技能人才薪酬分配机制”“支持职业贯通与薪酬待遇同步调整”等举措，鼓励并支持企业设计“多劳者多得、技高者多得”的薪酬激励方式，对关键技术岗位、关键工序和急需紧缺的技能人才，可以打破常规，实行协议工资、项目工资制、年薪制等分配形式，使得他们的工资与贡献相匹配，完善企业内部薪酬分配机制和激励机制，合理提高技能人才薪酬待遇。

（1）技能人才整体薪酬状况

技能人才薪酬水平与技能等级呈正相关关系，其薪酬水平随着技能等级上升而上涨。整体来看，高级技师薪酬中位值最高，初级技能人才较其他等级技能人才薪酬存在一定差距。不同技能等级人才薪酬情况参见下表。

表 1–6.1.1　技能人才整体薪酬水平状况（元/年）

技能等级	下四分位值	中位值	上四分位值
高级技师	98114	123641	183431
技师	94894	118847	156763
高级技能	94443	118188	152665
中级技能	85518	111552	137478
初级技能	62076	84895	112045

（2）主要行业技能人才薪酬状况

“北京智造”需要大量高素质、掌握新技术技能的人才为支撑，在高级技师、技师及中级技能等级中，薪酬中位值最高的行业均是科学研究和技术服务业，分别为 30.24 万元、19.2 万元、14.97 万元。在高级技能与初级技能人才等级中，薪酬中位值较高的是电力、热力、燃气及水生产和供应业，分别为 15.62 万元及 13.83 万元，各行业技能人才整体薪酬情况参见下表。

表 1–6.1.2　技能人才整体薪酬水平状况（元/年）

行　业	技能等级	下四分位值	中位值	上四分位值
农、林、牧、渔业	高级技师	106960	158991	291205
	技师	83853	118931	138309
	高级技能	69989	104829	106013
	中级技能	81150	93581	113390
	初级技能	47733	65000	82494
制造业	高级技师	108116	146826	259095
	技师	101497	132711	182421
	高级技能	94412	115364	156289
	中级技能	88183	107695	127623
	初级技能	69149	93171	129172
电力、热力、燃气及水生产和供应业	高级技师	135597	163551	180174
	技师	140411	156997	195270
	高级技能	136586	156160	182095
	中级技能	125695	146164	175975
	初级技能	119510	138334	163602
建筑业	高级技师	103180	131286	155809
	技师	96270	124395	157278
	高级技能	83928	111242	152239
	中级技能	74932	108818	138583
	初级技能	64810	104398	125585
批发和零售业	高级技师	98387	113961	124092
	技师	82661	100918	130308
	高级技能	81763	97833	124460
	中级技能	77701	92897	117844
	初级技能	67015	84668	107583

表 1-6.1.2　技能人才整体薪酬水平状况（元/年）（续表一）

行　业	技能等级	下四分位值	中位值	上四分位值
交通运输、仓储和邮政业	高级技师	116495	124377	158039
	技师	112846	118315	153021
	高级技能	106703	115483	138905
	中级技能	94707	110573	132575
	初级技能	74350	107392	122366
住宿和餐饮业	高级技师	91922	114842	133681
	技师	81790	106368	128787
	高级技能	67085	78629	92926
	中级技能	59416	76295	92564
	初级技能	54180	68460	86808
房地产业	高级技师	97715	118281	149440
	技师	79308	98489	136343
	高级技能	84382	93378	129473
	中级技能	66053	80074	109398
	初级技能	50900	62962	80998
租赁和商务服务业	高级技师	95157	131097	169449
	技师	82540	113129	148895
	高级技能	98704	112984	136782
	中级技能	84000	106402	135253
	初级技能	42905	61534	85414
科学研究和技术服务业	高级技师	250550	302370	362082
	技师	157782	192012	230997
	高级技能	117284	152545	210192
	中级技能	127102	149723	166235
	初级技能	90802	108512	121003
水利、环境和公共设施管理业	高级技师	74552	121392	136289
	技师	98440	112109	138803
	高级技能	85787	106475	150954
	中级技能	84400	100968	143087
	初级技能	67560	96749	141722

表 1-6.1.2　技能人才整体薪酬水平状况（元/年）（续表二）

行　业	技能等级	下四分位值	中位值	上四分位值
居民服务、修理和其他服务业	高级技师	97358	153845	211161
	技师	97067	117713	135210
	高级技能	93874	117641	140522
	中级技能	82358	105767	129186
	初级技能	39343	60430	80565

2. 应届生薪酬状况

近年来，全国高校毕业生就业人数呈明显增长态势，2021 届全国高校毕业生达 909 万人新高，北京地区高校毕业生仍维持在 24.3 万人，就业压力进一步增大。北京也推出了一系列举措，落实毕业生“稳就业”“保就业”各项工作，助力高校毕业生顺利就业。

（1）应届生整体薪酬状况

高校毕业生薪酬水平与学历水平呈正相关关系，各岗位职能类型中，薪酬中位值最高的均为硕士及以上学历，技术研发/专业技能类岗位、业务类岗位、销售类岗位、支持类岗位分别为 11.29 万元、9.80 万元、9.51 万元和 9.16 万元，见下表。

表 1-6.2.1　应届生整体薪酬水平状况（元/年）

学　历	岗位职能	下四分位值	中位值	上四分位值
专科	技术研发/专业技能类岗位	65410	79860	100974
	销售类岗位	60803	73580	80591
	业务类岗位	62463	73430	85305
	支持类岗位	59009	69359	80728
本科	技术研发/专业技能类岗位	77562	94752	120736
	销售类岗位	72743	82888	96286
	业务类岗位	74755	87711	107028
	支持类岗位	65413	79009	90583
硕士及以上	技术研发/专业技能类岗位	94276	112898	149565
	销售类岗位	75367	95132	110900
	业务类岗位	82861	97983	125760
	支持类岗位	77249	91625	111479

（2）各职能岗位应届生薪酬状况

技术研发/专业技能类岗位薪酬水平

技术研发/专业技能类岗位中，金融业，信息传输、软件和信息技术服务，房地产业应届生薪酬水平位居第一梯队，本科毕业生薪酬中位值均超10万元，分别为11.22万元、10.81万元、10.4万元；农、林、牧、渔业及住宿和餐饮业应届生薪酬水平相对落后，本科毕业生薪酬中位值低于8万元，分别为7.58万元和7.4万元，见下表。

表1–6.2.1.1　应届生技术研发/专业技能类岗位薪酬水平状况（元/年）

行　业	学　历	下四分位值	中位值	上四分位值
房地产业	专科	70391	86512	106490
	本科	88184	104042	130606
	硕士及以上	103091	128482	155696
建筑业	专科	72909	83521	101178
	本科	76250	90353	118317
	硕士及以上	93634	111480	144967
交通运输、仓储和邮政业	专科	72024	84992	103484
	本科	77100	92970	123730
	硕士及以上	98940	114953	149571
教育	专科	66661	81968	96399
	本科	76689	90677	129714
	硕士及以上	92225	112321	148480
金融业	专科	78419	92180	109828
	本科	95156	112226	137826
	硕士及以上	116372	133039	176449
居民服务、修理和其他服务业	专科	62850	74595	96692
	本科	69599	80156	112124
	硕士及以上	81038	97649	131527
科学研究和技术服务业	专科	70248	84874	101852
	本科	84154	98279	136407
	硕士及以上	99691	118724	162357

表 1-6.2.1.1 应届生技术研发/专业技能类岗位薪酬水平状况（元/年）

（续表一）

行 业	学 历	下四分位值	中位值	上四分位值
农、林、牧、渔业	专科	62000	72157	89428
	本科	63224	75823	102751
	硕士及以上	79533	91807	126624
批发和零售业	专科	62378	72734	91586
	本科	68376	81030	111453
	硕士及以上	86056	100921	133273
文化、体育和娱乐业	专科	63960	77636	99030
	本科	68399	83849	111229
	硕士及以上	84525	101478	136168
信息传输、软件和信息技术服务业	专科	74750	91531	110323
	本科	91305	108125	141665
	硕士及以上	117174	138512	181252
制造业	专科	69914	83640	101479
	本科	81554	94967	125337
	硕士及以上	102318	118981	153929
住宿和餐饮业	专科	58783	68994	93793
	本科	62777	73958	107865
	硕士及以上	76331	91733	128849
租赁和商务服务业	专科	68036	78678	102292
	本科	70015	84112	113078
	硕士及以上	88639	102333	137259

业务类岗位薪酬水平

在业务类岗位中，应届生薪酬中位值排名前三的行业均为金融业、房地产业、信息传输、软件和信息技术服务业，薪酬中位值相对较低的行业分别是居民服务、修理和其他服务业，农、林、牧、渔业，住宿和餐饮业。各行业业务类岗位应届生薪酬情况参见下表。

表 1-6.2.1.2　应届生业务类岗位薪酬水平状况（元/年）

行　业	学　历	下四分位值	中位值	上四分位值
房地产业	专科	73628	83779	94861
	本科	80101	94269	114442
	硕士及以上	95611	113657	134296
建筑业	专科	60415	70613	83808
	本科	66767	79228	97956
	硕士及以上	77539	93919	120108
交通运输、仓储和邮政业	专科	66237	76189	92746
	本科	70810	81803	97682
	硕士及以上	84663	98798	126692
教育	专科	70300	83503	98058
	本科	78048	90831	110476
	硕士及以上	88048	104885	130680
金融业	专科	72873	85811	95822
	本科	83676	97583	122991
	硕士及以上	96789	114825	142488
居民服务、修理和其他服务业	专科	60975	70703	89381
	本科	64163	75996	102668
	硕士及以上	74833	89502	121872
科学研究和技术服务业	专科	64754	78663	92719
	本科	71905	85377	105200
	硕士及以上	88056	104282	134595
农、林、牧、渔业	专科	56821	67885	81513
	本科	58525	72261	84760
	硕士及以上	70933	85288	105133
批发和零售业	专科	60533	69092	85711
	本科	64164	76105	89602
	硕士及以上	79684	93140	115641

表 1–6.2.1.2　应届生业务类岗位薪酬水平状况（元/年）（续表一）

行　业	学　历	下四分位值	中位值	上四分位值
文化、体育和娱乐业	专科	64841	77237	92228
	本科	72652	85775	104284
	硕士及以上	90012	107413	130692
信息传输、软件和信息技术服务业	专科	72177	83641	101188
	本科	80303	92041	115917
	硕士及以上	98290	113558	145268
制造业	专科	63689	75892	90067
	本科	69406	84153	103261
	硕士及以上	84811	100566	125566
住宿和餐饮业	专科	53176	65798	85222
	本科	60851	71872	93424
	硕士及以上	73786	87622	109883
租赁和商务服务业	专科	66654	78378	95241
	本科	71163	87022	105356
	硕士及以上	92690	109571	132727

销售类岗位薪酬水平

在销售类岗位中，各学历应届毕业生薪酬中位值最高的行业均为金融业，专科、硕士及以上学历毕业生薪酬中位值最低的行业为住宿和餐饮业，本科学历毕业生薪酬中位值最低的行业为农、林、牧、渔业。各行业销售类岗位应届生薪酬状况参见下表。

表 1–6.2.1.3　应届生销售类岗位薪酬水平状况（元/年）

行　业	学　历	下四分位值	中位值	上四分位值
房地产业	专科	66833	77748	84870
	本科	68509	83498	99321
	硕士及以上	82866	98381	122410

表 1-6.2.1.3　应届生销售类岗位薪酬水平状况（元/年）（续表一）

行 业	学 历	下四分位值	中位值	上四分位值
建筑业	专科	54160	64699	74522
	本科	56445	69399	81095
	硕士及以上	68529	82293	106460
交通运输、仓储和邮政业	专科	52895	65461	75589
	本科	59822	71990	90845
	硕士及以上	74910	88065	112259
教育	专科	57082	69260	78647
	本科	62414	75593	90520
	硕士及以上	76745	90757	108222
金融业	专科	67356	79009	90290
	本科	72307	84331	102580
	硕士及以上	81935	99910	116488
居民服务、修理和其他服务业	专科	50472	61139	72855
	本科	53934	65063	85615
	硕士及以上	66612	77785	101606
科学研究和技术服务业	专科	59468	71666	81449
	本科	63934	77548	93965
	硕士及以上	75949	91442	112637
农、林、牧、渔业	专科	53079	61252	68686
	本科	50059	59689	70154
	硕士及以上	62372	73898	91317
批发和零售业	专科	52336	60794	67775
	本科	55214	65140	78148
	硕士及以上	67995	79790	99466
文化、体育和娱乐业	专科	52834	62611	72274
	本科	59264	68249	84749
	硕士及以上	67668	82863	105640

表 1–6.2.1.3　应届生销售类岗位薪酬水平状况（元/年）（续表二）

行业	学历	下四分位值	中位值	上四分位值
信息传输、软件和信息技术服务业	专科	61292	74584	86697
	本科	68866	82804	98111
	硕士及以上	84416	98881	122988
制造业	专科	59368	68549	80238
	本科	60896	73945	87947
	硕士及以上	73055	87449	108803
住宿和餐饮业	专科	48274	56107	64972
	本科	49867	60406	74718
	硕士及以上	61190	71680	96009
租赁和商务服务业	专科	54953	64078	74216
	本科	57964	69779	87677
	硕士及以上	70239	84575	106872

支持类岗位薪酬水平

在支持类岗位中，金融业，信息传输、软件和信息技术服务业，房地产业应届生薪酬中位值位居前三，其中信息传输、软件和信息技术服务业专科及本科学历毕业生薪酬中位值最高，金融业硕士及以上学历应届毕业生薪酬中位值最高（10.69 万）。各行业支持类岗位应届生薪酬情况参见下表。

表 1–6.2.1.4　应届生支持类岗位薪酬水平状况（元/年）

行业	学历	下四分位值	中位值	上四分位值
房地产业	专科	64797	78317	88852
	本科	68384	83912	97420
	硕士及以上	86956	102368	131628
建筑业	专科	55344	67929	78714
	本科	63893	74694	88870
	硕士及以上	76519	90603	113544

表 1-6.2.1.4 应届生支持类岗位薪酬水平状况（元/年）（续表一）

行 业	学 历	下四分位值	中位值	上四分位值
交通运输、仓储和邮政业	专科	57985	71532	81945
	本科	67069	79370	97516
	硕士及以上	80703	96514	113522
教育	专科	61938	74133	84728
	本科	68975	81646	91975
	硕士及以上	79421	96730	107588
金融业	专科	67646	79974	90876
	本科	72691	88131	106234
	硕士及以上	88559	106889	127110
居民服务、修理和其他服务业	专科	54889	64208	76195
	本科	56899	70073	90572
	硕士及以上	70521	85777	105108
科学研究和技术服务业	专科	60627	74839	84252
	本科	66825	81607	100001
	硕士及以上	82215	98456	117025
农、林、牧、渔业	专科	50876	62311	70943
	本科	54695	65205	76938
	硕士及以上	63552	76198	95355
批发和零售业	专科	53460	63176	72321
	本科	59629	70378	84291
	硕士及以上	71629	83743	104501
文化、体育和娱乐业	专科	61127	69363	80166
	本科	68180	77300	88634
	硕士及以上	81344	92862	105578
信息传输、软件和信息技术服务业	专科	69216	80271	93623
	本科	75792	88208	101098
	硕士及以上	88423	105113	133233

表 1–6.2.1.4　应届生支持类岗位薪酬水平状况（元/年）（续表二）

行　业	学　历	下四分位值	中位值	上四分位值
制造业	专科	62794	71651	83114
	本科	67663	78160	91010
	硕士及以上	80617	93829	113768
住宿和餐饮业	专科	51414	61338	69605
	本科	55301	66768	75516
	硕士及以上	68114	80683	97410
租赁和商务服务业	专科	58406	70044	80069
	本科	66206	78051	87825
	硕士及以上	78896	93776	104691

3. 重点产业高精尖人才[1]薪酬状况

北京一直致力于打造人才高地激发创新活力，坚持人才是第一资源，不断完善具有国际竞争力的人才发现、引进、培养、留用制度环境，强化支撑政策，最大限度激发人才活力，加快形成多层次创新人才梯队。

2022 年 1 月 6 日，北京市市长陈吉宁在《2022 年北京市政府工作报告》中提出全面建设高水平人才高地，围绕创新链、产业链，加快集聚一批战略科学家和敢闯“无人区”的领军人才、创新团队，加强青年人才培养。围绕高精尖产业急需领域，实施校企联合培养卓越工程师计划。

在管理类高精尖人才中，薪酬中位值排行前三的产业为金融、智能/高端制造、数字经济，薪酬中位值分别为 59.76 万元、55.33 万元、53.44 万元，技术类高精尖人才薪酬中位值位居前三的产业为金融、软件和信息服务业、智能/高端制造，薪酬中位值分别为 30.51 万元、28.99 万元、28.92 万元，见下表。

[1] 高精尖人才：指学历高、技术精、掌握尖端科学知识和技术的人才。本报告以硕士学历以上、同类型从业经验 5 年以上者，作为高精尖人才的统计范围。

表 1–6.3 重点产业高精尖人才薪酬状况（元/年）

产 业	岗位分类	下四分位值	中位值	上四分位值
专业服务业	管理类高精尖人才	268367	461032	661644
	技术类高精尖人才	189335	263181	414168
智能/高端制造	管理类高精尖人才	337903	553341	822945
	技术类高精尖人才	184999	289169	452585
医药健康业	管理类高精尖人才	319915	503794	766822
	技术类高精尖人才	173012	268587	432996
文化、休闲和娱乐	管理类高精尖人才	279509	441463	661623
	技术类高精尖人才	166267	246182	382760
数字经济	管理类高精尖人才	330682	534434	793240
	技术类高精尖人才	196102	284869	446793
生活服务	管理类高精尖人才	236257	368331	547538
	技术类高精尖人才	135918	220569	327088
软件和信息服务业	管理类高精尖人才	243490	475634	770079
	技术类高精尖人才	208893	289905	460506
科技服务业	管理类高精尖人才	273332	447520	666274
	技术类高精尖人才	177217	248802	397741
金融	管理类高精尖人才	373698	597647	869950
	技术类高精尖人才	202396	305064	465030
节能环保/绿色能源	管理类高精尖人才	282759	457740	694081
	技术类高精尖人才	165631	256118	411815

第二部分

企业人工成本数据分析报告

报告概要

建立和完善企业人工成本信息发布制度是贯彻落实国家企业薪酬调查和信息发布制度的重要内容。通过开展和完善企业人工成本信息指导服务工作，有利于进一步培育和规范人力资源市场，建立和完善人力资源价格机制，更好地指导企业完善内部工资分配和人工成本管理，进而提升企业在市场中的竞争力。跟踪分析人工成本水平、结构及投入产出效益指标变动情况，能够精准对标劳动力市场人工成本管控水平、科学引导企业优化人工成本支出结构、有效推动企业提高劳动生产率、提升经济效益，助力企业高质量发展。

一、发布人工成本数据分析报告的背景

习近平新时代中国特色社会主义思想为企业工资收入分配指明了发展方向。党的十八大以来，党中央把握发展阶段新变化，把逐步实现全体人民共同富裕摆在更加重要的位置上。习近平就扎实推动共同富裕发表一系列重要讲话，作出一系列重要部署，为逐步实现全体人民共同富裕提供了科学指引。深化收入分配改革是实现共同富裕的重要一环，强化薪酬数据信息指导是工资收入分配宏观体系中的有效政策工具。为深入贯彻落实中央有关工资收入分配改革政策与精神，根据国家《关于建立企业薪酬调查和信息发布制度的通知》（人社部发〔2018〕29 号）有关规定，北京市人力资源社会保障局充分连续多年持续调查全市企业人工成本相关数据，结合宏观经济数据、劳动力市场数据、上市公司相关数据等对企业人工成本从行业、企业规模、登记注册类型等维度，对企业人工成本水平、结构、投入产出效益等指标展开深入剖析。总体而言，该项调查统计内容比较丰富，采集和加工数据的质量相对稳定，从而在此基础上能够跟踪和剖析全市企业人工成本变动状况。本报告显示了较为详实的企业人工成本信息，有利于企业进行市场化、行业性对标，分析人工成本水平和架构，调整人工成本管控策略，进而提升市场竞争力。同时，有利于政府部门宏观监测和分析本部本市全行业人工成本状况，并就宏观经济政策等方面提出针对性调整建议。

二、人工成本数据分析报告的框架内容

人工成本数据分析报告共分为五大部分，分别为人工成本水平分析、结构分析、投入产出分析、上市公司人工成本分析、人工成本走势预测。

（一）人工成本水平分析主要内容

主要分析全市企业人均人工成本水平变动情况，并从行业、企业规模、登记注册类型等维度分析平均水平变动情况。

（二）人工成本结构分析主要内容

主要分析全市企业人均人工成本中各分项占比及变动情况，并从行业、企业规模、登记注册类型等维度分析比重的变动情况。

（三）人工成本投入产出分析主要内容

主要分析全市企业人工成本投入产出相关指标值及变动情况，并从行业、企业规模、登记注册类型等维度分析人事费用率、人工成本利润率、人工成本占总成本指标等相关指标变动情况。

（四）上市公司人工成本分析主要内容

主要分析全市上市公司人工成本变动情况，并从行业、登记注册类型等维度分析人工成本平均水平及投入产出变动情况。

（五）人工成本预测及建议部分主要内容

主要针对经济走势、人工成本主要构成部分中工资报酬和社会保险的相关政策及劳动力市场有关因素进行分析，进一步预测下一步本市企业人工成本走势。

三、人工成本数据分析报告的主要结论

（一）人工成本水平

1. 企业人均人工成本水平同比增长 15.4%

2021 年，北京市企业人均人工成本平均数为 188736 元，同比增长 15.4%。企业人工成本平均数上涨幅度较大，主要是受宏观经济背景、微观企业劳动生产率、政府社保政策调整、人力资源市场供求关系等相关因素共同作用而成。

2. 不同行业人工成本呈不同幅度上升

分企业所在行业看，所有行业人工成本同比均上涨。其中，增幅较大的是农、林、牧、渔业（57.83%），租赁和商务服务业（38.34%），教育业（32.71%）；增幅较小的是房地产业（1.82%），信息传输、软件和信息技术服务业（2.59%），建筑业（2.68%）。

3. 大中型企业人工成本同比增速快于小微企业

分企业规模看，2021 年大型企业人工成本同比增长 18.37%，中型企业人工成本同比增长 13.86%，小型企业同比增长 12.12%，微型企业同比增长 12.20%。

4. 国有及外资企业人工成本同比增速快于其他登记注册类型企业

分企业登记注册类型看，同 2020 年比较，国有及国有控股企业、港澳台及外商投资企业、集体企业、国有参股及私营企业人均人工成本均有所上涨，其中国有及国有控股企业、港澳台及外商投资企业的增幅较大，分别增长 33.64%、21.70%。

5. 企业人工成本占总成本比重同比下降

2021 年，受原材料价格及运输成本等上涨影响，调查企业人工成本占企业总成本比重为 14.21%，比 2020 年的 14.61%同比下降 0.4 个百分点，说明企业其他要素类成本上涨速度较快。不同行业、规模、登记注册类型间企业人工成本占比数据存在差异。

（二）人工成本结构

1. 总体情况

2021 年，北京市企业人均人工成本结构中，劳动报酬、社会保险、福利费用、教育经费、劳保费用、住房费用和其他人工成本费用占比分别为 72.87%、15.57%、3.24%、0.34%、0.34%、5.25%、2.39%，劳动报酬和社会保险费用占比之和超过 88%。同 2020 年相比，社会保险费用占比上升 5.12 个百分点，劳动报酬、福利费用、教育经费、劳保费用、住房费用和其他人工成本费用占人工成本比重均下降。

2. 分行业

分行业看，制造业、信息传输、软件和信息技术服务业、卫生和社会工作业的劳动报酬占人工成本比重同比提高，分别上升 0.96、2.73 和 3.57 个百分点；其他行业占比均下降，其中，农、林、牧、渔业劳动报酬占比下降较多，由约 79%下降到 71%。2020—2021 年，平均工资水平较高的信息传输、软件和信息技术服务业和金融业劳动报酬占人工成本水平基本在 75%以上。社会保险费用占比中，只有信息传输、软件和信息技术服务业出现下降，降幅为 2.02 个百分点。

3. 分企业规模

分企业规模看，2021 年调查的企业中，大、中、小、微型企业劳动报酬占比、福利费用占比、住房费用占比较上年均有所下降，社会保险费用占比均上升。其中，中型、小型企业劳动报酬占比降幅分别由 78.43%和 79.37%下降为 73.41%和 73.91%，降幅超 5 个百分点；从社保费用看，大、中、小、微型企业的社会保险费用占比均出现不同程度的上升。其中，小型企业社保占比上升较多，由 8.69%上升到 15.71%，大幅提高 7.02 个百分点。从企业福利费占比看，微型企业福利费用占比由 4.41%下降到 2.79%，下降 1.62 个百分点，大型企业降幅次之，下降 0.69 个百分点；从住房费用占比看，不同规模企业占比也出现不同程度的下降。其中，小型、微型企业占比下降超 0.5 个百分点；从教育经费占比看，大中型企业教育费用占比同比分别微降，小微型企业则同比微增。

4. 分登记注册类型

分登记注册类型看，2021 年国有及国有控股企业劳动报酬占人工成本比重不到 70%，低于其他类型企业。国有及国有控股企业、集体企业、港澳台及外商投资企业、国有参股及私营企业劳动报酬占人工成本比重分别下降 2.32、3.56、3.56 和 3.99 个百分点。社会保险费用占比上升较多的是国有及国有控股企业、港澳台及外商投资企业，分别上涨 6.02 和 5.40 个百分点。

（三）人工成本投入产出

1. 总体情况

从连续两年跟踪的企业数据看[2]，2021 年调查企业人事费用率（人工成本总额/销售收入）为 12.13%，同比下降 0.54 个百分点，相对人工成本有所下降。人工成本利润率为 88.62%，同比上升 27.47 个百分点，说明人工成本创利能力同比出现上升。

2. 分行业

2021 年人事费用率较高的行业有教育业和公共管理、社会保障和社会组织业，超过 40%；较低的是农、林、牧、渔业，制造业，建筑业，批发和零售业，不到 10%。劳动分配率较高的是信息传输、软件和信息技术服务业，文化、体育和娱乐业。2021 年，住宿和餐饮业，文化、体育和娱乐业的人工成本利润率为负。

3. 分规模

分规模看，2021 年大型、中型企业劳动生产率水平优于小型、微型企业。从人工成本投入产出水平看，大型企业的劳动分配率为 36.93%，人事费用率为 9.64%，均低于其他规模企业，人工成本相对水平体现规模化优势。从单位人工成本取得的经济效益水平看，微型企业较低，人工成本利润率仅为 44.26%，中型企业数据表现抢眼，为 90.15%。

4. 分登记注册类型

分登记注册类型看，2021 年北京市港澳台及外商投资企业和国有及国有控股企业劳动生产率均高于其他类型企业；从人均利润看，港澳台及外商投资企业人均利润水平最高，达到 321196 元，远高于其他类型企业水平，集体企业人均利润最低，仅为 72740 元。从

[2] 考虑到企业样本轮换造成人工成本投入产出部分数据变动过大，本节部分数据采用连续跟踪调查企业样本数据（下同）。

相对人工成本水平看，港澳台及外商投资企业、国有参股及私营企业的劳动分配率或人事费用率均较低，表明这两类企业相对人工成本水平较低。较低的相对人工成本水平结合上述利润较高特征，国有及国有控股企业、港澳台及外商投资企业人工成本利润率也相对较高，特别是后者水平高达 152.18%。

（四）上市公司人工成本情况

1. 人工成本水平总体情况

2021 年北京市 434 家上市公司人均人工成本为 27.58 万元，同比增长 11.24%。

2. 分公司类型人工成本水平

2021 年，北京地区注册的中央国有企业和地方国有企业人均人工成本分别为 286486 元和 237420 元，同比分别提高 10.95%和 21.48%，地方国有企业增幅较快。而公众企业由于基数较高，同比增速相对较慢，仅为 5.88%；民营企业为 195092 元，同比上涨 15.45%。

3. 分行业人工成本水平

2021 年，北京地区注册的不同行业上市公司人工成本均出现不同程度的上升。其中，制造业上市公司人均人工成本较上一年上涨幅度较大，超过 20%；采矿业、房地产业、金融业以及交通运输、仓储和邮政业上市公司人均人工成本上涨幅度较小，低于 10%。

4. 人工成本投入产出情况

2021 年，北京市注册的上市公司劳动生产率为 839623 元，同比增长 14.03%，以行业内头部、龙头企业为主的上市公司，一般企业规模较大，且具有较强的抗风险能力。因此，面对国内外环境不确定、原材料高涨、疫情散发等压力，上市公司依然通过各种途径提高效率，大幅提升了劳动生产率水平。人事费用率和劳动分配率分别为 9.03%和 32.84%，分别下降 0.49 和 1.82 个百分点，说明创造单位收入或增加值所需人工成本在相对下降，即人工成本相对水平出现回落。与此同时，上市公司的人工成本利润率为 137.45%，较去年大幅上升 8.81 个百分点，人工成本创利能力有了较大的提升。

（五）人工成本预测

1. 经济走势

总的来看，尽管 2022 年上半年疫情影响较大，但 6 月以来，稳经济一揽子政策措施显现成效，北京经济逐步克服疫情等不利影响，呈现恢复势头，表现出较强韧性。但也要看到，全球经济增速放缓，不确定性上升，国内经济恢复仍面临不少挑战，北京经济恢复的基础还不牢固，生产、需求部分指标仍低位运行，市场主体生产经营压力较大。下阶段，推动经济持续恢复和高质量发展还需要付出更大努力。

2. 人工成本构成走势

从工资报酬看，随着国内疫情防控形势将继续保持稳定，企业投资信心进一步恢复，经济将继续复苏，特别是抗风险能力较强的大型企业将在 2022 年下半年持续恢复，工资和人工成本水平同比增速将相对稳定或小幅回升。而小企业生产经营困难仍较多，持续平稳恢复尚需时间。整个经济活力的增强也反映在小型企业生存状态的改善上。下一步，仍需加大纾困措施，用好用足政策工具，帮扶中小企业健康发展。

从社保和公积金缴纳费用看，基于疫情风险仍然存在，2022 年，人力资源社会保障部、国家发改委、财政部、国家税务总局印发《关于扩大阶段性缓缴社会保险费政策实施范围等问题的通知》（人社部发〔2022〕31 号），明确对困难行业，受疫情影响较大、生产经营困难的中小微企业实施三项社保费缓缴政策，同时有关部门还规定，2022 年 7 月起北京市所有参加职工医保的中小微企业和以单位方式参保的个体工商户可缓缴 3 个月职工医保单位缴费。此外，北京市 2022 年 8 月印发的《北京市助企纾困优化营商环境若干措施》，叠加 2021 年北京市出台降低城镇职工基本医疗保险（含生育保险）单位缴费比例的政策，一定程度上将缓解企业人工成本压力、增加企业流动资金。

2021 年北京市企业人工成本数据分析

2022 年，北京市继续在全市范围内组织开展上年度企业人工成本调查工作。调查全行业企业共计近 7289 户，调查数据分析旨在为本市各类企业科学管理人工成本、有效提升整体经济效益等方面提供数据支撑。人工成本是指企业在生产、经营和提供劳务活动中因使用劳动力而发生的所有直接和间接费用的总和。它反映企业在报告期内因使用各种人力资源所付出的全部成本费用。人工成本主要由从业人员工资报酬、福利费用、教育经费、保险费用和劳动保护费用、住房费用和其他人工成本 7 项构成。其中，其他人工成本主要包括工会经费、企业支付给劳务派遣机构的劳务费、企业招聘费用解除劳动关系的经济补偿金等。本部分从人工成本水平、结构、投入产出、疫情影响及下一步走势等五个方面进行分析。根据国家薪酬调查有关剔除条件处理后，样本数为 5351 户。数据具体分析如下。

一、企业人工成本水平

观察和分析企业人工成本水平，主要通过了解企业人均人工成本水平的当期绝对值水平、其一定时期内水平的变动特征以及全市范围内分行业、分企业规模、分登记注册类型等多维度来全面考量企业人工成本整体水平及变动状况。企业人均人工成本水平一般同经济发展水平、人力资源市场供求关系、国家工资收入分配宏观调控政策、企业劳动生产率等多方面有直接或间接关系。

1. 总体情况

2021 年，北京市企业人均人工成本平均数为 188736 元，同比增长 15.4%。企业人工成本平均数上涨幅度较大，主要是受宏观经济背景、微观企业劳动生产率、政府社保政策调整、人力资源市场供求关系等相关因素共同作用而成。

从宏观经济发展看，2021 年，面对国内新冠肺炎疫情散发反复的严峻考验和国际环境的不确定性，北京市全年经济持续恢复，高质量发展迈上新台阶。根据北京市统计局数据，全年实现地区生产总值同比增长 8.5%，规模以上工业增加值增长 31.0%，工业生产大幅回升。全市居民消费价格指数 CPI 同比上涨 1.1%，工业生产者出厂价格同比上涨 1.1%，消费价格和生产价格均温和上涨。全市居民人均可支配收入同比增长 8.0%，其中工资性收入增长10.2%；从人力资源市场供求关系看，根据人社部百城市公共就业服务机构市场数据，2021年四个季度求人倍率保持在1.5~1.6之间，求人倍率处仍在较高位运行；从微观企业劳动生产率走势看，按照2020—2021年连续跟踪调查的企业数据看，2021年调查企业人均利润同比大幅上升，说明企业较2020年经营状况好转，盈利能力明显提升；从政府社保政策调整看，根据人力资源社会保障部、财政部、国家税务总局印发的《关于延长阶段性减免企业社会保险费政策实施期限等问题的通知》（人社部发〔2020〕49号），明确延长阶段性减免企业基本养老保险、失业保险、工伤保险单位缴费政策实施期限。其中，各地免征中小企业三项社会保险单位缴费部分的政策延长至2020年底，大型企业减免社保政策仅持续到2020年6月底。因此，2021年社保减免政策不再持续。随着疫情有所好转，北京市企业所处市场环境逐步好转，抗风险能力有所回升，人工成本同比均上涨。综上所述，人工成本平均数的上涨基本符合宏观和微观经济走势。

2. 分行业企业人工成本水平

分企业所在行业看，所有行业人工成本同比均上涨。其中，增幅较大的是农、林、牧、渔业（57.83%），租赁和商务服务业（38.34%），教育业（32.71%）；增幅较小的是房地产业（1.82%），信息传输、软件和信息技术服务业（2.59%），建筑业（2.68%）。

表2-1.2.1　2020—2021年分行业企业人均人工成本水平（元）

名　称	人均人工成本（2021）	同比
整体平均	188735.53	15.37%
农、林、牧、渔业	137328.69	/[3]
制造业	236884.69	14.78%
电力、热力、燃气及水生产和供应业	225387.56	13.12%
建筑业	190468.08	2.68%
批发和零售业	164370.86	14.34%
交通运输、仓储和邮政业	161977.2	15.32%
住宿和餐饮业	103243.49	19.15%
信息传输、软件和信息技术服务业	206441.46	2.59%

[3] 部分数据因企业样本轮换导致变化较大，暂不展示（下同）。

表 2-1.2.1 2020-2021 年分行业企业人均人工成本水平（元）（续表一）

名称	人均人工成本（2021）	同比
金融业	424868.79	8.11%
房地产业	134033.07	1.82%
租赁和商务服务业	138207.56	38.34%
科学研究和技术服务业	232155.59	17.53%
水利、环境和公共设施管理业	151806.22	6.77%
居民服务、修理和其他服务业	118739.89	18.38%
教育	139526.96	32.71%
卫生和社会工作	166331.47	10.30%
文化、体育和娱乐业	216511.64	22.17%

表 2-1.2.2 企业人均人工成本（2021）（万元）

序号	行业门类名称	分位值				
		10%	25%	50%	75%	90%
1	农、林、牧、渔业	3.96	5.22	7.2	10.95	18.2
2	制造业	6.24	8.26	12.92	21.17	33.06
3	电力、热力、燃气及水生产和供应业	8.6	11.32	14.05	17.65	27.44
4	建筑业	6.43	9.14	12.94	18.58	27.99
5	批发和零售业	4.88	6.54	8.78	13.8	24.94
6	交通运输、仓储和邮政业	5.63	8.26	11.34	14.69	17.98
7	住宿和餐饮业	4.52	5.56	7.21	9.56	14
8	信息传输、软件和信息技术服务业	5.38	6.43	10.16	18.96	38.22
9	金融业	12.28	18.94	27.43	42.21	67.67
10	房地产业	3.98	5.2	7.46	12.01	21.3
11	租赁和商务服务业	3.9	5.23	7.41	12.16	23.56
12	科学研究和技术服务业	5.52	7.92	12.77	22.02	35.7
13	水利、环境和公共设施管理业	3.61	6.25	8.22	13.31	20.18
14	居民服务、修理和其他服务业	3.99	5.22	7.14	10.85	16.95

表 2-1.2.2　分行业企业人均人工成本（2021）（万元）（续表一）

单位：万元

序号	行业门类名称	分位值				
		10%	25%	50%	75%	90%
15	教育	4.43	6.16	9.03	14.73	21.81
16	卫生和社会工作	5.33	7.32	11.29	16.77	26.36
17	文化、体育和娱乐业	4.85	7.21	11.62	20.99	33.15
18	公共管理、社会保障和社会组织	3.62	3.93	4.82	8.17	22.83

3. 分规模企业人工成本水平

分企业规模看，2021 年大型企业人工成本同比增长 18.37%，中型企业人工成本同比增长 13.86%，小型企业同比增长 12.12%，微型企业同比增长 12.20%。

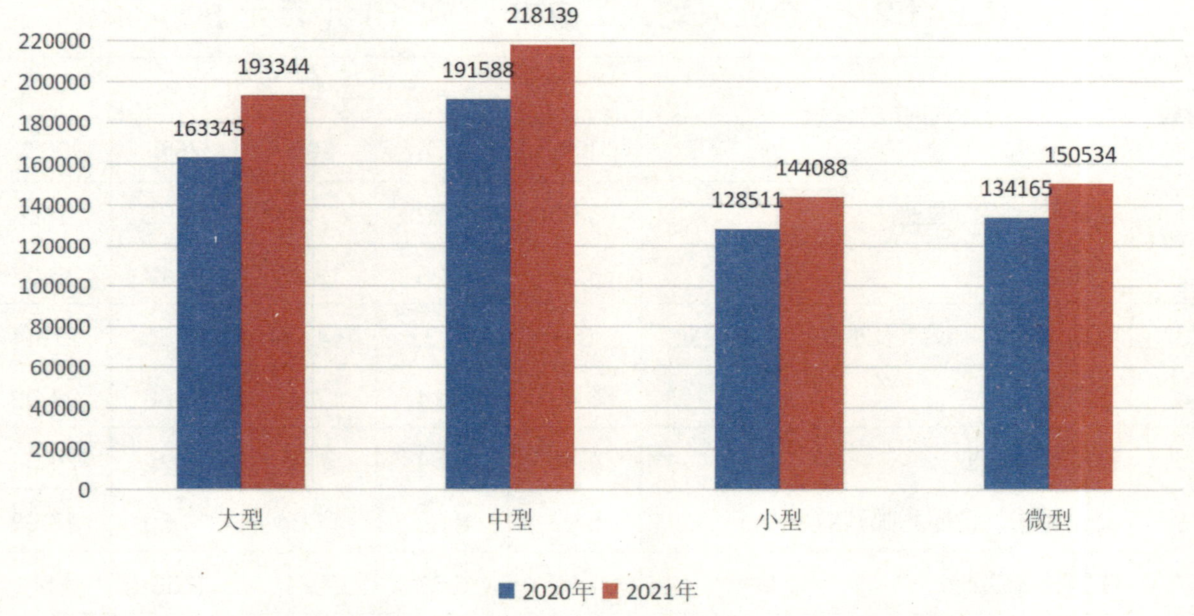

图 2-1.3.1　2020—2021 年分规模人工成本水平（元）

表 2-1.3.1　分行业门类分规模企业人均人工成本（2021）（万元）

序号	行业门类名称	企业规模	分位值				
			10%	25%	50%	75%	90%
1	农、林、牧、渔业	大型企业	4.47	5.92	7.69	11.18	19.68
2	农、林、牧、渔业	中型企业	3.24	4.38	6.42	9.61	18.08
3	农、林、牧、渔业	小型企业	4.54	5.71	7.41	13.05	14.98
4	农、林、牧、渔业	微型企业	3.66	3.66	5.42	6.92	6.92
5	制造业	大型企业	7.97	10.85	17.8	25.23	37.92
6	制造业	中型企业	5.8	7.2	9.88	15.68	27.72
7	制造业	小型企业	4.67	6.56	9.08	13.12	21.14
8	制造业	微型企业	5.15	7.3	10.36	13.75	20.4
9	电力、热力、燃气及水生产和供应业	大型企业	9.12	12.68	14.35	16.95	23.46
10	电力、热力、燃气及水生产和供应业	中型企业	8.69	10.4	13.02	17.27	22.67
11	电力、热力、燃气及水生产和供应业	小型企业	7.04	9.54	13.51	24.04	41.64
12	电力、热力、燃气及水生产和供应业	微型企业	7.56	8.5	10.05	12.35	18.95
13	建筑业	大型企业	7.97	10.37	13.94	19.81	29.33
14	建筑业	中型企业	5.55	7.73	11.94	17.37	27.65
15	建筑业	小型企业	4.04	5.16	7.2	11.59	15.93
16	建筑业	微型企业	4.44	5.95	7.55	12.43	14.49
17	批发和零售业	大型企业	4.99	6.43	8.16	12.73	23.14
18	批发和零售业	中型企业	4.8	6.91	9.5	13.79	24.28
19	批发和零售业	小型企业	4.66	6.43	9.12	15.27	26.37
20	批发和零售业	微型企业	4.2	5.79	9.13	14.39	23.48
21	交通运输、仓储和邮政业	大型企业	7.57	9.56	12.13	15.15	17.92
22	交通运输、仓储和邮政业	中型企业	3.45	5.4	8.25	11.44	19.37
23	交通运输、仓储和邮政业	小型企业	2.78	3.69	5.76	9.17	15.95
24	交通运输、仓储和邮政业	微型企业	4.16	7	10.32	14.4	21.46
25	住宿和餐饮业	大型企业	4.78	5.72	7.75	10.46	15.27
26	住宿和餐饮业	中型企业	4.49	5.55	7.07	9.04	12.87
27	住宿和餐饮业	小型企业	4.19	5.16	6.85	9.4	14.28
28	住宿和餐饮业	微型企业	4.29	6	8.28	12.6	20.7

表 2-1.3.1　分行业门类分规模企业人均人工成本（2021）（万元）（续表一）

序号	行业门类名称	企业规模	分位值				
			10%	25%	50%	75%	90%
29	信息传输、软件和信息技术服务业	大型企业	6.79	8.61	10.67	16.5	28.51
30	信息传输、软件和信息技术服务业	中型企业	8.39	12	20.78	42.27	67.3
31	信息传输、软件和信息技术服务业	小型企业	3.04	4.68	7.2	13.4	25.53
32	信息传输、软件和信息技术服务业	微型企业	5.38	5.38	5.74	6.28	7.56
33	金融业	大型企业	7.77	9.26	11.37	16.67	25.14
34	金融业	中型企业	18.04	22.7	30.23	46.44	72.88
35	金融业	小型企业	8.92	13.2	19.53	34.17	63
36	金融业	微型企业	8.17	11.53	19.96	36.52	60.96
37	房地产业	大型企业	3.85	4.86	6.94	10.94	16.79
38	房地产业	中型企业	4.24	5.9	9	16.5	29.64
39	房地产业	小型企业	3.85	4.96	6.91	10.11	16.33
40	房地产业	微型企业	4.06	5.28	6.96	9.88	15.14
41	租赁和商务服务业	大型企业	4.8	5.85	8.07	14.26	30.8
42	租赁和商务服务业	中型企业	3.88	5.28	7.95	13.74	23.84
43	租赁和商务服务业	小型企业	3.66	4.94	6.9	10.08	18.02
44	租赁和商务服务业	微型企业	3.42	5.07	8.2	17.9	35.41
45	科学研究和技术服务业	大型企业	5.71	9.09	15.1	25.41	40.23
46	科学研究和技术服务业	中型企业	5.93	8.13	12.76	22.11	35.22
47	科学研究和技术服务业	小型企业	5.04	6.91	10.38	17.15	28.6
48	科学研究和技术服务业	微型企业	4.53	6.36	10.54	16.77	27.25
49	水利、环境和公共设施管理业	大型企业	4.14	6.35	8.15	12.66	17.8
50	水利、环境和公共设施管理业	中型企业	4.67	6.33	9.5	15.6	29.38
51	水利、环境和公共设施管理业	小型企业	3.34	3.4	7.7	13.75	23.03
52	水利、环境和公共设施管理业	微型企业	3.79	3.93	4.93	8.38	11.12
53	居民服务、修理和其他服务业	大型企业	3.86	4.7	8.82	14.81	25.55
54	居民服务、修理和其他服务业	中型企业	5.5	8.06	12.23	16.85	21.95
55	居民服务、修理和其他服务业	小型企业	4.01	5.2	7.04	8	14
56	居民服务、修理和其他服务业	微型企业	4.06	4.8	7.7	8.39	9.82

表 2-1.3.1 分行业门类分规模企业人均人工成本（2021）（万元）（续表二）

序号	行业门类名称	企业规模	分位值				
			10%	25%	50%	75%	90%
57	教育	小型企业	3.44	4.8	4.9	7.89	11.56
58	卫生和社会工作	大型企业	4.71	6.75	9.4	14.54	24.91
59	卫生和社会工作	中型企业	4.24	5.25	6.98	9.52	13.94
60	卫生和社会工作	小型企业	3.32	4.57	6.38	10.97	21.99
61	卫生和社会工作	微型企业	6	6	7.2	10.8	20
62	文化、体育和娱乐业	大型企业	4.64	6.73	17.03	27.7	39.99
63	文化、体育和娱乐业	中型企业	4.98	6.89	9.71	15.15	24.62
64	文化、体育和娱乐业	小型企业	4.98	7.8	11.7	19.22	29.48
65	文化、体育和娱乐业	微型企业	4.87	6	9.5	14.21	24
66	公共管理、社会保障和社会组织	小型企业	4.94	5.83	13.38	36.96	46.47
67	公共管理、社会保障和社会组织	微型企业	3.56	3.77	4.45	6.02	9.06

4. 分登记注册类型企业人工成本水平

分登记注册类型看，2021 年国有及国有控股企业、港澳台及外商投资企业人均人工成本水平均超过 200000 元，高于全市企业平均人工成本（188736 元），而集体企业、国有参股及私营企业人均人工成本水平相对较低，分别为 136879 元、178994 元。同 2020 年相比，四类企业人均人工成本均上涨，其中国有及国有控股企业、港澳台及外商投资企业的增幅较大，分别增长 33.64%、21.70%，见下图和下表。

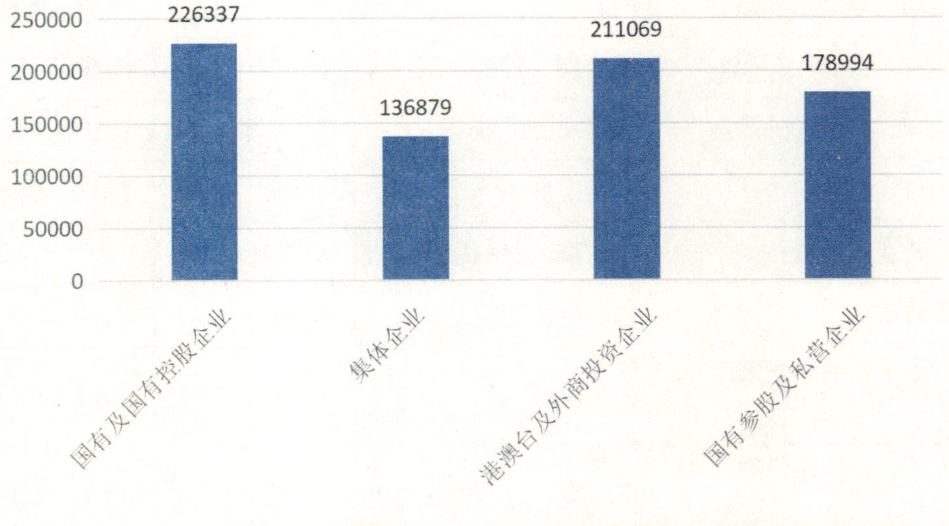

图 2-1.4.1 2021 年分登记注册类型企业人工成本水平（元）

表 2-1.4.1　分行业门类分登记注册类型企业人均人工成本（万元）（2021）

序号	行业门类名称	登记注册类型名称	分位值				
			10%	25%	50%	75%	90%
1	农、林、牧、渔业	内资企业	3.99	5.29	7.21	10.86	18.36
2	农、林、牧、渔业	港、澳、台商投资企业	8.67	10.13	12.18	15.25	34.08
3	农、林、牧、渔业	外商投资企业	3.75	4.15	4.77	6.55	10.89
4	制造业	内资企业	5.64	7.62	11.26	19.26	29.84
5	制造业	港、澳、台商投资企业	6.78	10.19	17.07	19.66	29.07
6	制造业	外商投资企业	7.14	9.07	15.03	24.04	37.39
7	电力、热力、燃气及水生产和供应业	内资企业	8.6	11.34	14.05	17.56	26.8
8	电力、热力、燃气及水生产和供应业	港、澳、台商投资企业	7.21	18.81	45.69	56.72	75.46
9	电力、热力、燃气及水生产和供应业	外商投资企业	8.39	9.2	10.14	14.25	28.76
10	建筑业	内资企业	6.42	9.14	12.95	18.63	28.05
11	建筑业	港、澳、台商投资企业	4.8	5.82	6.36	7.8	8.52
12	建筑业	外商投资企业	8.33	10.19	12.65	15.54	21.34
13	批发和零售业	内资企业	4.81	6.47	8.64	13.43	24.28
14	批发和零售业	港、澳、台商投资企业	5.32	6.46	8.19	11.45	17.4
15	批发和零售业	外商投资企业	6.72	9.36	13.89	24.52	42.63
16	交通运输、仓储和邮政业	内资企业	5.62	8.26	11.35	14.69	17.94
17	交通运输、仓储和邮政业	港、澳、台商投资企业	6.12	8.62	11.33	16.2	25.2
18	交通运输、仓储和邮政业	外商投资企业	6.01	7.44	9.65	13.54	22.95
19	住宿和餐饮业	内资企业	4.45	5.59	7.28	9.56	13.93
20	住宿和餐饮业	港、澳、台商投资企业	4.67	5.45	7	9.46	13.78
21	住宿和餐饮业	外商投资企业	4.66	5.94	7.32	10.21	15.76
22	信息传输、软件和信息技术服务业	内资企业	5.38	6.11	9.66	16.68	34.1
23	信息传输、软件和信息技术服务业	港、澳、台商投资企业	6.97	8.24	13.1	23.18	30.16

表 2-1.4.1　分行业门类分登记注册类型企业人均人工成本（万元）（2021）

（续表一）

序号	行业门类名称	登记注册类型名称	分位值				
			10%	25%	50%	75%	90%
24	信息传输、软件和信息技术服务业	外商投资企业	14.26	18.22	28.92	48.84	73.82
25	金融业	内资企业	14.43	20.24	28.47	43.51	68.71
26	金融业	港、澳、台商投资企业	7.77	9.38	11.78	18.04	31.07
27	金融业	外商投资企业	14.25	19.22	28.24	48.83	84.08
28	房地产业	内资企业	4.01	5.23	7.5	12.11	21.76
29	房地产业	港、澳、台商投资企业	3.41	4.24	5.59	7.87	12.07
30	房地产业	外商投资企业	5.89	8.19	11.24	13.63	18.17
31	租赁和商务服务业	内资企业	3.82	5.17	7.36	11.91	21.96
32	租赁和商务服务业	港、澳、台商投资企业	4.75	5.35	6.44	8.76	13.11
33	租赁和商务服务业	外商投资企业	5.18	7.31	18.27	38.07	66.11
34	科学研究和技术服务业	内资企业	5.4	7.67	12.48	21.84	35.24
35	科学研究和技术服务业	港、澳、台商投资企业	7.19	10.67	16.71	26.63	44.2
36	科学研究和技术服务业	外商投资企业	7.98	10.79	14.57	23.63	39.22
37	水利、环境和公共设施管理业	内资企业	3.6	6.24	8.21	13.28	20.14
38	水利、环境和公共设施管理业	港、澳、台商投资企业	6.42	6.72	7.23	8.56	11.36
39	水利、环境和公共设施管理业	外商投资企业	10.47	12.32	19.59	28.66	36.41
40	居民服务、修理和其他服务业	内资企业	3.96	5.19	7.14	10.57	16.66
41	居民服务、修理和其他服务业	港、澳、台商投资企业	8.87	10.67	13.54	19.22	26.34
42	居民服务、修理和其他服务业	外商投资企业	10.05	12.12	16.51	17.26	27.28
43	教育	内资企业	3.96	5.98	8.37	12.52	19.9
44	卫生和社会工作	内资企业	5.35	7.6	12	17.39	27.03
45	文化、体育和娱乐业	内资企业	5.61	8.2	13.24	22.64	35.03
46	文化、体育和娱乐业	港、澳、台商投资企业	3.82	4.26	5.77	9.51	18.8
47	文化、体育和娱乐业	外商投资企业	4.31	5.02	6.24	8.54	12.41
48	公共管理、社会保障和社会组织	内资企业	4.94	5.83	13.38	36.96	46.47

5. 企业人工成本占总成本比重

近年来，中央和各级政府把降成本、减负担作为推进供给侧结构性改革的重要任务，从多个方面密集出台普惠型政策措施，实实在在降低企业成本。为落实降低企业经营成本战略、为企业营造良好营商环境政策，不断采取多项举措阶段性降低社保成本，特别是疫情条件下，出台了一系列及时有效的“降人工成本”措施，如人社部门2020年打出了“免减缓返补”一系列援企稳岗扩就业政策组合拳，切实为企业很大程度上降低了人工成本。2021年，继续延续部分阶段性降低企业用工成本政策。延续实施阶段性降低失业保险、工伤保险费率政策。同时，扩大失业保险返还等阶段性稳岗政策惠及范围，延长以工代训政策实施期限。此外，持续组织实施职业技能提升行动，拓宽职业技能培训资金使用范围，开展大规模、多层次职业技能培训，建设一批高技能人才培训基地。结合原材料价格及运输成本等其他要素成本上涨现象，从影响效应看，人工成本占企业总成本的比重也作为分析企业人工成本变动的一个重要结构性指标。2021年，调查企业人工成本占企业总成本比重为14.21%，比2020年的14.61%同比下降0.4个百分点。

分行业看，农、林、牧、渔业，制造业，电力、热力、燃气及水生产和供应业，住宿和餐饮业，金融业，租赁和商务服务业，科学研究和技术服务业，以及教育业人工成本占总成本比重同比出现下降。其中降幅较大的是农、林、牧、渔业、租赁和商务服务业和教育业，分别下降11.01、3.56和3.29个百分点。而水利、环境和公共设施管理业，交通运输、仓储和邮政业，以及卫生和社会工作的人工成本占总成本比重较上年上升较多。

表2-1.5.1　2020—2021年分行业人工成本占总成本比重

名　称	2021年	同比下降百分点
整体平均	14.21%	-0.40%
农、林、牧、渔业	9.29%	-11.01%
制造业	7.70%	-1.96%
电力、热力、燃气及水生产和供应业	13.27%	-0.75%
建筑业	7.96%	0.32%
批发和零售业	9.04%	0.94%
交通运输、仓储和邮政业	36.10%	3.49%
住宿和餐饮业	31.57%	-0.10%
信息传输、软件和信息技术服务业	19.95%	1.87%

表 2-1.5.1　2020-2021 年分行业人工成本占总成本比重（续表一）

名　称	2021 年	同比下降百分点
金融业	47.99%	-1.09%
房地产业	19.87%	1.18%
租赁和商务服务业	23.55%	-3.56%
科学研究和技术服务业	19.39%	-0.32%
水利、环境和公共设施管理业	20.78%	3.94%
居民服务、修理和其他服务业	17.48%	3.07%
教育	44.57%	-3.29%
卫生和社会工作	28.24%	3.34%
文化、体育和娱乐业	26.02%	0.99%

分规模看，大型企业人工成本占总成本比重较低，中型、小型和微型企业的占比较高。与上年相比，大型企业人工成本占总成本比重同比变动较大，同比下降 0.90 个百分点。小型企业比重由 19.34%提高到 19.77%，同比增长 0.43 个百分点，见下图。

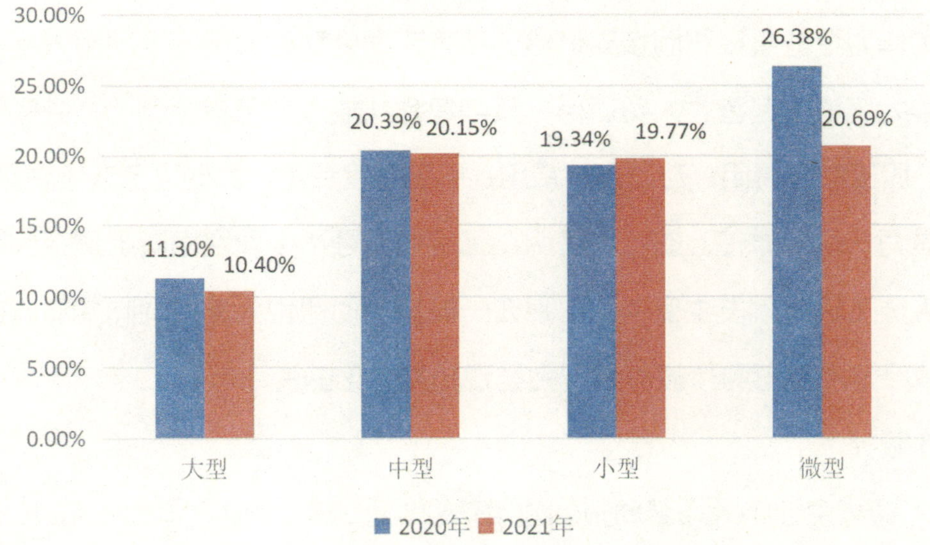

图 2-1.5.1　2020—2021 年分规模人工成本占总成本比重

分登记注册类型看，国有及国有控股企业、港澳台及外商投资企业人工成本占总成本比重同比出现下降，集体企业、国有参股及私营企业人工成本占总成本比重同比上升，见下图。

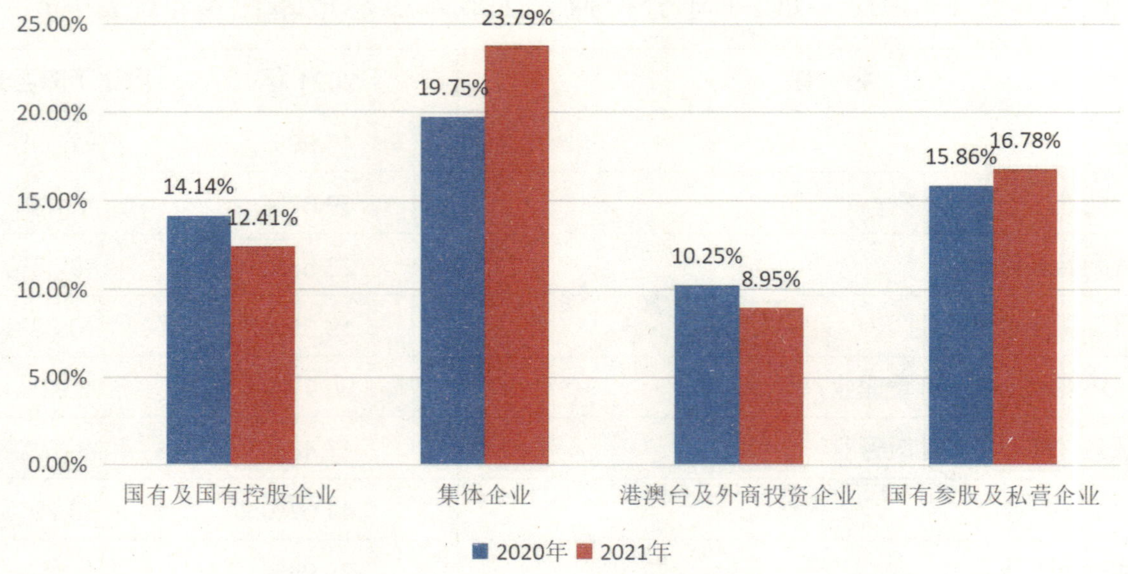

图 2-1.5.2 2020—2021 年分登记注册类型人工成本占总成本比重

二、人工成本结构情况

人工成本作为企业直接和间接支付给劳动者或为劳动者负担的全部用人相关费用，目前调查统计中人工成本包含七大类项目，其中包含从业人员工资报酬、社会保险费用、职工福利费用、职工教育费用、劳动保护费用、职工住房费用、其他人工成本费用。理论上，七大类项目具有一定规律性。如社保费用、工会经费等不少项目均同工资报酬存在着挂钩关系，从业人员工资报酬发生变动时，那么一般其他项目也会发生同向变动，如遇国家政策调整变化或经济发展形势严峻等情况会呈现较为分化的变动态势。

1. 总体概况

2021 年，调查企业中人均劳动报酬为 137528 元，较 2020 年同比上涨 10.28%；社会保险费用为 29389 元，同比上涨 71.94%，教育经费为 644 元，同比上涨 8.33%；住房费用为 9912 元，同比上涨 10.29%。由此可见，社会保险费用是拉动人工成本上涨的最主要因素，见下图。

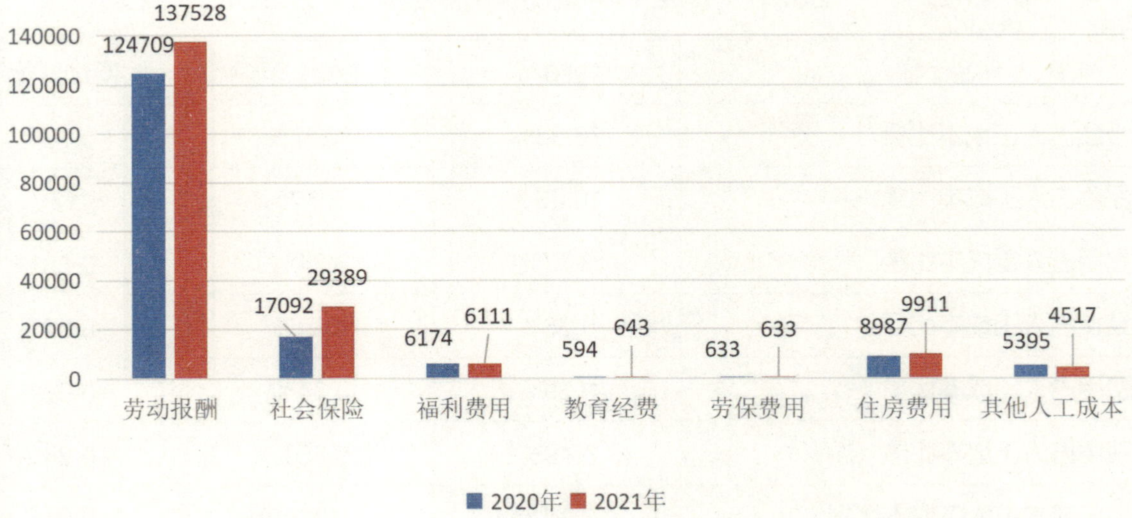

图 2-2.1.1　2020—2021 年北京市企业人均人工成本结构（元）

2021 年，北京市企业人均人工成本结构中，劳动报酬、社会保险、福利费用、教育经费、劳保费用、住房费用和其他人工成本费用占比分别为 72.87%、15.57%、3.24%、0.34%、0.34%、5.25%、2.39%。同 2020 年相比，受疫情减免缓政策调整或到期因素影响，社会保险费用占比上升 5.12 个百分点，基本恢复至疫情前平均水平。劳动报酬、福利费用、教育经费、劳保费用、住房费用和其他人工成本费用占人工成本比重均下降。其中，福利经费占比同比下降 0.53 个百分点，说明疫情等影响经济放缓条件下，企业不愿意在员工福利加大投入，见下图和见下表。

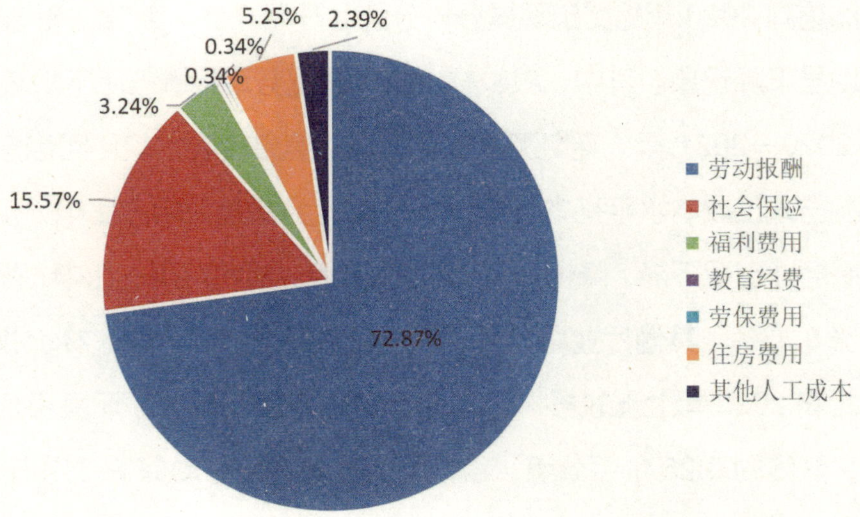

图 2-2.1.2　2021 年北京市企业人均人工成本结构

表 2-2.1.1　2020—2021 年北京市企业人均人工成本结构

名　称	2020 年	2021 年	同比变化
劳动报酬占人工成本比重	76.23%	72.87%	-3.36%
社会保险占人工成本比重	10.45%	15.57%	5.12%
福利费用占人工成本比重	3.77%	3.24%	-0.53%
教育经费占人工成本比重	0.36%	0.34%	-0.02%
劳保费用占人工成本比重	0.39%	0.34%	-0.05%
住房费用占人工成本比重	5.49%	5.25%	-0.24%
其他人工成本占人工成本比重	3.30%	2.39%	-0.91%

2.　分行业

分行业看，2021 年劳动报酬占人工成本比重中，金融业，信息传输、软件和信息技术服务业，以及卫生和社会工作业高于其他行业；社会保险费用占比中，电力、热力、燃气及水生产和供应业，交通运输、仓储和邮政业，居民服务、修理和其他服务业较高；福利费用占比中，电力、热力、燃气及水生产和供应业，交通运输、仓储和邮政业，住宿和餐饮业较高；教育经费方面，占比较高的是教育业，较低的是信息传输、软件和信息技术服务业；劳动保护费用方面，占比较高的是水利、环境和公共设施管理业，较低的是信息传输、软件和信息技术服务业。

2021 年，制造业、信息传输、软件和信息技术服务业、卫生和社会工作业的劳动报酬占人工成本比重同 2020 年相比出现提升，分别上升为 0.96、2.73、和 3.57 个百分点，其他行业占比均呈下降现象。其中，农、林、牧、渔业劳动报酬占比下降较多，由约 79%下降到 71%。2020—2021 年，平均工资水平较高的信息传输、软件和信息技术服务业和金融业劳动报酬占人工成本水平基本在 75%以上；社会保险费用占比中，仅信息传输、软件和信息技术服务业出现下降，降幅为 2.02 个百分点。福利费用占比中，除了科学研究和技术服务业上涨 0.33%，其他行业均有所下降；教育经费方面，农、林、牧、渔业和教育业教育投入占比较 2020 年上涨较多；劳动保护费用方面，水利、环境和公共设施管理业占比下降较多，降幅为 0.25 个百分点，租赁和商务服务业劳动保护费用占比则上涨 0.24 个百分点，涨幅相对较大；此外，农、林、牧、渔业住房费用占比增长较多，提升了 3 个百分点，见下表。

表 2-2.2.1　2021 年分行业门类人工成本构成

行业门类名称	劳动报酬	社会保险	福利费用	教育经费	劳保费用	住房费用	其他人工成本
整体平均	**72.87%**	**15.57%**	**3.24%**	**0.34%**	**0.34%**	**5.25%**	**2.39%**
农、林、牧、渔业	70.89%	11.79%	3.02%	0.61%	0.07%	6.69%	6.93%
制造业	69.82%	16.08%	4.14%	0.37%	0.36%	5.52%	3.72%
电力、热力、燃气及水生产和供应业	66.67%	18.78%	5.38%	0.43%	0.78%	6.29%	1.69%
建筑业	73.38%	15.24%	2.67%	0.36%	0.28%	5.29%	2.78%
批发和零售业	72.82%	16.29%	3.04%	0.26%	0.25%	5.19%	2.15%
交通运输、仓储和邮政业	66.63%	18.94%	4.17%	0.42%	0.55%	6.89%	2.39%
住宿和餐饮业	68.09%	16.56%	5.16%	0.23%	0.23%	4.22%	5.51%
信息传输、软件和信息技术服务业	78.42%	11.77%	3.45%	0.10%	0.01%	5.03%	1.21%
金融业	76.07%	13.98%	2.48%	0.38%	0.33%	5.31%	1.46%
房地产业	74.01%	15.25%	3.38%	0.25%	0.38%	4.65%	2.08%
租赁和商务服务业	75.87%	15.07%	2.24%	0.44%	0.40%	4.23%	1.75%
科学研究和技术服务业	74.37%	14.87%	2.99%	0.29%	0.22%	5.22%	2.04%
水利、环境和公共设施管理业	71.46%	16.29%	3.87%	0.21%	0.86%	5.42%	1.88%
居民服务、修理和其他服务业	73.17%	17.26%	1.75%	0.34%	0.37%	5.66%	1.47%
教育	73.95%	15.93%	2.76%	1.12%	0.08%	5.31%	0.86%
卫生和社会工作	79.64%	14.42%	1.92%	0.19%	0.06%	2.93%	0.85%
文化、体育和娱乐业	74.50%	15.81%	2.46%	0.18%	0.10%	5.59%	1.37%

3. 分企业规模

分企业规模看，2021 年调查的企业中，大、中、小、微型企业劳动报酬占比、福利费用占比、住房费用占比较上年均有所下降，社会保险费用占比均上升。其中，中型、小型企业劳动报酬占比降幅分别由 78.43%和 79.37%下降为 73.41%和 73.91%，降幅超 5 个百分点；从社保费用看，大、中、小、微型企业的社会保险费用占比均出现不同程度的上升。其中，小型企业社保占比上升较多，由 8.69%上升到 15.71%，大幅提高 7.02 个百分点。从企业福利费占比看，微型企业福利费用占比由 4.41%下降到 2.79%，下降 1.62 个百分点，大型企业降幅次之，下降 0.69 个百分点；从住房费用占比看，不同规模企业占比也出现不同程度的下降。其中，小型、微型企业占比下降超 0.5 个百分点；从教育经费占比看，大中型企业教育费用占比同比分别微降，小微型企业则同比微增，见下表。

表 2-2.3.1　分行业门类分规模企业人工成本构成（2021）

行业门类名称	企业规模	人工成本分项构成（%）						
		劳动报酬	福利	教育	保险	劳保	住房	其他
农、林、牧、渔业	大型企业	70.09	2.71	0.83	9.36	0.03	7.83	9.16
农、林、牧、渔业	中型企业	73.16	2.96	0.14	17.24	0.2	3.95	2.36
农、林、牧、渔业	小型企业	70.97	6.25	0.15	16.19	0.03	5.07	1.34
农、林、牧、渔业	微型企业	57.34	3.94	0	29.88	0	8.84	0
制造业	大型企业	70.42	3.77	0.43	16.27	0.37	5.81	2.93
制造业	中型企业	67.1	5.32	0.26	15.37	0.27	5.11	6.58
制造业	小型企业	71.28	4	0.28	16.24	0.42	4.9	2.88
制造业	微型企业	64.74	4.58	0.24	17.4	0.32	6.01	6.71
电力、热力、燃气及水生产和供应业	大型企业	65.2	5.66	0.44	19.94	0.91	6.35	1.51
电力、热力、燃气及水生产和供应业	中型企业	67.39	4.87	0.31	17.71	0.77	6.76	2.19
电力、热力、燃气及水生产和供应业	小型企业	69.64	5.12	0.52	16.83	0.45	5.73	1.71
电力、热力、燃气及水生产和供应业	微型企业	69.77	4.84	0.33	17.53	0.55	6.01	0.98
建筑业	大型企业	72.31	2.84	0.39	15.77	0.23	5.68	2.79
建筑业	中型企业	75.93	2.28	0.31	13.76	0.39	4.55	2.79
建筑业	小型企业	74.55	2.43	0.29	15.85	0.35	3.97	2.56
建筑业	微型企业	79.26	0.74	0.05	17.07	0.23	1.71	0.95
批发和零售业	大型企业	74.13	2.61	0.2	16.37	0.2	5.01	1.48
批发和零售业	中型企业	72.05	3.32	0.26	15.95	0.3	5.2	2.92
批发和零售业	小型企业	73.27	3.98	0.21	15.53	0.33	4.29	2.39
批发和零售业	微型企业	68.43	4.1	0.38	17.66	0.19	5.42	3.82
交通运输、仓储和邮政业	大型企业	66.27	4.45	0.44	18.78	0.58	7.34	2.13
交通运输、仓储和邮政业	中型企业	66.05	3.7	0.51	20.04	0.5	5.57	3.62
交通运输、仓储和邮政业	小型企业	70.09	2.22	0.12	19.49	0.32	4.69	3.07
交通运输、仓储和邮政业	微型企业	71.54	3.52	0.1	14.96	0.78	6.15	2.96
住宿和餐饮业	大型企业	69.11	4.9	0.27	16.59	0.26	4.01	4.85

表 2-2.3.1　分行业门类分规模企业人工成本构成（2021）（续表一）

行业门类名称	企业规模	人工成本分项构成（%）						
		劳动报酬	福利	教育	保险	劳保	住房	其他
住宿和餐饮业	中型企业	64.42	6.35	0.21	16.99	0.22	4.9	6.9
住宿和餐饮业	小型企业	70.94	3.61	0.17	14.73	0.21	4.4	5.94
住宿和餐饮业	微型企业	71.18	4.56	0.69	16.52	0.03	6.39	0.63
信息传输、软件和信息技术服务业	大型企业	81.89	0.55	0.06	11.66	0	5.68	0.16
信息传输、软件和信息技术服务业	中型企业	72.97	9.48	0.16	10.26	0	4.15	2.98
信息传输、软件和信息技术服务业	小型企业	77.71	1.87	0.08	14.44	0.15	4.19	1.57
信息传输、软件和信息技术服务业	微型企业	75.28	0.5	0.31	17.59	0	5.07	1.25
金融业	大型企业	70.03	1.94	0.53	17.15	0.32	7.38	2.65
金融业	中型企业	75.71	2.63	0.38	14.2	0.36	5.34	1.39
金融业	小型企业	79.81	1.04	0.54	12.32	0	5.11	1.19
金融业	微型企业	80.51	1.38	0.17	10.6	0.08	4.31	2.94
房地产业	大型企业	77.15	2.39	0.2	14.55	0.34	3.54	1.83
房地产业	中型企业	73.2	3.81	0.26	15.11	0.23	5.02	2.37
房地产业	小型企业	72.13	3.64	0.3	16.03	0.7	5.19	2
房地产业	微型企业	73.46	3.51	0.21	15.86	0.46	4.71	1.8
租赁和商务服务业	大型企业	75.3	1.8	0.92	15.01	0.93	3.22	2.82
租赁和商务服务业	中型企业	75.94	2.45	0.28	14.91	0.22	4.83	1.36
租赁和商务服务业	小型企业	76.34	2.39	0.21	15.22	0.18	4.4	1.27
租赁和商务服务业	微型企业	74.07	3.34	0.35	15.75	0.16	5.11	1.22
科学研究和技术服务业	大型企业	74.07	2.95	0.26	15.04	0.2	5.44	2.05
科学研究和技术服务业	中型企业	74.64	2.84	0.22	14.64	0.25	5.21	2.19
科学研究和技术服务业	小型企业	74.17	3.37	0.47	15.1	0.22	4.89	1.79
科学研究和技术服务业	微型企业	77.36	2.72	0.3	13.5	0.14	4.51	1.47
水利、环境和公共设施管理业	大型企业	70.53	4.4	0.25	16.37	1.15	5.28	2.02
水利、环境和公共设施管理业	中型企业	75.05	2.79	0.11	15.27	0.31	5.04	1.43
水利、环境和公共设施管理业	小型企业	69.11	2.99	0.18	18.12	0.29	7.23	2.08

表 2-2.3.1　分行业门类分规模企业人工成本构成（2021）（续表二）

行业门类名称	企业规模	人工成本分项构成（%）						
		劳动报酬	福利	教育	保险	劳保	住房	其他
水利、环境和公共设施管理业	微型企业	77.37	2.64	0.27	16.43	0.23	2.42	0.65
居民服务、修理和其他服务业	大型企业	73.81	2.35	0.69	15.81	0.47	4.57	2.31
居民服务、修理和其他服务业	中型企业	73.63	3.67	0.49	13.92	0.97	4.99	2.32
居民服务、修理和其他服务业	小型企业	72.34	0.88	0.1	19.23	0.16	6.53	0.76
居民服务、修理和其他服务业	微型企业	80.32	2.83	0.14	12.11	0.33	2.88	1.39
教育	小型企业	70.6	5.41	0.13	18.25	0	1.89	3.72
卫生和社会工作	大型企业	80.39	0.25	0.15	13.24	0.24	4.83	0.89
卫生和社会工作	中型企业	85.08	2.48	0.06	10.6	0.12	1.58	0.08
卫生和社会工作	小型企业	79.93	2.04	0.03	15.29	0.02	2.29	0.4
卫生和社会工作	微型企业	69.18	1.76	1.71	20.2	1.47	2.84	2.84
文化、体育和娱乐业	大型企业	74.95	1.97	0.25	15.74	0.14	6.17	0.78
文化、体育和娱乐业	中型企业	75.9	2.7	0.11	14.93	0.09	5.07	1.2
文化、体育和娱乐业	小型企业	73.78	2.66	0.15	16.34	0.07	5.36	1.64
文化、体育和娱乐业	微型企业	73.23	2.16	0.15	18.06	0.3	5.02	1.07
公共管理、社会保障和社会组织	小型企业	82.72	3.58	0	10.68	0	3.02	0

4. 分登记注册类型

分登记注册类型看，2021 年国有及国有控股企业劳动报酬占人工成本比重不到 70%，低于其他类型企业。国有参股及私营企业劳动报酬占比为 73.71%，高于其他类型企业；从社会保险费用占人工成本比重看，港澳台及外商投资企业、国有参股及私营企业占比均低于 16%，相对较低。集体企业社保费用占比较高；从福利费用占人工成本比重看，国有及国有控股企业福利费用占比较高，达到 4.22%。集体企业占比为 2.77%，低于其他类型企业，见下表。

表 2-2.4.1　2021 年企业分登记注册类型人工成本结构

类别	劳动报酬	社会保险	福利费用	教育经费	劳保费用	住房费用	其他人工成本
国有及国有控股企业	69.78%	16.54%	4.22%	0.36%	0.38%	6.05%	2.68%
集体企业	72.26%	18.06%	2.77%	0.12%	0.23%	5.24%	1.31%
港澳台及外商投资企业	72.22%	15.45%	2.87%	0.31%	0.26%	5.12%	3.76%
国有参股及私营企业	73.71%	15.35%	3.10%	0.34%	0.34%	5.10%	2.05%

较 2020 年变动看，国有及国有控股企业、集体企业、港澳台及外商投资企业、国有参股及私营企业劳动报酬占人工成本比重均下降，降幅分别为 2.32、3.56、3.56 和 3.99 个百分点。社会保险占比中，各类型企业均有所上升，上升较多的是国有及国有控股企业、港澳台及外商投资企业，分别上涨 6.02 和 5.40 个百分点，见下表。

表 2-2.4.2　2020 年企业分登记注册类型人工成本结构

类别	劳动报酬	社会保险	福利费用	教育经费	劳保费用	住房费用	其他人工成本
国有及国有控股企业	72.10%	10.52%	4.21%	0.44%	0.41%	5.83%	6.49%
集体企业	75.82%	14.25%	3.49%	0.21%	0.27%	4.40%	1.56%
港澳台及外商投资企业	75.78%	10.05%	4.25%	0.37%	0.45%	5.52%	3.58%
国有参股及私营企业	77.70%	10.44%	3.55%	0.34%	0.37%	5.39%	2.21%

表 2-2.4.3　分行业门类分登记注册类型企业人工成本构成（2021）

行业门类名称	登记注册类型名称	人工成本分项构成（%）						
		劳动报酬	福利	教育	保险	劳保	住房	其他
农、林、牧、渔业	内资企业	71.11	2.98	0.61	11.53	0.06	6.69	7.02
农、林、牧、渔业	港、澳、台商投资企业	68.37	5.35	1.98	23.81	0.36	0	0.14
农、林、牧、渔业	外商投资企业	63.19	4.79	0.12	17	0	9.33	5.57
制造业	内资企业	69.77	5.09	0.31	16.41	0.38	5.55	2.49
制造业	港、澳、台商投资企业	66.18	5.53	0.73	17.7	1	5.09	3.77
制造业	外商投资企业	70.64	2.68	0.37	15.34	0.19	5.58	5.22
电力、热力、燃气及水生产和供应业	内资企业	66.62	5.42	0.41	18.75	0.78	6.32	1.69
电力、热力、燃气及水生产和供应业	港、澳、台商投资企业	71.04	2.17	1.49	18.83	0.03	5.13	1.31
电力、热力、燃气及水生产和供应业	外商投资企业	67.31	2.75	1.5	25.12	1.35	0	1.98
建筑业	内资企业	73.4	2.65	0.36	15.23	0.28	5.28	2.79
建筑业	港、澳、台商投资企业	79.06	3.01	0	17.93	0	0	0
建筑业	外商投资企业	70.55	5.47	0.33	15.82	0	6.6	1.22
批发和零售业	内资企业	72.6	3.15	0.27	16.11	0.27	5.31	2.28
批发和零售业	港、澳、台商投资企业	74.8	1.09	0.09	20.69	0.04	3.14	0.15
批发和零售业	外商投资企业	74.52	2.63	0.2	16.16	0.06	4.8	1.63
交通运输、仓储和邮政业	内资企业	66.56	4.2	0.43	18.98	0.56	6.86	2.41
交通运输、仓储和邮政业	港、澳、台商投资企业	70.14	2.18	0.01	16.41	0.1	10.83	0.33
交通运输、仓储和邮政业	外商投资企业	71.57	2.77	0.01	16.85	0.15	5.42	3.23
住宿和餐饮业	内资企业	66.59	5.6	0.23	15.54	0.32	4.69	7.04
住宿和餐饮业	港、澳、台商投资企业	71.03	4.36	0.23	18.84	0.08	3.11	2.36
住宿和餐饮业	外商投资企业	68.43	4.66	0.19	14.81	0.04	5.56	6.31
信息传输、软件和信息技术服务业	内资企业	79.17	3.61	0.08	11.55	0.01	5.07	0.51
信息传输、软件和信息技术服务业	港、澳、台商投资企业	73.6	3.56	0.18	15.64	0.05	1.55	5.41

表 2-2.4.3　分行业门类分登记注册类型企业人工成本构成（2021）

（续表一）

行业门类名称	登记注册类型名称	人工成本分项构成（%）						
		劳动报酬	福利	教育	保险	劳保	住房	其他
信息传输、软件和信息技术服务业	外商投资企业	70.94	1.63	0.33	13.6	0	5.34	8.15
金融业	内资企业	76.08	2.54	0.39	13.95	0.34	5.28	1.43
金融业	港、澳、台商投资企业	73.47	1.97	0.39	15.25	0.22	6.71	1.99
金融业	外商投资企业	77.15	0.89	0.07	14.12	0.01	5.63	2.12
房地产业	内资企业	74.15	3.39	0.25	15.12	0.39	4.6	2.1
房地产业	港、澳、台商投资企业	75.04	2.83	0.19	14.92	0.48	5.05	1.48
房地产业	外商投资企业	67.92	3.85	0.09	20	0.23	5.65	2.27
租赁和商务服务业	内资企业	75.18	2.36	0.48	15.44	0.45	4.33	1.77
租赁和商务服务业	港、澳、台商投资企业	84.47	1.17	0.16	12.14	0.03	0.85	1.19
租赁和商务服务业	外商投资企业	80.93	1.22	0.02	11.8	0.01	4.33	1.69
科学研究和技术服务业	内资企业	74.2	3.02	0.31	15.09	0.19	5.21	1.99
科学研究和技术服务业	港、澳、台商投资企业	76.18	2.07	0.32	15.19	0.08	4.96	1.18
科学研究和技术服务业	外商投资企业	75.5	2.95	0.13	12.8	0.54	5.36	2.72
水利、环境和公共设施管理业	内资企业	71.49	3.86	0.21	16.29	0.87	5.4	1.88
水利、环境和公共设施管理业	港、澳、台商投资企业	66.14	8.24	0.04	16.46	0.72	7.65	0.77
水利、环境和公共设施管理业	外商投资企业	70.96	3.68	0	15.22	0	6.16	3.99
居民服务、修理和其他服务业	内资企业	73.32	1.65	0.33	17.29	0.34	5.63	1.44
居民服务、修理和其他服务业	港、澳、台商投资企业	70.84	4.49	0.78	14.65	1.4	6.4	1.44
居民服务、修理和其他服务业	外商投资企业	68	4.34	0.36	17.24	1	6.47	2.59
教育	内资企业	75.14	2.75	0.34	16.45	0.08	4.69	0.55
卫生和社会工作	内资企业	79.53	1.98	0.13	14.35	0.04	3.07	0.88
文化、体育和娱乐业	内资企业	74.57	2.52	0.2	15.75	0.07	5.61	1.28
文化、体育和娱乐业	港、澳、台商投资企业	71.23	1.32	0.02	18.68	0.95	5.91	1.89
文化、体育和娱乐业	外商投资企业	75.55	2.34	0	14.74	0.01	4.87	2.49
公共管理、社会保障和社会组织	内资企业	82.72	3.58	0	10.68	0	3.02	0

三、人工成本投入产出情况

1. 总体情况

从连续两年跟踪的企业数据看[4]，2021 年调查企业人事费用率（人工成本总额/销售收入）为 12.13%，同比下降 0.54 个百分点，相对人工成本有所下降。人工成本利润率为 88.62%，同比上升 27.47 个百分点，说明选定连续调查企业的人工成本创利能力同比出现上升。

2. 分行业

分行业看，2021 年人事费用率较高的行业有教育业和公共管理、社会保障和社会组织业，超过 40%；较低的是农、林、牧、渔业，制造业，建筑业，批发和零售业，不到 10%。劳动分配率较高的是信息传输、软件和信息技术服务业，文化、体育和娱乐业。住宿和餐饮业，文化、体育和娱乐业的人工成本利润率较低，分别为–58.75%、–0.22%。

表 2–3.2.1　分行业门类企业人工成本效益（2021）

行业门类名称	人工成本占总成本比重（%）	人事费用率（%）	劳动分配率（%）	人工成本利润率（%）	劳动生产率（万元）
农、林、牧、渔业	9.29	8.93	30.26	59.8	45.39
制造业	7.7	6.78	25.31	156.56	93.58
电力、热力、燃气及水生产和供应业	13.27	14.67	21.27	98.33	105.96
建筑业	7.96	7.56	73.59	30.27	25.88
批发和零售业	9.04	8.76	71.46	20.99	23
交通运输、仓储和邮政业	36.1	34.38	95.81	31.84	16.91
住宿和餐饮业	31.57	30.55	0.87	-58.75	1186.79
信息传输、软件和信息技术服务业	19.95	19.19	147.67	17.4	13.98
金融业	47.99	16.92	119.72	187.67	35.49
房地产业	19.87	18.99	75.52	40.11	17.75
租赁和商务服务业	23.55	21.52	73.55	96.08	18.79
科学研究和技术服务业	19.39	17.59	87.75	59.4	26.46

[4] 考虑到企业样本轮换造成人工成本投入产出部分数据变动过大，本节部分数据采用连续跟踪调查企业样本数据。

表 2-3.2.1　分行业门类企业人工成本效益（2021）（续表一）

行业门类名称	人工成本占总成本比重（%）	人事费用率（%）	劳动分配率（%）	人工成本利润率（%）	劳动生产率（万元）
水利、环境和公共设施管理业	20.78	20.33	75.95	29.83	19.99
居民服务、修理和其他服务业	17.48	16.74	99.19	48.98	11.97
教育	44.57	43.97	129.07	1.78	10.81
卫生和社会工作	28.24	27.15	8.68	6.96	191.57
文化、体育和娱乐业	26.02	25.55	298.68	-0.22	7.25
公共管理、社会保障和社会组织	53.66	51.1	111.36	4.74	11.06

3. 分规模

分规模看，2021 年大型、中型企业劳动生产率水平优于小型、微型企业。从人工成本投入产出水平看，大型企业的劳动分配率为 36.93%，人事费用率为 9.64%，均低于其他规模企业，人工成本相对水平体现规模化优势。从单位人工成本取得的经济效益水平看，微型企业较低，人工成本利润率仅为 44.26%，中型企业数据表现抢眼，为 90.15%，下见表。

表 2-3.3.1　分规模企业人工成本效益（2021）

类型	人工成本总额/企业增加值	人工成本总额/销售收入	利润总额/人工成本总额	企业增加值/人数（元）	利润总额/人数（元）
大型	36.93%	9.64%	73.11%	523544.72	141353.16
中型	40.02%	15.67%	90.15%	545082.55	196656.19
小型	47.64%	17.68%	75.33%	302461.21	108546.54
微型	60.12%	19.53%	44.26%	250384.58	66620.33

表 2-3.3.2 分行业门类分企业规模企业人工成本效益（2021）

行业门类名称	企业规模名称	人工成本占总成本比重（%）	人事费用率（%）	劳动分配率（%）	人工成本利润率（%）	劳动生产率（万元）
农、林、牧、渔业	大型企业	7.16	6.82	24.43	55.89	61.54
农、林、牧、渔业	中型企业	25.95	27.78	61.93	73.56	18.15
农、林、牧、渔业	小型企业	26.27	25.07	66.7	44.59	19.34
制造业	大型企业	6.08	5.33	20.46	206.56	136.28
制造业	中型企业	15.76	14.02	44.67	65.68	46.42
制造业	小型企业	12.1	10.9	39.48	78.36	42.52
制造业	微型企业	30.88	25.84	44.92	118.31	40.46
电力、热力、燃气及水生产和供应业	大型企业	15.14	19.18	31.64	12.31	69.14
电力、热力、燃气及水生产和供应业	中型企业	17.96	18.86	39.99	29.18	51.85
电力、热力、燃气及水生产和供应业	小型企业	8.7	8.33	9.66	366.91	274.37
建筑业	大型企业	6.83	6.43	74.16	30.52	29.24
建筑业	中型企业	11.86	11.78	68.48	34.81	23.2
建筑业	小型企业	16.35	15.47	102.19	2.97	11.67
建筑业	微型企业	17.75	17.18	−1144.83	−5.07	0.73
批发和零售业	大型企业	7.8	8.15	72.16	−32.24	21.4
批发和零售业	中型企业	10.1	9.26	74.1	74.73	24.18
批发和零售业	小型企业	12.53	11.76	58.44	63.16	24.52
批发和零售业	微型企业	26.18	23.41	73.8	32.98	22.07
交通运输、仓储和邮政业	大型企业	41.22	38.52	120.76	19.83	14.68
交通运输、仓储和邮政业	中型企业	26.94	26.92	46.75	99.26	28.3
交通运输、仓储和邮政业	小型企业	21.46	21.53	71.79	29.47	14.43
住宿和餐饮业	小型企业	28.77	28.44	123.13	−22.98	9.18
住宿和餐饮业	微型企业	17.92	16.56	95.73	47.07	15.27
信息传输、软件和信息技术服务业	大型企业	17.81	18.25	121.41	−7.19	16.4
信息传输、软件和信息技术服务业	中型企业	22.84	19.51	206.72	49.87	18.62
信息传输、软件和信息技术服务业	小型企业	19.64	18.72	142.28	25.34	11.6

表 2-3.3.2　分行业门类分企业规模企业人工成本效益（2021）（续表一）

行业门类名称	企业规模名称	人工成本占总成本比重（%）	人事费用率（%）	劳动分配率（%）	人工成本利润率（%）	劳动生产率（万元）
信息传输、软件和信息技术服务业	微型企业	43.53	39.51	270.07	48.71	2.47
金融业	大型企业	18.7	20.7		−6.27	
金融业	中型企业	58.34	18.04	111.53	206.94	39.15
金融业	小型企业	41.59	10.3	535.33	86.03	7.46
金融业	微型企业	10.92	11	166.87	−51.85	19.48
房地产业	大型企业	21.63	21.14	123.09	26.4	9.28
房地产业	中型企业	15.21	14.62	55.41	58.39	30.48
房地产业	小型企业	29.38	27.19	96.91	27.31	12.25
房地产业	微型企业	31	26.93	75.61	47.83	15.57
租赁和商务服务业	大型企业	15.94	13.45	64.21	106.8	24.75
租赁和商务服务业	中型企业	23.77	23.84	80	22.06	18.05
租赁和商务服务业	小型企业	33.74	31.38	84.23	94.77	13.95
租赁和商务服务业	微型企业	24.8	22.56	44.77	154.1	45.83
科学研究和技术服务业	大型企业	23.78	21.07	121.18	74.38	21.38
科学研究和技术服务业	中型企业	16.13	14.46	82.87	46.56	28.88
科学研究和技术服务业	小型企业	18.74	18.05	60.54	55.84	31.41
科学研究和技术服务业	微型企业	25.85	25.69	111.88	1.01	14.3
水利、环境和公共设施管理业	大型企业	27.7	28.01	78.98	14.82	18.23
水利、环境和公共设施管理业	中型企业	12.61	12.02	67.72	82.38	26.46
水利、环境和公共设施管理业	小型企业	18.01	16.75	76.15	9.66	20.54
水利、环境和公共设施管理业	微型企业	42.99	47.81	249.75	−24.52	3.49
居民服务、修理和其他服务业	大型企业	10.29	9.99	43.46	111.21	27.62
居民服务、修理和其他服务业	中型企业	11.57	11.14	112.36	27.52	13.56
居民服务、修理和其他服务业	小型企业	38.79	35.81	354.99	18.45	3.11
居民服务、修理和其他服务业	微型企业	22.31	21.47	113.22	9.99	8.68
教育	小型企业	51.7	34.64	275.33	3.76	3.22

表 2-3.3.2　分行业门类分企业规模企业人工成本效益（2021）（续表二）

行业门类名称	企业规模名称	人工成本占总成本比重（%）	人事费用率（%）	劳动分配率（%）	人工成本利润率（%）	劳动生产率（万元）
卫生和社会工作	大型企业	27.55	28.71		−110.09	
卫生和社会工作	中型企业	19.35	18.7	324.24	5.1	3.03
卫生和社会工作	小型企业	30.55	32.17	224.81	−14.45	5.32
文化、体育和娱乐业	大型企业	31.02	29.43	−145.42	4.29	18.24
文化、体育和娱乐业	中型企业	25.77	25.03	137.75	2.06	13.41
文化、体育和娱乐业	小型企业	23.07	23.19	102	−7.92	19.7
文化、体育和娱乐业	微型企业	19.79	25.86	80.81	−46.13	16.85
公共管理、社会保障和社会组织	小型企业	52.46	49.04	116.79	6.82	9.69
公共管理、社会保障和社会组织	微型企业	56.85	57.02	99.92	−0.4	15.78
公共管理、社会保障和社会组织	小型企业	28.32	27.8	117.2	4.4	9.37

4. 分登记注册类型

分登记注册类型看，2021 年北京市港澳台及外商投资企业和国有及国有控股企业劳动生产率分别为 950600 元和 565106 元，均高于其他类型企业。集体企业、国有参股及私营企业劳动生产率较低，分别为 240764 元和 374846 元；从人均利润看，港澳台及外商投资企业人均利润水平最高，达到 321196 元，远高于其他类型企业水平，集体企业人均利润最低，仅为 72740 元。从相对人工成本水平看，港澳台及外商投资企业、国有参股及私营企业的劳动分配率或人事费用率均较低，表明这两类企业相对人工成本水平较低。较低的相对人工成本水平结合上述利润较高特征，国有及国有控股企业、港澳台及外商投资企业人工成本利润率也相对较高，特别是后者水平高达 152.18%，见下表。

表 2-3.4.1　分登记注册类型企业人工成本效益（2021）

类　别	人工成本总额/企业增加值	人工成本总额/销售收入	利润总额/人工成本总额	企业增加值/人数	利润总额/人数
国有及国有控股企业	40.05%	12.47%	79.49%	565106.49	179914.81
集体企业	55.40%	23.43%	53.14%	247064.78	72740.17
港澳台及外商投资企业	22.20%	7.48%	152.18%	950600.05	321196.23
国有参股及私营企业	47.75%	14.50%	65.19%	374846.11	116684.97

表 2-3.4.2　分行业门类分登记注册类型企业人工成本效益（2021）

行业门类名称	登记注册类型名称	人工成本占总成本比重（%）	人事费用率（%）	劳动分配率（%）	人工成本利润率（%）	劳动生产率（万元）
农、林、牧、渔业	内资企业	9.16	8.84	30.38	59.12	45.14
农、林、牧、渔业	外商投资企业	27.83	32.17	73.37	−169.65	16.23
制造业	内资企业	9.93	9.75	39.02	102.87	54.51
制造业	港、澳、台商投资企业	7.18	6.55	56.51	188.43	41.13
制造业	外商投资企业	6.12	4.96	16.36	215.8	169.17
电力、热力、燃气及水生产和供应业	内资企业	13.39	14.58	22.79	62.67	98.2
电力、热力、燃气及水生产和供应业	外商投资企业	8.43	9	235.06	−69.76	9.17
建筑业	内资企业	7.96	7.56	73.53	30.39	25.93
建筑业	港、澳、台商投资企业	6.6	5.89		5.58	
建筑业	外商投资企业	7.72	7.63	79.44	15.01	22.32
批发和零售业	内资企业	8.86	8.64	68.89	18.7	23.38
批发和零售业	港、澳、台商投资企业	7.58	7.11	181.77	3.46	7.84
批发和零售业	外商投资企业	14.35	12.86	83.86	60.53	30.26
交通运输、仓储和邮政业	内资企业	37.03	35.19	94.73	32.8	17.02
交通运输、仓储和邮政业	港、澳、台商投资企业	17.49	17.45	209.68	2.64	11.47
交通运输、仓储和邮政业	外商投资企业	12.36	12.53	430.98	−58.38	4.46
住宿和餐饮业	外商投资企业	25.18	23.89	151.57	4.52	9.53
信息传输、软件和信息技术服务业	内资企业	19.1	18.35	153.87	17.09	12.73
信息传输、软件和信息技术服务业	港、澳、台商投资企业	13.95	13.57	90.55	21.54	26.33
信息传输、软件和信息技术服务业	外商投资企业	45.13	44.56	111.31	20.41	42.72
金融业	内资企业	51.19	17	121.41	188.93	35.13
金融业	港、澳、台商投资企业	20.59	20.13	472.74	14.76	5.81

表 2-3.4.2：分行业门类分登记注册类型企业人工成本效益（2021）

（续表一）

行业门类名称	登记注册类型名称	人工成本占总成本比重（%）	人事费用率（%）	劳动分配率（%）	人工成本利润率（%）	劳动生产率（万元）
金融业	港、澳、台商投资企业	20.59	20.13	472.74	14.76	5.81
金融业	外商投资企业	19.96	13.57	63.7	239	80.2
房地产业	内资企业	19.59	18.78	74.9	40.75	18.04
房地产业	港、澳、台商投资企业	28.23	22.27	78.24	78.01	11.98
房地产业	外商投资企业	23.94	24.81	100.88	−24.7	16.35
租赁和商务服务业	内资企业	25.27	23.45	72.62	93.65	18.78
租赁和商务服务业	港、澳、台商投资企业	18.86	18.69	798.58	0.91	0.73
租赁和商务服务业	外商投资企业	13.72	11.19	62.32	159.73	65.46
科学研究和技术服务业	内资企业	18.3	16.74	82.76	58.43	27.43
科学研究和技术服务业	港、澳、台商投资企业	31.42	25.77	108.69	60.61	29.21
科学研究和技术服务业	外商投资企业	34.46	28	173.42	69.66	15.83
水利、环境和公共设施管理业	内资企业	20.76	20.31	75.83	29.91	19.98
水利、环境和公共设施管理业	港、澳、台商投资企业	37.76	34.97	71.94	31.94	18.95
水利、环境和公共设施管理业	外商投资企业	21.07	20.92	79.32	1.9	39.98
居民服务、修理和其他服务业	内资企业	18.6	17.84	99.03	47.81	11.75
居民服务、修理和其他服务业	港、澳、台商投资企业	4.16	3.9		138	
居民服务、修理和其他服务业	外商投资企业	9.07	8.62	67.25	54.23	44.63
教育	内资企业	52.05	51.62	83.19	−0.37	17.32
文化、体育和娱乐业	内资企业	26.11	25.09	100	7.97	23.05
文化、体育和娱乐业	外商投资企业	24.8	28.95	661.99	−66.04	2.05
公共管理、社会保障和社会组织	内资企业	52.46	49.04	116.79	6.82	9.69

四、上市公司人工成本情况

为了研究疫情条件下北京市上市公司企业的人工成本水平及投入产出情况，我们也继续跟踪研究北京市 434 家上市公司经营和人工成本相关数据。

1. 人工成本水平总体情况

根据 wind 数据库数据，2021 年北京市上市公司人均人工成本为 275766 元，同比增长 11.24%，较上年水平同比依然以较快速度上升。

2. 分公司类型人工成本水平

分公司登记注册类型看，2021 年北京地区注册的中央国有企业和地方国有企业人均人工成本分别为 286486 元和 237420 元，同比分别提高 10.95%和 21.48%，地方国有企业增幅较快。而公众企业由于基数较高，同比增速相对较慢，仅为 5.88%；民营企业为 195092 元，同比上涨 15.45%，见下表。

表 2–4.2.1　2020—2021 年分企业类型上市公司人均人工成本水平

企业注册类型	2020 年	2021 年	同比
总计	247900	275766	11.24%
地方国有企业	195435	237420	21.48%
公众企业	305556	323534	5.88%
集体企业	168640	194008	15.04%
民营企业	168986	195092	15.45%
其他企业	114676	131972	15.08%
外资企业	143678	160384	11.63%
中央国有企业	258216	286486	10.95%

3. 分行业人工成本水平

分行业看，同 2020 年相比，北京市注册的不同行业上市公司人工成本均出现不同程度的上升。其中，制造业上市公司人均人工成本较上一年上涨幅度较大，超过 20%；采矿业、房地产业、金融业以及交通运输、仓储和邮政业上市公司人均人工成本上涨幅度较小，低于 10%，见下表。

表 2-4.3.1　2020—2021 分行业上市公司人均人工成本水平

行业门类	2020 年	2021 年	同比
采矿业	284074	308723	8.68%
电力、热力、燃气及水生产和供应业	251772	286639	13.85%
房地产业	255128	276009	8.18%
建筑业	242611	275505	13.56%
交通运输、仓储和邮政业	230856	248192	7.51%
金融业	298092	323802	8.62%
科学研究和技术服务业	169711	186972	10.17%
批发和零售业	125656	144963	15.36%
水利、环境和公共设施管理业	161023	179765	11.64%
文化、体育和娱乐业	184817	217016	17.42%
信息传输、软件和信息技术服务业	208518	235948	13.15%
制造业	169895	206961	21.82%
租赁和商务服务业	159280	178368	11.98%

注：部分行业企业数量相对少，故没有单独统计计算。

从制造业细分行业看，作为北京市重点产业的计算机、通信和其他电子设备制造业，软件和信息技术服务业，医药制造业和专用设备制造业人均人工成本均上涨，其中涨幅较大的是计算机、通信和其他电子设备制造业（32.32%）以及医药制造业（54.60%）。

表 2-4.3.2　2020—2021 年部分细分行业上市公司人均人工成本水平

	2020 年	2021 年	同比
计算机、通信和其他电子设备制造业	189256	250432	32.32%
软件和信息技术服务业	177479	190221	7.18%
医药制造业	157503	243496	54.60%
专用设备制造业	209122	256880	22.84%

注：部分细分行业企业数量相对少，故没有单独统计计算。

4. 人工成本投入产出情况

2021 年，北京市注册的上市公司劳动生产率为 839623 元，同比增长 14.03%，以行业内头部、龙头企业为主的上市公司，一般企业规模较大，且具有较强的抗风险能力。因此，面对国内外环境不确定、原材料高涨、疫情散发等压力，上市公司依然通过各种途径提高效率，大幅提升了劳动生产率水平。人事费用率和劳动分配率分别为 9.03%和 32.84%，分别下降 0.49 和 1.82 个百分点，说明创造单位收入或增加值所需人工成本在相对下降，即人工成本相对水平出现回落。与此同时，上市公司的人工成本利润率为 137.45%，较去年大幅上升 8.81 个百分点，人工成本创利能力有了较大的提升。

（1）分行业

分行业看，交通运输、仓储和邮政业、文化、体育和娱乐业人事费用率同比下降较为明显，说明这几类行业相对人工成本水平同比下降更多；而科学研究和技术服务业、水利、环境和公共设施管理业、相对人工成本水平则出现较为明显的上涨。人工成本利润率走势在行业间差异较大，与上一年相比，增长较多的行业有文化、体育和娱乐业、采矿业，下降较多的行业有房地产业、电力、热力、燃气及水生产和供应业以及水利、环境和公共设施管理业，见下表。

表 2-4.4.1　2020—2021 年分行业人工成本投入产出

	人事费用率			人工成本利润率		
	2020	2021	同比	2020	2021	同比
采矿业	6.49%	5.21%	−1.28%	71.16%	143.44%	72.28%
电力、热力、燃气及水生产和供应业	7.93%	8.14%	0.21%	225.51%	98.40%	−127.11%
房地产业	4.84%	3.70%	−1.14%	247.75%	117.93%	−129.82%
建筑业	6.78%	6.71%	−0.07%	63.03%	60.41%	−2.62%
交通运输、仓储和邮政业	15.46%	12.99%	−2.47%	-33.90%	-31.68%	2.22%
金融业	12.64%	12.78%	0.14%	233.33%	238.77%	5.44%
科学研究和技术服务业	20.70%	22.41%	1.71%	69.41%	67.55%	−1.86%
批发和零售业	2.88%	2.94%	0.07%	104.01%	103.23%	−0.78%
水利、环境和公共设施管理业	8.54%	10.05%	1.51%	66.25%	10.60%	−55.66%
文化、体育和娱乐业	17.39%	15.21%	−2.18%	-158.51%	43.35%	201.86%
信息传输、软件和信息技术服务业	16.86%	17.51%	0.65%	70.96%	65.37%	−5.59%
制造业	10.23%	10.07%	−0.16%	51.62%	70.70%	19.09%
租赁和商务服务业	7.95%	8.85%	0.91%	92.14%	124.89%	32.75%

注：部分行业企业数量相对少，故没有单独统计计算。

（2）分登记注册类型

分登记注册类型看，公众企业和民营企业的人事费用率均有所上升，分别提高了2.28和0.61个百分点，中央国有企业的人事费用率同比下降了0.57个百分点。从利润与人工成本的比值看，民营企业的人工成本利润率同比下降了13.20个百分点，中央国有企业和公众企业的人工成本利润率同比上升了11.08、2.87个百分点，表明疫情下民营企业承压较多，盈利能力所有下降。

表2-4.4.2　2020—2021年分登记注册类型人工成本投入产出

类　别	人事费用率			人工成本利润率		
	2020	2021	同比	2020	2021	同比
地方国有企业	8.05%	8.05%	0.00%	137.92%	137.92%	0.00%
公众企业	19.35%	21.64%	2.28%	54.15%	57.02%	2.87%
民营企业	16.73%	17.35%	0.61%	47.25%	34.05%	−13.20%
中央国有企业	9.23%	8.66%	−0.57%	136.04%	147.12%	11.08%

五、人工成本走势预测

1. 经济走势

从国际看，2022上半年，全球供给端和需求端均面临下行压力，工业生产、企业投资、居民消费、国际贸易增速放缓，经济增速明显回落，通胀水平全面上行。国际金融市场继续动荡，美元指数强势上行，主要股市震荡下挫，大宗商品价格高位震荡。全球经济仍受到新冠肺炎疫情和俄乌冲突的影响，外部环境不确定性依然较大。全球经济发展放缓，外部需求减弱，以及其他外向型经济体出口快速增长，我国部分行业面临出口订单转移的双重作用下，出口增长仍将承压。国际货币基金组织（IMF）也在前期显著调低世界经济增速的基础上再次下调经济增长预测值。

从国内看，2022年上半年，全球国际环境持续复杂严峻，国内经济发展面临“三重压力”，二季度内外部环境出现超预期变化，叠加本市新冠疫苗生产高基数影响，北京经济下行压力加大。根据北京市统计局发布的数据，上半年全市实现地区生产总值19352.2亿元，按不变价格计算，同比增长0.7%。其中，一季度实现地区生产总值9413.4亿元，增长4.8%；二季度实现地区生产总值9938.8亿元，下降2.9%。分产业看，第一产业实现增加值 43.7 亿元，增长 7.0％；第二产业实现增加值 2933.5 亿元，下降 11.4％；第三产业实现增加值 16375.0 亿元，增长 3.3％。受国内疫情叠加同期高基数双重因素影响，全市工业企业效益出现下滑；今年 1—5 月，全市规模以上工业企业实现营业收入 10014.3 亿元，同比下降 9.2%；实现利润总额 752.6 亿元，同比下降 42.9%。剔除新冠疫苗影响因素，营业收入和利润总额同比分别下降 4%和 3.6%。；全市市场总消费额下降 4.6%。其中，服务性消费额下降 2.4%；实现社会消费品零售总额 6706.7 亿元，下降 7.2%；全市居民消费价格同比上涨 1.8%。其中，消费品价格上涨 2.5%，服务价格上涨 1.1%；全市居民人均可支配收入 39391 元，同比增长 3.3%。其中，城镇居民人均可支配收入 42680 元，同比增长 3.1%。总的来看，尽管 2021 年上半年疫情影响较大，但 6 月以来，稳经济一揽子政策措施显现成效，北京经济逐步克服疫情等不利影响，呈现恢复势头，表现出较强韧性。但也要看到，全球经济增速放缓，不确定性上升，国内经济恢复仍面临不少挑战，北京经济恢复的基础还不牢固，生产、需求部分指标仍低位运行，市场主体生产经营压力较大。下阶段，推动经济持续恢复和高质量发展还需要付出更大努力。

2. 人工成本构成走势预测

从工资报酬看，随着国内疫情防控形势将继续保持稳定，企业投资信心进一步恢复，经济将继续复苏，特别是抗风险能力较强的大型企业将在 2022 年下半年持续恢复，工资和人工成本水平同比增速将相对稳定或小幅回升。而小企业生产经营困难仍较多，负担仍较重，融资难、成本上升、订单不足等问题依然存在，经营压力持续存在，持续平稳恢复尚需时间。整个经济活力的增强也反映在小型企业生存状态的改善上，根据中国中小企业协会近日发布的中小企业发展指数看 2022 年 1—7 月仍处于不景气区间，且与 100 的景气临界值相差比较大，说明中小企业发展的整体状况仍处低点。从变化看，也有积极的方面：主要呈现成本压力有所下降、资金紧张状况有所缓解、企业效益有企稳迹象等特点，但成本压力仍处高位、市场供需仍偏弱，效益状况仍处历史较低位。由于劳动力成本具有刚性特征，难以相应较快下降，中小企业人工成本仍将面临增长压力。下一步，仍需加大纾困措施，用好用足政策工具，帮扶中小企业健康发展。

从社保和公积金缴纳费用看，基于疫情风险仍然存在，2022 年，人力资源社会保障部、国家发改委、财政部、国家税务总局印发《关于扩大阶段性缓缴社会保险费政策实施范围等问题的通知》（人社部发〔2022〕31 号），明确对困难行业，受疫情影响较大、生产经营困难的中小微企业实施三项社保费缓缴政策，缓缴期间免收滞纳金，针对不裁员、少裁员的中小微企业，返还失业保险费比例从 60%提高到 90%。同时，有关部门还规定，2022 年 7 月起北京市所有参加职工医保的中小微企业和以单位方式参保的个体工商户可缓缴 3 个月职工医保单位缴费，此外，北京市也于 2022 年 8 月印发《北京市助企纾困优化营商环境若干措施》，本着充分激发市场主体活力的目标，也为职工缴存住房公积金有困难的企业，在 1%~4%范围内申请降低缴存比例或缓缴。叠加 2021 年北京市出台降低城镇职工基本医疗保险（含生育保险）单位缴费比例的政策，一定程度上将缓解企业人工成本压力、增加企业流动资金。

指 标 解 释

1. 人工成本

企业在生产、经营和提供劳务活动中因使用劳动力而发生的所有直接和间接费用的总和，它反映企业在报告期内因使用各种人力资源所付出的全部成本费用，其范围包括：从业人员工资报酬、福利费用、教育经费、保险费用、劳动保护费用、住房费用和其他人工成本。

人均人工成本=人工成本总计÷企业从业人员平均人数

2. 从业人员工资报酬（工资总额）

指根据《关于工资总额组成的规定》（1990 年 1 月 1 日国家统计局发布的一号令）进行修订，企业在报告期内（本调查指年度）直接支付给本企业全部就业人员的劳动报酬总额。包括计时工资、计件工资、奖金、津贴和补贴、加班加点工资、特殊情况下支付的工资，是在岗职工工资总额、劳务派遣人员工资总额和其他就业人员工资总额之和。工资总额是税前工资，包括单位从个人工资中直接为其代扣或代缴的房费、水费、电费、住房公积金和社会保险基金个人缴纳部分等。工资总额不论是计入成本的还是不计入成本的，不论是以货币形式支付的还是以实物形式支付的，均应列入工资总额的计算范围。

工资报酬指劳动者因向企业提供劳动而直接取得的各种现金形式的劳动报酬，不包括入股分红、股权激励兑现收益和其他资本性收益，是应发工资总计。

工资总额占人工成本比重=从业人员工资总额÷人工成本总计

3. 福利费用

指企业在工资以外实际支付给从业人员个人以及用于集体的福利费用的总称。主要包括企业支付给从业人员的冬季取暖补贴费（也包括企业实际支付给享受集体供暖的从业人员个人的部分）、医疗卫生费、计划生育补贴、生活困难补助、文体宣传费、集体福利设施和集体福利事业补贴费（包括集体、生活福利设施，如职工食堂、托儿所、幼儿园、浴室、理发室、妇女卫生室、医务室等，以及文化福利设施如文化宫、俱乐部、青少年宫、图书室、体育场、游泳池、职工之家、老年人活动中心等）及丧葬抚恤救济费、职工因工负伤赴外地就医路费、物业管理费、上下班交通补贴等。

4. 教育经费

指企业为职工学习先进技术和提高文化水平而支付的费用。包括岗前培训、在职提高培训、转岗培训、派外培训、职业道德等方面的培训费用和企业自办大中专、职业技术院校等培训场所发生的费用以及职业技能鉴定费用。

5. 保险费用

指根据国家法律，由企业承担的各项社会保险费用和补充保险费用，包括养老保险、医疗保险、失业保险、工伤保险、生育保险等费用，也包括企业缴纳的年金（补充养老保险）、补充医疗保险或储蓄性医疗保险。不包括不在岗人员的社会保险费用。

6. 劳动保护费用

指企业为实施安全技术措施、工业卫生等发生的费用，以及用于职工劳动保护用品（如保健用品、清凉用品、工作服等）的费用。它不包括劳动保护设备的购置费、维修费以及个人只能在工作现场使用的特殊用品。

7. 住房费用

指企业为改善从业人员的居住条件而支付的所有费用。具体包括职工宿舍的折旧费、企业交纳的住房公积金、实际支付给职工的住房补贴（包括为职工租用房屋的租金、租房差价补贴、购房差价补贴等）和按规定为职工提供的住房困难补助及企业住房的维修费和管理费等。

8. 其他人工成本

指不包括在以上各项中的其他人工成本项目。包括工会经费，企业因招聘职工而实际花费的职工招聘费、咨询费，对职工的特殊奖励（如创造发明奖、科技进步奖等），支付实行租赁、承租经营企业的承租人、承包人的风险补偿费等，解除劳动合同或终止劳动合同的补偿费用以及企业因使用劳务派遣人员而发生的管理费用和其他用工成本等。

9. 销售（营业）收入

指企业在报告期生产经营活动中通过销售产品、提供劳务、让渡资产或从事其他生产经营活动而获得的全部收入。该指标来源于“企业利润表/损益表”。

10. 利润总额

指企业在报告期内实现的盈亏总额。该指标来源于“企业利润表/损益表”。

11. 成本费用总额（企业总成本）

指企业在生产、经营和提供劳务活动中发生的所有费用。该指标来源于“企业损益表”中的销售成本（直接材料、直接人工、燃料和动力、制造费用）和期间费用（销售费用、管理费用和财务费用）的年末累计数。

人工成本占成本费用总额比重=人工成本÷成本费用总额

12. 劳动生产率

指劳动者在一定时期内创造的劳动成果与其相适应的劳动消耗量的比值。

劳动生产率=增加值÷企业从业人员平均人数

13. 人事费用率

指人工成本总量与销售（营业）收入的比率。

人事费用率=人工成本总计÷销售（营业）收入

14. 劳动分配率

指企业人工成本占企业增加值的比重,增加是由折旧、税收净额、企业利润、劳动者收入等四部分组成。

劳动分配率=人工成本÷增加值

15. 人工成本利润率

指人工成本总额与利润总额的比率。它反映了企业人工成本投入的获利水平。

人工成本利润率=利润总额÷人工成本总计

16. 企业规模

指企业生产经营的规模，主要以从业人员、营业收入、资产总额等指标或替代指标为划分依据。划分标准按照国家统计局《关于印发统计上大中小微型企业划分办法（2017）的通知》（国统字〔2017〕213 号）和《关于印发金融业企业划型标准规定的通知》（银发〔2015〕309 号）执行。

统计上大中小微企业划分标准

行业名称	指标名称	计量单位	大型	中型	小型	微型
农、林、牧、渔业	营业收入(Y)	万元	Y≥20000	500≤Y<20000	50≤Y<500	Y<50
工业 *	从业人员(X)	人	X≥1000	300≤X<1000	20≤X<300	X<20
	营业收入(Y)	万元	Y≥40000	2000≤Y<40000	300≤Y<2000	Y<300
建筑业	营业收入(Y)	万元	Y≥80000	6000≤Y<80000	300≤Y<6000	Y<300
	资产总额(Z)	万元	Z≥80000	5000≤Z<80000	300≤Z<5000	Z<300
批发业	从业人员(X)	人	X≥200	20≤X<200	5≤X<20	X<5
	营业收入(Y)	万元	Y≥40000	5000≤Y<40000	1000≤Y<5000	Y<1000
零售业	从业人员(X)	人	X≥300	50≤X<300	10≤X<50	X<10
	营业收入(Y)	万元	Y≥20000	500≤Y<20000	100≤Y<500	Y<100
交通运输业 *	从业人员(X)	人	X≥1000	300≤X<1000	20≤X<300	X<20
	营业收入(Y)	万元	Y≥30000	3000≤Y<30000	200≤Y<3000	Y<200
仓储业*	从业人员(X)	人	X≥200	100≤X<200	20≤X<100	X<20
	营业收入(Y)	万元	Y≥30000	1000≤Y<30000	100≤Y<1000	Y<100
邮政业	从业人员(X)	人	X≥1000	300≤X<1000	20≤X<300	X<20
	营业收入(Y)	万元	Y≥30000	2000≤Y<30000	100≤Y<2000	Y<100
住宿业	从业人员(X)	人	X≥300	100≤X<300	10≤X<100	X<10
	营业收入(Y)	万元	Y≥10000	2000≤Y<10000	100≤Y<2000	Y<100
餐饮业	从业人员(X)	人	X≥300	100≤X<300	10≤X<100	X<10
	营业收入(Y)	万元	Y≥10000	2000≤Y<10000	100≤Y<2000	Y<100
信息传输业 *	从业人员(X)	人	X≥2000	100≤X<2000	10≤X<100	X<10
	营业收入(Y)	万元	Y≥100000	1000≤Y<100000	100≤Y<1000	Y<100

统计上大中小微企业划分标准（续表一）

行业名称	指标名称	计量单位	大型	中型	小型	微型
软件和信息技术服务业	从业人员（X）	人	X≥300	100≤X＜300	10≤X＜100	X＜10
	营业收入（Y）	万元	Y≥10000	1000≤Y＜10000	50≤Y＜1000	Y＜50
房地产开发经营	营业收入（Y）	万元	Y≥200000	1000≤Y＜200000	100≤Y＜1000	Y＜100
	资产总额（Z）	万元	Z≥10000	5000≤Z＜10000	2000≤Z＜5000	Z＜2000
物业管理	从业人员（X）	人	X≥1000	300≤X＜1000	100≤X＜300	X＜100
	营业收入（Y）	万元	Y≥5000	1000≤Y＜5000	500≤Y＜1000	Y＜500
租赁和商务服务业	从业人员（X）	人	X≥300	100≤X＜300	10≤X＜100	X＜10
	资产总额（Z）	万元	Z≥120000	8000≤Z＜120000	100≤Z＜8000	Z＜100
其他未列明行业 *	从业人员（X）	人	X≥300	100≤X＜300	10≤X＜100	X＜10

上表中：大型、中型和小型企业须同时满足所列指标的下限，否则下划一档；微型企业只须满足所列指标中的一项即可。

金融业企业划型标准

行业		类别	类型	资产总额
货币金融服务	货币银行服务	银行业存款类金融机构	中型	5000 亿元（含）至 40000 亿元
			小型	50 亿元（含）至 5000 亿元
			微型	50 亿元以下
	非货币银行服务	银行业非存款类金融机构	中型	200 亿元（含）至 1000 亿元
			小型	50 亿元（含）200 亿元
			微型	50 亿元以下
		贷款公司、小额贷款公司及典当行	中型	200 亿元（含）至 1000 亿元
			小型	50 亿元（含）至 200 亿元
			微型	50 亿元以下
资本市场服务		证券业金融机构	中型	100 亿元（含）至 1000 亿元
			小型	10 亿元（含）100 亿元
			微型	10 亿元以下

金融业企业划型标准（续表一）

行业		类别	类型	资产总额
保险业		保险业金融机构	中型	400 亿元（含）至 5000 亿元
			小型	20 亿元（含）至 400 亿元
			微型	20 亿元以下
其他金融业	金融信托与管理服务	信托公司	中型	400 亿元（含）至 1000 亿元
			小型	20 亿元（含）至 400 亿元
			微型	20 亿元以下
	控股公司服务	金融控股公司	中型	5000 亿元（含）至 40000 亿元
			小型	50 亿元（含）至 5000 亿元
			微型	50 亿元以下
	其他未包括的金融业	除贷款公司、小额贷款公司、典当行以外的其他金融机构	中型	200 亿元（含）至 1000 亿元
			小型	50 亿元（含）至 200 亿元
			微型	50 亿元以下

17. 登记注册类型

是指企业或生产经营性活动单位的登记注册类型，按其在工商行政管理机关登记注册的类型确定。类型标准依据：国家统计局、国家工商行政管理局《关于划分企业登记注册类型的规定》（国统字〔1998〕200 号）。其中，国有企业，指企业全部资产归国家所有，并按《中华人民共和国企业法人登记管理条例》规定登记注册的非公司制的经济组织。不包括有限责任公司中的国有独资公司；有限责任公司，根据《中华人民共和国公司登记管理条例》规定登记注册，由两个以上，五十个以下的股东共同出资，每个股东以其所认缴的出资额对公司承担有限责任，公司以其全部资产对其债务承担责任的经济组织称为有限责任公司。有限责任公司分为国有独资公司以及其他有限责任公司。国有独资公司是指国家授权的投资机构或者国家授权的部门单独投资设立的有限责任公司；私营企业，指由自然人投资设立或由自然人控股，以雇佣劳动为基础的营利性经济组织称为私营企业。包括按照《公司法》《合伙企业法》《私营企业暂行条例》以及《个人独资企业法》规定登记注册的私营独资企业、私营有限责任公司、私营股份有限公司、私营合伙企业和个人独资企业；外资企业是指依照《中华人民共和国外资企业法》及有关法律的规定，在中国内地由外国投资者全额投资设立的企业。

第三部分

北京市 2022 年
企业工资指导线

北京市人力资源和社会保障局
北　京　市　总　工　会　文件
北京企业联合会/北京市企业家协会
北京市工商业联合会

京人社劳字〔2022〕166号

北京市人力资源和社会保障局 北京市总工会 北京企业联合会/北京市企业家协会 北京市工商联合会 关于发布北京市2022年企业工资指导线有关问题的通知

各区人力资源和社会保障局、北京经济技术开发区社会事业局，各区总工会、企业联合会/企业家协会、工商业联合会，各市属集团、总公司，中央在京单位及各类企业：

为加强对企业工资分配的宏观调控，指导企业合理确定职工工资水平，建立健全工资决定和合理调整机制，现发布我市2022年企业工资指导线，并就有关事项通知如下：

（一）根据2021年我市宏观经济状况和2022年经济发展预测，结合国家工资收入分配政策，2022年全市企业工资指导线的基准线为7.09%，下线为3.12%。

（二）企业应结合经济效益、人工成本情况，参照工资指导线、劳动力市场工资价位和行业人工成本等信息做好增资决策。

生产经营正常、经济效益增长的企业，可结合自身实际参照基准线安排本企业的工资增长水平。效益情况与往年持平或略有下降的企业，可结合自身实际参照下线安排本企业的工资增长水平；企业经济效益下降幅度较大或亏损严重的，经与工会或职工代表协商同意后，工资可以零增长或适当降低工资，但支付给职工的工资不得低于本市最低工资标准。

（三）企业要建立健全职工工资正常调整机制，按照"居民收入增长和经济增长基本同步、劳动报酬提高和劳动生产率提高基本同步"的原则，履行工资集体协商等民主程序，参考工资指导线制定科学合理的工资分配办法、定员定额标准和绩效考核制度，建立正常的职工工资调整机制，确保职工工资合理有序调整。企业工会或职工代表根据工资指导线依法提出工资调整建议或者做出开展工资集体协商的提议，企业应当予以合理回应。对规模较小、职工人数较少的企业，应积极参加区域、行业工资集体协商，在工资集体协商中参考行业工资指导线约定人均工资调整幅度。

（四）企业应完善内部分配机制，消除不合理的收入分配差距，建立以岗位工资为主的基本工资制度，以岗位价值为依据，以业绩为导向，参照劳动力市场工资价位并结合企业经济效益，合理拉开工资分配差距，科学安排工资结构，实行以岗定薪，岗变薪变。企业在安排工资增长时，要向工资水平偏低的生产一线职工倾斜，着力提高工资水平偏低、工资增长缓慢的普通职工，特别是生产一线及技术工人岗位人员工资水平。

五、工资指导线的执行时间为发布之日起。

北京市人力资源和社会保障局　　北京市总工会

北京企业联合会　北京市企业家协会　北京市工商业联合会

2022年11月2日

（此件主动公开）

北京市人力资源和社会保障局办公室　　2022年11月9日印发

第四部分

北京市 2022 年
行业工资指导线

北京市人力资源和社会保障局文件

京人社劳字〔2022〕163号

北京市人力资源和社会保障局关于发布2022年北京市行业工资指导线的通知

各区人力资源和社会保障局、北京经济技术开发区社会事业局，各市属集团、总公司，中央在京单位及各类企业：

为加强对不同行业企业工资分配的宏观调控，今年在发布企业工资指导线的同时，继续发布行业工资指导线，有序调整行业工资收入分配关系，现将有关情况通知如下：

一、2022年共对20个行业发布行业工资指导线：

1. 通用设备制造业。上线10.33%，中线6.45%，下线3.65%；

2. 专用设备制造业。上线7.12%，中线4.43%，下线3.07%；

3. 汽车制造业。上线9.25%，中线5.17%，下线2.73%；

4. 计算机、通信和其他电子设备制造业。上线 10.38%，中线 4.83%，下线 2.86%；

5. 电力、热力生产和供应业。上线 8.10%，中线 4.90%，下线 2.66%；

6. 房屋建筑业。上线 8.07%，中线 5.21%，下线 2.63%；

7. 土木工程建筑业。上线 8.03%，中线 4.42%，下线 2.60%；

8. 建筑安装业。上线 11.44%，中线 5.55%，下线 3.05%；

9. 批发业。上线 8.82%，中线 5.44%，下线 2.81%；

10. 零售业。上线 11.24%，中线 6.38%，下线 3.21%；

11. 道路运输业。上线 11.56%，中线 6.78%，下线 3.32%；

12. 装卸和仓储业。上线 9.95%，中线 5.82%，下线 3.13%；

13. 互联网和相关服务业。上线 3.30%，中线 2.05%，下线 1.00%；

14. 软件和信息技术服务业。上线 8.68%，中线 4.33%，下线 2.47%；

15. 金融业。上线 3.87%，中线 1.91%，下线 1.01%；

16. 房地产业。上线 10.13%，中线 6.06%，下线 3.14%；

17. 专业技术服务业。上线 6.41%，中线 3.75%，下线 2.52%；

18. 科技推广和应用服务业。上线 12.98%，中线 7.52%，下线 2.73%；

19. 公共设施管理业。上线 10.57%，中线 6.38%，下线 4.02%；

20. 居民服务业。上线 11.23%，中线 5.60%，下线 3.51%。

二、企业应当在遵循2022年企业工资指导线的原则下，配合使用行业工资指导线，在生产发展、效益提高的基础上，合理确定职工工资增长水平。

企业经济效益提高率高于行业平均水平、上年度人均工资水平低于行业平均水平或两年以上未增资的，可以在基准线或行业工资指导线中线以上安排工资增长率，但一般不应超过上线；企业经济效益增长但低于行业平均水平，可以在基准线或行业工资指导线中线以下、下线以上安排工资增长率；企业经济效益下降，可在下线及下线以下安排工资增长；企业经济效益下降幅度较大或亏损严重的，经与工会或职工代表协商同意后，可实行零增长或适当降低工资，但支付给依法提供正常劳动职工的工资不应低于当地最低工资标准。

三、行业工资指导线的执行时间为发布之日起。

北京市人力资源和社会保障局

2022年11月2日

（此件主动公开）

北京市人力资源和社会保障局办公室　　2022年11月3日印发

第五部分

北京市 2022 年
最低工资标准

北京市人力资源和社会保障局文件

京人社劳发〔2021〕77号

关于调整北京市2021年最低工资标准的通知

各区人力资源和社会保障局、北京经济技术开发区社会事业局，各人民团体，中央、部队在京有关单位及各类企、事业等用人单位：

按照国家有关要求，经市委、市政府批准，对我市最低工资标准进行调整。现将有关事宜通知如下：

一、我市最低工资标准由每小时不低于12.64元、每月不低于2200元，调整到每小时不低于13.33元、每月不低于2320元。

下列项目不作为最低工资标准的组成部分，用人单位应按规定另行支付：

（一）劳动者在中班、夜班、高温、低温、井下、有毒有害等特殊工作环境、条件下的津贴；

（二）劳动者应得的加班、加点工资；

（三）劳动者个人应缴纳的各项社会保险费和住房公积金；

（四）根据国家和本市规定不计入最低工资标准的其它收入。

二、综合考虑本市降低社会保险费率和调整社保缴费基数等因素,非全日制从业人员小时最低工资标准确定为25.3元/小时,非全日制从业人员法定节假日小时最低工资标准确定为59元/小时。以上标准包括用人单位及劳动者本人应缴纳的养老、医疗、失业保险费。

三、实行计件工资形式的企业，要通过平等协商合理确定劳动定额和计件单价,保证劳动者在法定工作时间内提供正常劳动的前提下，应得工资不低于我市最低工资标准。

四、生产经营正常、经济效益持续增长的企业，原则上应高于最低工资标准支付劳动者在法定工作时间内提供劳动的工资；因生产经营困难确需以最低工资标准支付全体劳动者或部分岗位劳动者工资的,应当通过工资集体协商确定或经职工代表大会(或职工大会)讨论通过。

五、在劳动合同中约定的劳动者在未完成劳动定额或承包任务的情况下,用人单位可低于最低工资标准支付劳动者工资的条款不具有法律效力。

六、上述各项标准适用于本市各类企、事业等用人单位。

七、本通知自2021年8月1日起执行。

北京市人力资源和社会保障局

2021年6月11日

（此件主动公开）

北京市人力资源和社会保障局办公室　　2021年6月11日印发
